青龙偃月写春秋

马书田 著

海风出版社
HAIFENG PUBLISHING HOUSE

前　言

纵观华夏五千年历史，中国名将成千累万，蔚为大观，然而能被后世尊为大帝，敬为神明，其庙宇、塑像遍于中华大地乃至远及海外，至今香火犹日愈旺盛者，唯关羽一人而已！

然而盛名之下，常常其实难副。历史人物关羽与神化人物关圣大帝，有着很大的不同：历史人物关羽是个活生生的人，有着七情六欲，有不少弱点；但成神后的关羽，被后人誉为万世人极、千古一帝，已经从一个历史人物，演化为中国传统道德的一个完美形象，成为忠义仁信勇武的化身，成为一种寄托，一种象征和符号。

经历了漫漫历史长河，关羽最终成为与孔子平起平坐的武圣人，儒道释三教、人鬼神三界共同尊奉的关圣大帝。关公崇拜是一个文化现象，当我们回望这段历史时，会发现这个现象很独特：关羽崇拜跨越时空、贯穿于千年中国历史之中，分别以道教的帝君、佛门的伽蓝、儒家的武圣人以及民间的财神多重身份，出现在历代朝野上下、三教九流的精神殿堂里。

这种现象经千年的积累而形成，在这种现象的背后，我们看到了中国传统文化价值体系的构建过程。

提起关圣帝君、协天大帝、荡魔真君或伏魔大帝，恐怕今天知道的人不会很多，可要一说关公、关羽，或者关云长，那可以说是家喻户晓，妇孺皆知。其实，前者与后者是一码事，不过后者是人，而前者是"神"。

目　录

第九章 关帝庙遍天下//186

第十章 关帝庙庙会与大祭//251

第十一章 关公文化//260

引　言
中国何种庙宇最多

　　中国何种庙宇最多这个问题很有意思，可不太好解答。就目前的资料来看，对中国城乡所有的寺庙道观作一个精确统计（比如清代情况），是不大可能的。但我们对有代表性的某一地区，作些细致的调查，或许能得出个基本的结论。我们以北京为例来谈谈这个问题。

　　北京是明清两朝的国都，而关帝崇拜在明清乃至民国，是兴盛时期，因此北京颇具代表性。旧时北京哪种庙宇最多呢？正是关帝庙。据《京师乾隆地图》所载，当时城内专祀关帝和以祀关帝为中心的

北京历代帝王庙中关帝庙和关帝像

庙宇加起来，竟达116座，几占北京城内全部庙宇总和的1/10，为京城庙宇之冠。仅次于关帝庙的是供奉观音菩萨的观音庵、观音寺、白衣庵、白衣观等，有108座。其次是土地庙与真武庙，各有四五十座。再次是火神庙、地藏庵、五圣庙、天仙庵、三官庙、龙王庙、玉皇庙等，各有二三十座。以上是官方的记载，有些小庙并未记录在册，实际数字肯定会更多一些。

明王朝甚至在宫中宝善门、思善门、乾清门、仁德门、平台之西及皇城各门，皆供关圣之像[①]。京城门的月城内，有八门建有关庙。清王朝甚至在"万园之园"的圆明园中，也要建造几座关帝庙，可见其影响之大。清代北京关帝庙，如果加上郊区、县的数字，当会有二三百座。真可谓"关庙遍北京"了。推而广之，关帝庙在全国城乡的数量很可能为"寺观之最"，如果不是第一，恐怕也会是第二三。（附带一说，在西藏地区，也有关帝庙的存在。）

关老爷的香火为何如此之盛？关羽如何由将军而高升为"帝君"、"大帝"？这里边有着深刻的历史和社会原因。

第一章
关羽其人

如前所说，现今人们已把关羽视为神灵来供奉、参拜，但其实关羽本是一位活生生的历史人物。现在让我们再回到1800多年前，去追寻关羽所走过的一生。

青少年时代

关羽实有其人，为三国时期著名的蜀汉大将。关羽，字云长，河东解县(今山西临猗西南)人。河东最早以"解"为地名，指的是盐池。据《孔子三朝记》记载："黄帝杀蚩尤于中冀，蚩尤股体身首异处，而其血化为卤，则解之盐池也。因其尸解，故称其地为解。"

古代的盐池亦称解池。春秋时期有解国，到战国时并于魏，称解地为解梁。故后人亦称关羽为解梁人。

　　关羽生于何年，正史不见记载，陈寿的《三国志》只说"关羽字云长，本字长生，河东解人也"。这是历史给后人留下的一个遗憾。关羽卒于219年，时隔仅14年陈寿就出生了，两人生活的年代相距很近。而且，《三国志》是一部史书，在古代纪传体正史中，与《史记》、《汉书》和《后汉书》并称为前四史。陈寿作为一位当时的史家，肯定也探究过关羽的生卒年月，但他只说明了关羽的卒年——建安二十四年(219年)，而没有说明关羽的生年，令人匪夷所思。按说关羽的生辰对于一个研究历史而且年代相隔不太远的陈寿来说算不得太大的难题。看来陈寿是真的弄不清关羽的生辰了，否则不会不写在《三国志》里。其实，在当时以及以后相当长的一个时期内，关羽并没有像后来那样受到朝廷乃至社会的推崇，关羽地位的提高只是后来发生的事情。也就是说，关羽在当时以及以后相当长的一段时期内，只是军阀混战中很平常的一名武将，他的生辰不会受到人们太大的关注，这也许是关羽生辰没能见于正史的原因之一。

　　山西运城常平村关帝家庙中立有一块清康熙十九年(1680年)的《前将军关壮穆侯祖墓碑铭》，记其

山西运城盐池巍峨的池神庙

生于"桓帝延熹三年(160年)六月二十四日",而明崇祯二年(1629年)立于石盘沟关羽祖茔的《祀田碑记》和清乾隆二十一年(1756年)编修的《关帝志》,都说关羽生于桓帝延熹三年六月二十二日,两种说法不尽相同。此外,民间对关羽生辰还流传有好几种说法。在众多说法中,"关羽生于延熹三年六月二十四日"已为大多数专家与学者所接受。尽管如此,这还仅是民间较为通行的一种说法。时至今日,关羽的生辰在正史中人们始终还没有见到。

关羽像(明刻本《三才图会》)

关羽的出生地在河东郡解县常平里,即今山西省运城市常平乡常平村。其父姓关名毅,家境殷实,崇尚传统,在当地是一户很有文化教养的农家。关羽初名长生,后改为羽,取字云长。父亲关毅十分重视对后代的教育,亲自教关羽读书

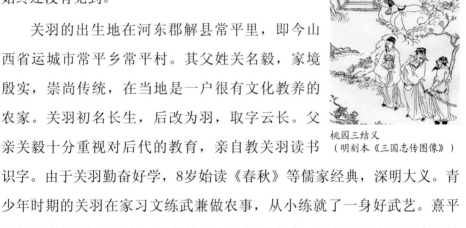

桃园三结义
(明刻本《三国志传图像》)

识字。由于关羽勤奋好学,8岁始读《春秋》等儒家经典,深明大义。青少年时期的关羽在家习文练武兼做农事,从小练就了一身好武艺。熹平六年(177年)关羽18岁,娶胡姓人家女胡明为妻,翌年五月十三日生子关平。在其后的一段时间里,关羽帮助父亲经营铁匠铺以维持生计。

征战生涯 威震华夏

中和元年(184年),关羽时年25岁,因杀死当地恶霸吕熊而逃离家

三义之神。旧时各地建有不少"三义庙",供奉刘、关、张三位异姓兄弟,取自《三国演义》中"宴桃园豪杰三结义"。

乡,其父母亦被逼相继投井自杀。关羽亡命五载,渡黄河、闯潼关,辗转到了河北涿郡,结识了刘备、张飞。三人志同道合,一见如故,当即在庄上的一座桃园里结为异姓兄弟。按年岁长序,刘备年长做了大哥,关羽第二,张飞最小,做了弟弟。这段佳话后来被小说家罗贯中演绎成了流芳千古的"桃园三结义"。

时值黄巾农民起义的风暴席卷全国,统治者纠集各地军队,对起义军进行血腥镇压。关羽、张飞随刘备在当地招募乡勇,组织了一支500多人的队伍,浩浩荡荡到涿郡去应募。到了涿郡,先见了校尉邹靖,后又被引见给太守刘焉。黄巾军打到涿郡,刘、关、张配合官军出动抵抗,首战告捷,立了大功。接着,他们离开涿郡,前去投奔中郎将卢植,同黄巾起义军作战。后卢植遭诬陷被押回京师,刘、关、张三人又投奔军阀公孙瓒。献帝初平元年(190年),刘备依附公孙瓒,被任为平原县(今山东省平原县)令,后领平原相,关羽、张飞并为别部司马,统领郡属军队。他们三人照样"寝则同床,恩若兄弟"[①],关羽和张飞终日侍立刘备左右，保护刘备。

汉兴平元年(194年)，曹操与陶谦争夺徐州，刘备带关羽援救陶谦，被派为豫州刺史。汉建安元年(196年)，袁术攻刘备以争徐州，刘备与关羽拒之于淮阴。建安三年(198年)十一月，刘备带领关羽、张飞与曹操联合打败吕布，曹操杀吕布于下邳(今江苏省邳县南)，此即人所共知的"白门楼斩吕布"。建安四年(199年)，刘备深知曹操为人多疑，不宜与其长期共事，欲伺机脱离曹操控制，趁右将军袁术溃败，主动请求跟大将朱灵前去截击。曹操谋士程昱、郭嘉、董昭等认为，不该放走心怀叵测的刘备，曹操立即派人去追赶，但为时已晚。袁术南逃寿春(今安徽寿县)，朱灵班师回朝。十二月，刘备杀死曹操的徐州刺史车胄，命关羽代理下邳太守。自己屯兵小沛，招兵买马，扩充实力，与朝中反曹势力遥相呼应。东海(今属江苏省)变民首领昌豨等，及周围郡县纷纷归附刘备，刘备部队很快发展至数万人。又派使者与袁绍媾结联盟，形成对曹操的严重威胁。并击败了前来讨伐的司马长史刘岱和中郎将王忠，暂且取得徐州、下邳地区，作为休养和发展的基地。

建安五年(200年)，曹操亲自征讨刘备。刘备惊悉曹操大军将至，亲率数十骑出城观察，果然望见曹军旌旗招展，只得仓促应战，被曹军击溃。刘备败逃到邺城(今河北临漳西南)投奔了袁绍。曹操接着攻陷下邳，迫降了关羽，刘备妻室也一同被俘。

曹操赞赏关羽的为人，拜其为偏将军，礼遇甚厚，有人用"上马金，

武将关羽（明代绘画）

下马银"来形容曹操对关羽的厚爱。但关羽身在曹营
心在汉，曹操还是觉察出关羽心神不定，无久留之
意，便让与关羽关系甚好的张辽前去试探。张辽去问
关羽，关羽叹息道："吾极知曹公待我厚，然吾受刘
将军厚恩，誓以共死，不可背之。吾终不留，吾要当
立效以报曹公乃去。"① 张辽将关羽的这番话转告曹
操，曹操听后，不但没有怨恨关羽，反而认为他有仁
有义，更加器重他。

关张擒刘岱、王忠

　　同年四月，曹操与袁绍战于白马（今河南省滑县
东），关羽为报曹操知遇之恩，于千军万马之中斩杀
袁绍大将颜良，被封为"汉寿亭侯"。尽管如此，曹
操也深知关羽必然离去。七月，关羽探知刘备在袁绍
军中，遂挂印封金，拜书告辞，离开曹操去找刘备。
闻讯，曹操"左右欲追之，曹公曰：'彼各为其主，
勿追也'②"。一路上，关羽因没有过关的文书，在曹
军的属地遭到各城关守城官兵的阻拦。关羽孤身奋
战，过五关斩六将，千里走单骑，最终保护着刘备的
妻室回到了刘备身边，桃园兄弟终于在古城相会。随
后关羽与刘备奔往汝南（今河南省汝南县东南）联络刘
辟攻打曹操。

张辽义说云长

云长策马刺颜良
（明刻本《三国志传图像》）

①、②《三国志·蜀书·关羽传》

直上赤霄。此图表现关公遇害后，升天成神之威容。（清代木版画）

虎牢关三战吕布
（明刻本《三国志传图像》）

建安六年（201年）九月，曹操南征刘备，刘备与关羽等归附荆州刘表，驻军于新野（今河南省新野县南）达7年之久。建安十二年（207年），刘、关、张兄弟三顾诸葛亮于隆中草庐，始请得孔明（诸葛亮字）出山相助，此即众所周知的"三顾茅庐"。建安十三年（208年）七月，曹操出兵南征刘表。八月，刘表病故，次子刘琮投降曹操。刘备离开樊城奔往江陵（今湖北省江陵县）。关羽率水军至江夏刘琦（刘表长子）处求援，后与刘备会合于江陵，共同奔赴夏口（今湖北省武汉市）。是年十一月，经诸葛亮、鲁肃等人多方协商，刘备与孙权达成军事联盟，关羽所率的万余水军，与吴军联合，大败曹军于赤壁（今湖北省蒲圻县境内），刘备得到了荆州江南四郡。这是一次重大战役，因交战于赤壁，史称"赤壁之战"。

建安十四年（209年）十二月，东吴军事统帅周瑜病死，刘备从孙权手中"借"得荆州江北诸郡，任关羽为襄阳太守、荡寇将军，带兵屯驻江陵。建安十六年（211年），刘备应刘璋之请率军西征入川，留诸葛亮、关羽镇守荆州。次年，曹操率大军征讨东吴。关羽执行诸葛亮联吴抗曹的战略方针，与曹将乐进、于禁战于青泥（今湖北省安陆县东），击退了曹兵的进攻。建安十九年（214年），刘备进攻雒城（今四川省广汉县）失利，急调诸葛亮、张飞、赵云等入川支援，留关羽独守荆州。是年六月，刘备攻克成都，自领益州牧，正式任命关羽为都督，处理荆州事务。建安二十年（215年），孙权向刘备索要荆州，刘备借故推托，吴蜀矛盾加剧，孙权派往长沙、零陵、桂阳三郡的官吏都被关羽赶了出来。孙权大怒，派大将吕蒙袭取长沙、桂

挂印封金（清代墨线年画）

阳。刘备亲自率领5万大军顺江而下与之交战。关羽亦带领3万精锐之师进至益阳(今湖南省益阳市西)与鲁肃对峙,双方剑拔弩张,大有一触即发之势。是年二月,曹操攻打汉中,刘备怕益州有失,即遣使与孙权讲和,双方商定以湘水为界,以东的长沙、江夏、桂阳三郡属孙权,以西的南郡、零陵、武陵三郡属刘备。

英雄末路

建安二十四年(219年),刘备击败曹操占领汉中,自称"汉中王",封关羽为前将军,假以"节钺"①,列"五虎上将"之首。八月,关羽乘孙权与曹操交兵之机,率其主力北上攻打樊城、襄阳。两军交战,适值汉水暴涨,关羽利用曹军大将曹仁率领七支大军驻扎樊城(今湖北襄阳)北面山谷里的机会,放襄江水淹杀曹军。曹军大败,于禁投降,曹将庞德被俘,但他大义凛然,坚决不降,终被关羽斩杀。此时关羽声名远扬,威震华夏。就在关羽志得意满之时,同年十月,孙权遣吕蒙抄其后路,袭取荆州。关羽后方空虚,腹背受敌,平日待下又骄矜少恩,江陵守将不战而降,家属均为吴将所俘获。关羽闻讯从襄阳赶回,企图夺回荆州,但此时军心涣散,将士皆无斗志,途中屡遭吴军截击,部下无心恋战,纷纷溃逃,部队的战斗力大减。关羽见夺回荆州无望,且战且退,先抵麦城(今湖北省当阳县东南),欲逃往西川与刘备会合。十二月,关羽从麦城败退

---

①节钺,符节和斧钺,古代授予将帅,作为加重权力的标志。假,授予。

曹操　　　　　　　　　　　　　　　　　　　庞德

（清代戏曲人物画，北京图书馆出版社《戏曲人物画册》）

临沮章乡（今湖北省当阳县东北），被孙权伏兵擒获。关羽破口大骂，坚决不降，最终与其子关平同时遇害，时年59岁。

关羽生命的结局是悲剧性的。败走麦城，使他"匡扶汉室"的一腔宏愿付诸东流，"出师未捷身先死，长使英雄泪满襟"。更不幸的是，他死后还身首异处，留下了千古遗恨。相传，当年孙权恐刘备复仇，将关羽的首级放入一只木匣内献给曹操。曹操开匣观看，只见关羽口开自如，横眉立目，吓得魂不附体。曹操知此为"嫁祸于人"之计，遂刻沉香木为躯，命人设牺牲大礼祭祀，以王侯之礼厚葬关羽于洛阳城南；其正身，孙权以侯礼葬于当阳。此即民间所谓"头定洛阳，身困当阳"。虽然曹操受惊吓之说只是后人的夸张渲染，但关羽死后其头颅的确是葬在河南洛阳，身子

关羽、关平、周仓（清代年画）

葬在湖北当阳，现今两地各有一处关帝陵墓。因此，民间有这样的说法，关羽"头枕洛阳，身卧当阳，魂在山西"。

《三国演义》中的关羽

人们认识关羽，了解关羽，仰慕关羽，和中国古代小说《三国演义》的广泛传播和深远影响有着密切的关系。元末明初罗贯中的不朽名著《三国演义》问世后，关羽便成为妇孺皆知的英雄和传奇人物了。在《三国演义》的120回书目中，涉及关羽的就有20余回，其中14个回目更是不惜浓墨重彩，极力美化关公。《三国演义》塑造出来的关羽"神勇无双、忠义绝伦"，其英雄气概跃然纸上。罗贯中运用他卓越的艺术才能，展开丰富的想象，经过再创作，加入了不少史传上没有的情节，使得关羽这位古代英雄人物被描绘得栩栩如生，形象更加完美，事迹更加生动感人。其实，后人谁也没有见过关羽，罗贯中当然也不例外。他只不过凭借着自己的价值取向，将关羽塑造成为一位"义不负心，忠不顾死"的儒家所推崇的英雄人物。

在罗贯中的笔下，关羽的一生充满了英雄传奇色彩，他的所作所为，无处不体现出儒家所宣扬的"至忠、至信、至仁、至义"的道德风范。"桃园三结义"、"温酒斩华雄"、"三英战吕布"、"劈颜良诛文丑"、"过五关斩六将"、"单刀赴会"、"三江口保驾"、"义释黄忠"、"刮骨疗毒"、"败走麦城"……这些脍炙人口的传奇故事，早已为人们耳熟能详。其中有不少还被编成戏曲、话本，甚至还改编成了现代的电影、电视剧、连环画等，关公的形象、故事和精神以各种不同的文艺形式广为传播，深入人心。

说到关羽，人们马上就会想到："身长九尺，髯长二尺；面如重枣，唇若涂脂；丹凤眼，卧蚕眉；相貌堂堂，威风凛凛。"手持一把青龙偃月刀。这些标志性的特征，都是受到了《三国演义》的影响。以至于戏剧、影视等文艺题材中的关羽也按照这种模式打造，就连关帝庙中的关帝圣君也是这种形象。由此可见，《三国演义》塑造的关羽形象是多么深入人心。

第二章
关羽考释

关羽之家世

关羽的家世究竟是怎样的呢？
这个问题长期以来一直众说纷纭。
关羽的家世，史书上没有什么记
载，关于其家世的一些说法，只见
于后世的一些书籍当中，譬如《唐
书》、《关圣帝君圣迹图志》以及
《关帝志》等。清乾隆二十一年
（1756年）刊印的《解梁关帝忠谱系
考辨》说：

关氏之先，出夏大夫关龙逢。

关帝旧宅图

山西常平关公故里

一云关令尹喜之后也。

也就是说，对于关氏的先祖有两种说法：其一，夏朝的关龙逄；其二，春秋时期的关令尹喜。

关龙逄是夏朝末年夏桀手下的一位大臣。据《中国人名大辞典》关龙逄条记载：

桀为长夜之饮，龙逄常引黄图以谏，立而不去。桀曰："子又妖言矣。"于是焚黄图，杀龙逄。

另据汉韩婴撰《韩诗外传》载：

关龙逄像（山西常平关公故里）

桀为酒池，可以运舟，糟丘足以望十里，而牛饮者三千人。关龙逄进谏，立而不去朝，桀囚而杀之。

关龙逄是一位敢于进言的正直大臣，夏桀的荒淫无道，滥杀无辜，使他痛心疾首，他多次坦言直谏，冒犯了暴君，引来杀身之祸。关羽能攀上这样一位高风亮节的远祖，实属荣耀。

"关令尹喜"严格来讲并非只是一个人名，而是人名前加上了官名。关令，是古代把守关隘的负责人之称谓，是个官名。尹喜相传是春秋末道家，被道家尊为"无上真人"、"文始先生"，曾为函谷关关令，是个不大的官。相传当年老子遍游天下，一天，他要到秦国去，得经过函谷关。函谷关地处河南，这里两山对峙，中间只有一条小路，因为路在山谷之中，既深又险，好像在函子里一样，故名函谷关。这天，关令尹喜见天空

老子像

有一团紫气从东方冉冉而来（紫气东来）。尹喜本是修养与学识高深之人，善观天象，看到这祥瑞之象，断定必有圣人要经过此地。果不其然，不大工夫就见一位道骨仙风之人，骑着一头青牛缓缓向关门而来。尹喜定神一看，原来是大名鼎鼎的老子。他喜出望外，热情地接待这位仰慕已久的大人物。当得知老子要出关周游各地时，便缠着老子，要他无论如何也要写点东西，作为放他出关的条件。老子本不想写，但不写又无法出关，只好将自己的智慧、感悟写了出来，洋洋洒洒竟有5000字之多。文章分上下两篇，上篇叫《道经》，下篇叫《德经》，于是，一部传世之作《道德经》就这样问世了。尹喜手捧文章，一气读完，看到精妙之处不禁连声叫绝，老子的学识令他佩服得五体投地。他感慨道："先生，我不想当这个官了，我要追随您，跟您一起云游四方。"老子莞尔一笑，欣然同意。

如此看来，所谓"关令尹喜"并非姓关之人，而是姓尹名喜的守关人。把关令之"关"解读为姓氏之"关",可谓张冠李戴,颇显滑稽。关羽和这位"无上真人"根本就攀不上亲。那么,关羽应是关龙逢的后代了?也不尽然,清朝文学家梁章钜曾说过"关羽本不姓关",他在《归田琐记》中转引了《关西故事》中的一段话:

蒲州解梁县关公,本不姓关,少时力最猛,不可检束,父母怒而闭之后园空室。一夕月甚明,启窗越出,闲步园中,闻墙东有女子啼哭甚悲,兼有老人相向哭声,怪而排墙询之。老者诉云:"我女已受聘,而本县舅爷闻女有色,欲娶为妾。我诉之尹,反受叱骂,以此相泣。"公闻大怒,仗剑径往县署,杀尹并其舅而逃。至潼关,闻关图形捕之甚急,伏于水旁,掬水洗面,自照其形,颜色变苍赤,不复认识。挺身至关,关主诘问,随口指关为姓,后遂不易。

在解州民间也流传着类似的说法。当年关羽在家乡因抱打不平杀了作恶的乡绅,为了躲避官署的追捕,只身外逃。途中路过关隘时遭到盘问,情急之下,便信口指"关"为姓,从此便以关姓名世。此说虽属传说,但关羽杀人后亡命天涯却是事实,为逃脱追捕而更名改姓也在情理之中,"关羽本不姓

山西常平关公故里"圣祖殿"

山西常平关公故里古牌坊

关"，似乎有些道理。如果真是这样，关羽究竟姓什么呢？在《中国古代小说考》一书中说，关羽本不姓关，而姓冯，名贤。此说并无确凿证据。关羽老家今山西省运城市常平乡在汉朝被称为解县宝池里下冯村，"冯贤"一名大概由此附会而来。在解州的民间传说中也存在不同的版本，竟有张、冯、佗、夏四种说法。如此看来，问题愈显复杂。倘若真是这样，先祖关龙逄之说岂不又成了空话？

尽管争论存在，说法不同，但无论是学术界还是民间，大多还是认为"关羽本不姓关，指关为姓"的说法是明显的杜撰，而关龙逄确是关羽的先祖，并且有人还考证出了关羽的祖父、父亲。不然的话，关氏世谱如何能续至今日，并且已续到了第72代。那么，关羽的祖父和父亲又是谁呢？

关羽的祖父、父亲在史书上并无任何记载。因此，这个问题在相当长的一段时期是个未解之谜。直到康熙十七年(1678年)，解州州守王朱旦在其亲自撰写的《汉前将军壮穆侯关圣帝君祖墓碑铭》中，才首次披露了关羽祖父、父亲的名讳及身世：

关羽父系祖先（关公家庙）

帝祖石盘公，讳审，字问之。以汉和帝永元二年(90年)庚寅生，居解梁常平村宝池里五甲。公冲穆好道……以《春秋》、《易》训子，数十年绝尘世轨迹，至桓帝永寿三年丁酉(157年)终正寝，寿六十八。子讳毅，字道远，笃孝有至性……庐墓号踊。终丧，归村居。已为桓帝延熹二岁(159年)。明年庚子(160年)六月二十四日生圣帝。……稍长，娶胡氏。于灵帝光和元年戊午(178年)五月十三日生子平……

按照王朱旦所说，关羽的祖父姓关名审，为东汉人士，居住在解梁常平村。关审崇尚老庄，信奉道教，勤奋好学，是一位学识渊博的读书人。关审对《易经》、《春秋》颇有研究，并以孔孟之说《春秋》和象数之学《易经》教化后代。另外，王朱旦对关羽的生辰年月及其妻、子的情况都述说得十分清楚。这个千年之谜，他又是如何破解的呢？王朱旦在铭文中也作了交代：

康熙十七年戊午(1678年)，常平士于昌肄业塔庙，即道远公之旧居也。昌醇笃。昼梦帝呼授"易碑"二大字，督视殿西物，急白郡。寐而就焉。有浚井者，得巨砖，字颇断裂。昌急合读，即帝考奉祀厥考之主。中纪生死甲子，并两世字讳大略。因循山求墓道。合券奔告郡守。郡守王朱旦愬然曰：旦于丁酉(顺治十四年亦即公元1657年)旅宿涿，梦帝迎昺巨舰曰："烦椽笔叙升平。"又顾周将军仓曰："已极醉，须疾扶勿致伤。"次日遇客邀饮，醉，坠马触巨石无恙。因为《关帝论》一篇，今忝守此，合诸于所陈，则关公前谕，殆欲表其先茔欤……谨搜轶迹，书勒丰碑。

原来王朱旦的材料来源于常平书生于昌的一个梦。于昌梦见关帝授给他"易碑"两个大字，并按梦中示意在一口井中得到残砖，将残砖拼凑后，竟然发现上面记载着关公祖、父两代的生辰及名讳。于是，于昌赶忙将这个发现报告给了当时担任解州州守的王朱旦，王朱旦得以看到这块残砖。这使得王朱旦联想起多年前旅居河北涿郡时，曾梦见关帝给自己酒喝，还烦劳自己为关帝叙述生平的往事。当时，他还因此写了一篇《关帝论》。王朱旦将两个梦联系起来，认为这是关公托梦显灵，自己为关帝述写生平责无旁贷，于是便写下了这篇《汉前将军壮穆侯关圣帝君祖墓碑铭》，刻石立碑，填补了长达千年的关帝家世的空白。

但细想起来，这《碑铭》得以谋篇成文来得却有些荒诞不经。因为《碑铭》的依据来源于关公故里一个书生所做的"白日梦"。他按照梦中指点，在关帝祖茔的石盘沟发现了一块残砖，上面刻有30个字的碑文。残碑情况如下：

左偏字五曰：生于永元二；右偏字三曰：永寿三；中十七字曰：先考石盘易麟隐士关公讳审字问之灵位；旁有字三曰：男毅供；砖背字二曰：道远。[1]

而这含义不明的寥寥30字，竟成了王朱旦确定关羽家世的依据，显然是过于武断。但在中国民间，托梦之说在相当长的一段历史时期内有着广泛的市场，对于神仙显灵托梦于人，往往是坚信不疑。因此，王朱旦的杰作《碑铭》看起来有些荒诞，但还是得到许多人认可，而且在其后又先

---

[1]引自《汉寿亭侯父祖考》。康熙三十一年(1692年)贵州贵阳人江闿出任解州知州。他亲自找到当时尚在世的发现巨砖的于昌当面询问，并查询了其他有关情况，写下了这篇文章。江闿认为王朱旦以残砖上含义不明的文字论定为关羽父祖名讳是主观臆断，是站不住脚的。

后出现了许多类似的文章，都是以《碑铭》为依据。譬如清嘉庆年间出版的《图志·卷八·全图》所绘的表现关羽的祖父和父亲的两幅图画的释文就是参考了《碑铭》所提供的资料，而且内容有了更为详细的说法。其中的《隐居训子》图是表现祖父关审的。其释文如下：

圣帝祖讳审，字问之，号石盘，生于汉和帝永元二年庚寅，居解梁常平村宝池里五甲。公冲穆好道，研究《易》、《传》、《春秋》。见汉政蛊，戚畹长秋，互窃枋柄。聩戎索，火德灰寒，外枯中竭，绝意进取。去所居之五里许，得芬场一片净土，诛茅弦诵，以《春秋》、《易》训子，数十年绝尘世轨迹。至桓帝永寿三年丁酉卒，寿六十八，葬于条山之麓。

在这里，除了说明关审的生卒年及居住地外，对他的人品还大加渲染，指出关审虽勤奋好学，知识渊博，但生不逢时，身处东汉王朝的衰败时期，君主昏庸，外戚乱政，宦官专权，内讧不已。饱经世故的关审看到朝政腐败，信守"祸兮福之所倚，福兮祸之所伏"的经训，逢乱世而退避，不求仕进，放弃功名，隐居于五里之外的一片净土。劳作之余，他熟读四书五经，隐居训子。数十年"绝尘世轨迹"，不交结富豪，不攀附权贵，清静无为，洁身自好，堪称一位正人君子。

另一幅《庐墓终

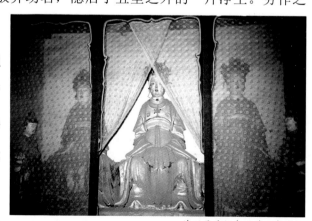

关羽母系祖先（关公家庙）

丧》图是描述父亲关毅的。其释文如下：

圣帝父讳毅，字道远，克缵父石盘之学，笃孝有至性。及父卒，即具窀穸于所著读书处，仍先志也，蹦踊号泣，庐墓终丧，至桓帝延熹二年己亥，始归故居焉。

如上所说，关审死后，其子关毅克缵祖学，恪守封建礼教，继承了家学的优良传统。父亲死后，为父守墓三载，极尽孝道。这样的家庭环境，无疑对关羽的成长产生了深刻的影响。不然的话，关羽也不会以善读《春秋》而著称于世，也不会那样深明大理，为国以忠，待人以义，处世以信，修身以智，作战以勇，以致后来成为历代帝王推崇的道德楷模。

清朝之前，人们对关羽的祖辈和父辈的名讳及身世可以说是一无所知。其家谱更是无从谈起。关羽成为圣人后，《关帝家谱》也应运而生，是以关羽为轴心上下辐射衍生而成。关龙逢乃夏朝末年夏桀的大臣，因敢于多次直谏夏桀荒淫无道、滥杀无辜，而被暴君"炮烙"①残害。据说关龙逢墓距关羽的故里仅30里之遥，后人便穿凿附会地将关龙逢请进关帝家庙，并当作关家始祖世代供奉。

至此，缺失达1500年的关公家世，才有了貌似清晰的枝蔓，而这一切都来源于那篇由梦幻而编织成的《碑铭》。对于这些说法，连当时极为推崇关圣的清朝政府也不敢苟同。在清朝雍正年间，礼部还专门讨论过这件事：

……礼部议亦以《图志》、《关圣帝君圣迹图志》名字不可信，照文

---

①炮烙，传说纣王在位时所用的一种酷刑。行刑时，将人绑在特大铜柱之上，铜柱之内点燃大火，将人活活烤死。

庙四配孟子父称先贤孟孙氏例，止书爵号，不著名字。

因此，到咸丰年间加封三代爵位时，只有封爵号：曾祖父"光昭王"、祖父"裕昌王"、父亲"成忠王"，并没有他们的名讳。也就是说，清王朝经过认真地讨论，认为王朱旦所说的关羽祖父、父亲的名讳不可信，所以不予引用。但《碑铭》中提到的关公的生辰为六月二十四，却被皇家采纳，并沿袭至今达300余年。

关庙石狮

总之，关羽家世的种种说法，主要出现在清朝年间，这时关公崇拜已经发展到了顶峰阶段。在中国封建社会，门第观念长期以来统治着人们的思想，试想这样一位备受全社会崇奉的历史人物，竟不知他的出身、家世，实在是一个太大的缺憾，这在人们的内心会引起极大的失落感。而王朱旦却利用常平书生于昌的"一砖一梦"，杜撰出关羽的家世，虽然牵强附会，但人们在心理上还是乐于接受的。根本上说这是出于一种民间的心理需求，为关公续家谱，是在满足人们追求关羽人生更加圆满的一种需要。

关羽相貌仪表

　　关羽的相貌究竟是什么模样，史料中记载寥寥。到目前为止，我们只在陈寿所著的《三国志·蜀书·关羽传》中看到有一处涉及关羽的相貌，这是记述诸葛亮在回复关羽的书信中所提到的一段话："先主西定益州，拜羽董督荆州事。羽闻马超来降，旧非故人，羽书与诸葛亮，问：'超人才可比谁类？'亮知羽护前，乃答之曰：'孟起（马超字）兼资文武，雄烈过人，一世之杰，黥①、彭②之徒，当与益德并驱争先，犹未及髯之绝伦逸群也。'羽美须髯，故亮谓之髯。羽省书大悦，以示宾客。"

关圣帝君圣像（清刻本《觉世经图说》）

　　关羽一生争强好胜，当得知武艺高强的马超来降时，写信给诸葛亮，直言不讳地问"超人才可比谁类"。诸葛亮深谙关羽为人，安慰他说"犹未及髯之绝伦逸群也"。关羽对于诸葛亮对他的夸奖十分得意，以至于他拿着诸葛亮的回信到处给人看。"羽美须髯"，这是陈寿对关羽相貌的唯一描述。陈寿只点明了关羽是"美须髯"，而对他的其他相貌特征却闭口不言，这说明一定是关

---

①英布，因受秦法被黥（刺面），又称黥布。初属项羽，被封为九江王，后归刘邦，被封为淮南王。与韩信、彭越并称汉初三大名将。
②彭越，西汉大将。拜魏相国，又被封为梁王，是中国战争史上游击战的始祖。

羽的须髯极有特色，所以才特地点明。可是我们今天所了解到的关羽形象却远不止于此，要比陈寿所说的丰富多了。这主要归功于后世说唱艺人和文人特别是元、明两朝文人的贡献。

在元朝人所著的平话[①]本里，关羽已被塑造成"生得神眉凤目，虬髯，面如紫玉，身长九尺二寸"这样的相貌。外貌是文艺作品塑造人物个性的重要组成部分，既然《三国志》中的关羽形象仅有只言片语，模糊不明，这就为后人留下了充分发挥想象的空间，可以根据社会的价值观与审美观去塑造关羽的形象。

山西芮城永乐宫财神殿关羽像

其实，早在宋朝年间，民间就出现了以讲史为谋生手段的职业说书人。见于记载的，北宋时期有汴京瓦市中的讲史人霍四究、尹常卖等。霍四究的"说三分"[②]、尹常卖的"五代史"，在民间颇有影响。但遗憾的是，霍四究"说三分"中是怎样为关羽塑造形象的，我们不得而知。

---

① "平话"，也称"评话"，相当于今天的评书。是只说不唱的一种曲艺形式。　②专门讲述三国时期的历史故事。

义勇武安王关羽（金代）

所以元朝平话本中的关羽外貌应该是我们至今所能见到的最早的造型。

元末明初，由通俗小说家罗贯中所著的历史题材小说《三国演义》问世，书中对关羽的容貌有了更加经典的描述：

（关羽）身长九尺，髯长二尺；面如重枣，唇若涂脂；丹凤眼，卧蚕眉；相貌堂堂，威风凛凛。

在这里，罗贯中对关羽相貌的描述更加细致，更为生动，与前人塑造的关羽形象相比较，承继关系十分明显，只不过其外貌已得到极大丰富，形象更加完美，更显英武神圣之风采。"丹凤眼，卧蚕眉，面如重枣，五绺长髯"，《三国演义》中对关羽容貌的这些经典描述，已成为关羽容貌的标准符号，它深深印刻在中国人的心目中至今不可动摇。以致后来大量的文艺作品中的关羽形象都是以这样的标准来进行塑造的。无论是小说，还是说唱艺术，抑或是绘画、雕塑作品，关公的形象都非常雷同，似乎谁也不愿越雷池一步，轻易地去改变人们所熟悉的关羽形象。

20世纪初的1909年，俄国人科兹洛夫在内蒙古额济纳旗进行探险发掘，在一座宋金时代的佛塔中出土了一批文物。当一张画像展开时，一位中国向导惊呼"关老爷"，倒头便拜。画上的关羽和《三国演义》小说的描写如出一辙，上面的文字"义勇武安王"则是宋徽宗赐给关羽的封号。这幅神像是迄今为止发现年代最为久远的关羽形象，是难得的图像资料。也就是说至少早在宋朝，关羽的形象就已基本定型。这个偶然的发现，更加证实了《三国演义》中的关羽形象绝非罗贯中的首创，而是自古流传下来，只不过是罗贯中进行了润色加工，使其更加完美。1000多年来，历代中国人心目中的关羽居然都是如此相似。然而我们再也无法向前追溯，因为宋朝以前有关关羽的图像都没能保存下来。

关公的艺术形象，无论是通俗演义，还是美术作品，抑或是民间传说，都把他描绘成"赤面长髯"，这究竟是为什么呢？这主要和中国人的某些传统观念有关。

首先，关羽的面色如何，陈寿在《三国志》中没有提到，显然没有什么特殊之处。但后人却把关羽说成是"红脸关公"。中国人有一个传统观念，认为一个人的面色可以代表这个人的人品、忠奸、善恶。这种脸谱化的观念主要是受到戏剧脸谱的影响。早在宋元时期，民间艺人已经使用

关公神像

彩墨化妆，以寓褒贬。当时的戏剧脸谱丰富多彩，异彩纷呈，有黑脸、红脸、花脸、青脸、蓝脸等不同扮相。这些脸谱的颜色都有一定象征意义，红色表示英勇、正义、刚烈，关羽这样一位英雄人物的扮相理所当然地要勾画成红脸，以彰显他的公忠。另外，其他颜色的脸谱也有一定的含义，譬如：黄色表示勇猛、残暴，《战宛城》中的典韦、《马陵道》中的庞涓，皆被勾画成黄脸；白色表示奸诈、多谋，以"宁教我负天下人，休教天下人负我"为座右铭的曹操，堪称一代奸雄，因而被勾画成白脸；黑色表示刚直、果断，铁面无私的包拯，就被勾画成黑脸；蓝色表示坚毅、勇敢，如《连环套》中的窦尔墩、《白水滩》中的青面虎；此外还有神怪仙佛一类人物，专用金色、银色等。戏剧的脸谱化，对中国民间文化的影响是潜移默化的，这就决定了关羽必须成为"红脸关公"。

其次，陈寿只说关羽是"美须髯"。那么，这位美髯公为什么被后人描绘成五绺长髯呢？这可能和人们的审美观念有关。人们在审视某一个事物时很讲究"匀称"，如果胡须长成两绺、四绺，显然不太美，而胡须变成单数，看起来很匀称，很美。因为关羽是"美须髯"，而三绺长髯较为普遍，不足以与众不同，为了强调他的特殊，五绺长髯是最佳的选择。以至五绺长髯成了关公的专利，除他之外，无人再用。

在民间还有一句俗语："嘴上无毛，办事不牢。"关羽的长髯，也象征着稳重。按照民俗观念的理解，"赤面长髯"的关羽多少寄托了人们对这个人物形象的美好愿望。

关羽与大刀

关羽的勇武过人人所共知，陈寿在《三国志·蜀书·关羽传》中大加赞扬：

绍遣大将军颜良攻东郡太守刘延于白马，曹公使张辽及羽为先锋击之。羽望见良麾盖，策马刺良于万众之中，斩其首还，绍诸将莫能当者，遂解白马围。

又说：

羽率众攻曹仁于樊。曹公遣于禁助仁。秋，大霖雨，汉水泛溢，禁所督七军皆没。禁降羽，羽又斩将军庞德。梁、郏、陆浑群盗或遥受羽印号，为之支党，羽威震华夏。曹公议徙许都以避其锐。

关羽的战无不胜，所向披靡，令曹操忧心忡忡，甚至起了要迁都的想法。说到关羽的勇武，人们自然会联想到他所使用的青龙偃月刀。而事实上，历史上的关羽并没有使用过这把大刀。陈寿在描写关羽杀颜良时只说"策马刺良于万众之中"，一个"刺"字，足以说明关羽当时使用的兵器绝非是一把大刀，而是矛、戟一类的刺杀兵器。如若是大刀，则应该用"砍"或"斩"一类的字眼。陈寿不仅在《三国志·蜀书·关羽传》中没提一个"刀"字，即使整部《三国志》也没有提及关羽使用青龙偃月刀之事。除正史之外，在杂

青龙偃月刀（山西解州关帝庙）

关公祖庙中巨大的磨刀石

史笔记中也不见此种记载。

据有关资料表明，刀在我国有着悠久的历史，但在两汉时只是作为短兵器佩用。一般长度在1米左右，重也只有几斤，直到三国时期都没有出现长柄大刀。隋唐时，以双手执用的长柄大刀才得以问世，但它们仅是作为礼器随仪仗而出现。

那么，关羽的"青龙偃月刀"究竟从何而来呢？

有关"青龙偃月刀"的资料在宋朝以前从未见披露过，更找不到任何形象的线索。但在宋朝的《武经总要》中却发现了它的来历。兵器图谱里的"掩月刀"不仅与"偃月刀"发音相近，龙口衔刀的造型和装饰性的红缨也都十分吻合。但是从说明文字中我们得知，这种刀并非真正的杀人利器，而是在仪仗队中用以显示威武。青龙偃月大刀最终从仪仗中走出来，成为大众熟知的关羽的称手兵器，这还要归功于元代戏剧家关汉卿。在他的作品《关大王独赴单刀会》中，第一次活脱脱地刻画了关羽和青龙偃月刀形影不离的经典形象。后来罗贯中在他的《三国演义》"桃园结义"一回里，也特别写道："（刘备）便命良匠打造双股剑，云长造青龙偃月刀，又名'冷艳锯'，重八十二斤。"

从此，青龙偃月刀成为关羽的独家兵器，也成为关羽形象的一个重要标志。在中国古典文艺作品里，对于武将人物的刻画，十分重视他所使用的兵器。别小看这一刀一枪，它们往往成为人物性格的鲜明标志。这种人与物的和谐统一，是我国古代文人、艺人在长期艺术实践中逐步摸索出来的，是才华与智慧的结晶。

关羽有几个儿女

关羽有几个儿女？长期以来，众说纷纭，一直是人们探究的问题。正史上记载有二子一女，但并未说关羽只有这二子一女，所以严格地讲，关羽"至少"有二子一女。后来的演义小说又把其中一个儿子变成义子；民间传说却另外增加了一个叫"花关索"的儿子，还附送两个义子。

据陈寿所著《三国志》记载，关羽有二子一女。长子关平，随父征战，最后与其父关羽同殉难于临沮，可谓英烈；次子关兴，年少有为，深得诸葛亮器重，做到了侍中、中监军的职位，可惜英年早逝，弱冠为官，数岁而卒。关羽的女儿，不知其名，但当孙权遣使为子求婚时，却得到"羽骂辱其使，不许婚，权大怒"的结果。

在《三国演义》中，关平摇身一变，竟成了关羽的义子。在第廿八回"斩蔡阳兄弟释疑　会古城主臣聚义"中详细记述了关羽收关平为义子的经过：

却说玄德先命孙乾出城，回报关公；一面与简雍辞了袁绍，上马出城。行至界首，孙乾接着，同往关定庄上。关公迎门接拜，执手啼哭不止。关定领二子拜于章堂之前。玄德问其姓名。关公曰："此人与弟同姓，有二子：长子关宁，学文；次子关平，学武。"关定曰：

"今愚意欲遣次子跟随关将军，未识肯容纳否？"玄德曰："年几何矣？"定曰："十八岁矣。"玄德曰："既蒙长者厚意，吾弟尚未有子，今即以贤郎为子，若何？"关定大喜，便命关平拜关公为父，呼玄德为伯父。玄德恐袁绍追之，急收拾起行。关平随着关公，一齐起身。关定送了一程自回。

关平的生身父亲名叫关定，他想让自己习武的二儿子关平跟随关羽从军，在刘备的撮合下，关羽不仅收留了关平，还将其收为义子。受小说的影响，民间又据此加以发挥，把关羽如何培养训练关平，使其成为文武双全之才，演绎得生动感人。在《三国人物别传》中收有《关公教子》的故事，讲述关羽对关平如何在各个方面进行严格操练。讲到训练夜行军时，关平双脚打泡，疼痛钻心，但关羽硬是不让休息，要关平一定坚持到底。在训练骑术时，让关平骑在马背上反反复复地跑来跑去，人被颠簸得心慌难耐，关羽不点头，

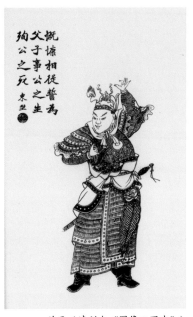

关平（清刻本《图像三国志》）

关兴（清刻本《图像三国志》）

关平绝不敢停下来。训练之余，关羽还教导关平读《春秋》，练书法。关平每天写完字后，都要用水把毛笔上残留的墨汁洗掉，然后将水顺势泼向山坡。日积月累，竟把山坡染成黑色，终于，关平练就了一手漂亮的书法。《三国志•蜀书•关羽传》中对关平的记述只寥寥几字，而在演义、传说中，他却有了曲折的经历。他与关羽如影随形，转战南北，出生入死，最后英勇就义。在关羽成神后，关平也成为关羽的配享。关帝庙中的神像，居中者为关羽，右边白脸捧印的就是关平，左边黑脸持刀的则是关羽部将周仓。

关羽次子关兴，虽然颇有才气，但他所任之官，并不是需要亲自带兵打仗的武将职位，加上英年早逝，根本不可能创建辉煌的功劳。但这反而为小说家留下了巨大的想象空间，任凭小说家随心所欲地进行自由创作。《三国演义》中的关兴，在蜀汉后期讨伐东吴的战役中，骁勇卓越，有"白袍将军"的美名。在刘备的倡议下，与张飞之子张苞义结金兰。

后来，两人同心协力，共同奋战，终于报了杀父之仇。这在《三国演义》第八十二回"孙权降魏受九锡　先主征吴赏六军"中有精彩的描写：

孙桓听知蜀兵大至，合寨多起。两阵对圆，桓领李异、谢旌立马于门旗之下，见蜀营中，拥出二员大将，皆银盔角铠，白马白旗：上首张苞挺丈八点钢矛，下首关兴横着大砍刀。苞大骂曰："孙桓竖子！死在临时，尚敢抗拒天兵乎！"桓亦骂曰："汝父已作无头之鬼；今汝又来讨死，好生不智！"张苞大怒，挺枪直取孙桓。桓背后谢旌，骤马来迎。两将战有三十余合，旌败走，苞乘胜赶来。李异见谢旌败了，慌忙拍马抡蘸金斧接战。张苞与战二十余合，不分胜负。吴军中裨将谭雄，见张苞英勇，李异不能胜，却放一冷箭，正射中张苞所骑之马。那马负痛奔回本阵，未到门旗边，扑地便倒，将张苞掀在地上。李异急向前抢起大斧，往张苞脑袋便砍。忽一道红光闪处，李异头早落地，原来关兴见张苞马回，正待接应，忽见张苞马倒，李异赶来，兴大喝一声，劈李异于马下，救了张苞。乘势掩杀，孙桓大败。各自鸣金收军。

张苞（清刻本《图像三国志》）

　　次日，孙桓又引军来。张苞、关兴齐出。关兴立马于阵前，单搦孙桓交锋。桓大怒，拍马抢刀，与关兴战三十余合，气力不加，大败回阵。二小将追杀入营，吴班引着张南、冯习驱兵掩杀。张苞奋勇当先，杀入吴军，正遇谢旌，被苞一矛刺死。吴军四散奔走。蜀将得胜收兵，只不见了关兴。张苞大惊曰："安国有失，吾不独生！"言讫，绰枪上马。寻不数里，只见关兴左手提刀，右手活挟一将。苞问曰："此是何人？"兴笑答曰："吾在乱军中，正遇仇人，故生擒来。"苞视之，乃昨日放冷箭的谭雄也。苞大喜，同回本营，斩首沥血，祭了死马。遂写表差人赴先主处报捷。

　　在罗贯中的笔下，关兴俨然成了一位年少气壮、武艺高强的将才。

　　正史上说，关羽不肯把女儿嫁给孙权之子，在《三国演义》里也没把她嫁出去，而且把这件事的前因后果，描写得更为详细：

(孙权)遣诸葛瑾为使，投荆州来。入城见云长，礼毕。云长曰："子瑜此来何意？"瑾曰："特来求结两家之好：吾主吴侯有一子，甚聪明；闻将军有一女，特来求亲。两家结好，并力破曹。此诚美事，请君侯思之。"云长勃然大怒曰："吾虎女安肯嫁犬子乎！不看汝弟之面，立斩汝首！再休多言！"遂唤左右逐出。瑾抱头鼠窜，回见吴侯；不敢隐匿，遂以实告。

关公的一句"吾虎女安肯嫁犬子乎"，竟成为日后双方不和的原因之一。书中描写颇为细致，却没有说出关公女儿的名字。在民间传说中，关小姐倒有了"银屏"这样一个挺好听的名字，虽没嫁给孙权的儿子，却嫁给了云南守将李恢之子李蔚。这是关公殉难之后，诸葛亮做出的安排。银屏嫁到云南，教导当地人民耕种、纺织和读书，亲民爱民，大家都十分尊敬她。直到她死后，当地还留下"梳妆台"、"金莲山"等遗迹。

关索荆州认父

上节提到，关羽还有一个儿子，名叫关索。但从现存的史籍中却找不到关索的任何线索。关索的有关资料主要来源于民间的一些传说。

1976年，在上海嘉定县城东公社发现一处明代宣姓墓葬，其中一女骸棺木中出土了一批明成化(1465～1487年)年间的说唱词话和传奇刻本，共计12册。这些都是根据民间传说编纂而成。其中有一册名为《花关索传》的说唱词话，比较详细地叙述了关索的一生，是一份比较完整的关索档案。

《花关索传》共四种合为一册，它们是：《新编全相说唱足本花关索出身传》（前集）、《新编全相说唱足本花关索认父传》（后集）、《新编全相说唱足本花关索下西川传》（续集）、《新编全相说唱足本花关索贬云南传》（别集）。

《新编全相说唱足本花关索出身传》讲述了关索的出身。唱本从刘、关、张三人路遇一见如故写起，后在"姜子牙庙"前"对天设誓"，相约日后共图大业。刘备对关、张二人说："我独自一身，你二人有老小挂心，恐有回心。"关羽道："我坏了老小，共哥哥同去。"张飞道："你怎下得了手杀自家老小？哥哥杀了我家老小，我杀了哥哥的老小。"刘备道："也说得是。"于是关、张二人约定互相杀光对方的家属。张飞遂前往关羽老家蒲州解县，杀死了关家大小十数口，只因不忍心才带走已经长大的关羽长子关平，放其逃生。并放走了身怀有孕的关羽之妻胡金定。胡氏回到娘家，生一子。其子7

关庙铁人铁狮

关公圣像（台湾）

岁时，因元宵观灯迷路走失，被姓索的员外捡到收养，此时他改姓索。养到9岁时，索员外把他送到班石洞花岳老先生那里习武。其间，"先教黄石公三略法，后学吕望六韬文，学取十八般武艺双全"。18岁时思念养父母，回到索家。索家问明其出身，遂取名"花关索"。他身兼三姓："关"是本姓，"索"是养父姓，"花"是师父姓，故称花关索。之后，和母亲一起去西川认父。途中，收拾两伙强人，并打败鲍家庄和卢塘寨的兵马，娶了鲍三娘和王桃、王悦姐妹为妻。如此说来，关索也是个苦命儿，其坎坷命运令人同情。但为了去牵挂，绝"回心"，在刘备的暗示下，关羽、张飞分头杀了对方家小的情节，显得过于血腥，缺少人情味，如此描写实在有些过分，这与主流社会对刘、关、张的评价相去甚远，恐怕不会得到太多人的认可。

那么，关索又是如何与其父关羽团圆的呢？《新编全相说唱足本花关索认父传》对此作了回答。刘、关、张起事后占了兴刘寨为王，"统了十万人和马，二千头目上将军"，其中有黄忠、马超、姜维、庞统及军师诸葛亮等人。一日，关公赤兔马被盗，众将分头追赶贼人，张飞在途中遇关索母子。关索向张飞说明原委，关羽合家团聚。曹操在落凤城设宴请刘备，欲害之。关索随行，在席间比剑时大显身手，连斩吕高、张琳二诸侯，保护了刘备；又在诸葛亮的布置下，配合伏兵，击败曹操，立下了显赫战功。刘备因此占了落凤坡，夺得荆州。

山西常平关公故里铁狮造型

"关索认父"在民间还有其他的版本。在《全像通俗三国志传》中，有"关索荆州认父"一段故事，其中有这样的描写：

忽有小校报曰："门外有一小将军，姓名花关索，身长七尺，面似桃花，他要进见，特来报知。"关公曰："唤他入来见吾。"小校传令与索。索谓母曰："母亲与妇(关索之妻)暂且在此片时，儿先入见爹爹。"索入见关公，双膝跪下，垂泪曰："儿三四岁时，见父不在家，常问于母。母道父亲自杀本处霸豪，逃难江湖，雁沓鱼沉，不知何所。又值家贫，只依外父(外祖父)胡员外抚养长成，指教说父昔日在桃园结义，今闻在荆州，特来寻见。"关公迟疑不语。索曰："父不认儿，儿⋯⋯"张

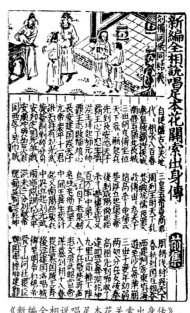

《新编全相说唱足本花关索出身传》。明刊本，据考证系元代旧刻本。

飞扶起，谓云长曰："吾看此子，必不妄认。兄出外日久，家中事恐忘怀了。可仔细思想，逃难之时，嫂嫂有怀孕否？"关公沉吟半晌，曰："吾逃难时，妻小果有怀胎三个月。但此子即是吾儿，宜姓关，何姓花，名关索，吾故不敢遽认。"张飞复问其故。索答曰："七岁时，元宵观灯，迷失道路，被索员外拾去，养至九岁，进与班石洞花岳先生学习武艺的，因此兼三姓，取名花关索。"关公经过一番曲折，夫妻也因此团圆。

经过关索的一番解释，关羽才知道关索叫花关索的由来，于是释疑相认，一家人在荆州团聚。两个版本，大同小异，所不同的只是关索认父的地点，一个说是在兴刘寨，一个说是在荆州。

在民间传说中，花关索被塑造成一个少年英雄，他在荆州认父后，与其父共守荆州。他曾带兵攻打西川，收服王志、吕凯，两人改姓名为关志、关凯，成为关羽的第四子、第五子。此即前文所说的"还附送两个义子"。花关索在征讨南蛮时，作战英勇，功勋卓著，所以深得云南、贵州百姓的爱戴。清人所著的《黔游论》说，当地百姓为了纪念关索，有不少以"关索"命名的桥梁、山岭、水源、城郭，诸如"关索城"、"关索寨"、"关索岭"、"关索泉"、"关索桥"等遗迹，在云南至今仍流行"关索戏"，当地还建有祭祀他的"关索祠"，可见关索在民间传说中是颇有影响的。以致后来小说家在创作《水浒传》时，还不忘把"病关索"作为诨号送给了杨雄。

在罗贯中所著《三国演义》中也说关索是关羽的儿子。

在第八十七回"征南寇丞相大兴师 抗天兵蛮王初受执"中描写诸

葛亮为打击南蛮孟获的侵犯，亲领50万大军南下，向益州进发。关索在前往西川拜见刘禅的途中，遇到了南征的诸葛亮。书中写道：

忽有关公第三子关索，入军来见孔明曰："自荆州失陷，逃难在鲍家庄养病。每要赴川见先帝报仇，疮痕未合，不能起行。近已安痊，打探得系吴仇人已皆诛戮，径来西川见帝，恰在途中遇见征南之兵，特来投见。"孔明闻之，嗟讶不已；一面遣人申报朝廷，就令关索为前部先锋，一同征南。

《三国演义》第八十七回"征南寇丞相大兴师"，描绘关索拜见诸葛丞相的情景。（清刻本《图像三国志》）

这是关索在《三国演义》中的首次亮相。之后，在小说中又多次提到关索，八十七回有五处，八十八回有三处，八十九回有一处。但全书并没有提及关索荆州认父之事，只是描写了关索如何在军师孔明的指挥之下，与众将士打败南蛮之军，立下了赫赫战功。

关羽原本就是一个草根英雄，出身低微，加上早年还是个通缉犯，亡命江湖，家庭离散很是正常，其妻儿不见经传并不为奇。只是因为后来关羽名震华夏，有关他的稗官野史越来越多，掩盖了历史的本来面目。而关索的传奇故事曲折感人，很易于被人们接受，所以就在后来的文艺作品和民间传说中出现了关索的种种事迹，成为人们津津乐道的谈资。

夜观春秋
Quan Yu Reading the Book of Confucius in the Night

河南洛阳关林关公读《春秋》

第三章
文人关羽

关羽一生喜读《春秋》，最为人们所称道。清代名相张鹏翮赞誉关羽"春秋之旨，独得其宗"。此外，相传关羽还有少量著述，如书信、书法、绘画与诗文，以及《忠义经十八章》、《关圣帝君觉世真经》等。所谓关羽的著述书画，有些可能为关羽所作，如书信一类。但有些很可能是附会而来，即后人假关羽之名的伪托之作。在人们看来，关羽这样一位千古共仰的人物，不应该仅仅是一位能征善战的武将，他还应该是一位饱读

神威散旧苍儒雅更知文
天曰心如镜春秋义薄云
古吴双松馆主人谨篆

关羽读史书（清刻本《图像三国志》）

诗书、文采飞扬的文人。清康熙四年(1665年)，关羽被尊为"关夫子"。"夫子"是旧时对学者的尊称，如称孔丘为孔夫子。关羽以"夫子"冠名，反映出人们长期以来对关羽的塑造进入到一个新的阶段，人们在推崇关羽"春秋大义"的同时，也大肆宣扬他在文学等方面的造诣。于是，关羽的一些作品(其中不乏伪托之作)纷纷面世。关羽的文才得到社会的肯定与褒扬，他以一种既能文又能武的崭新风貌出现在公众面前，关羽被塑造成一位光彩照人的儒将。

关羽著述与《关帝经》

人们目前所能搜集到的关羽本人的著述，数量是比较少的。关羽戎马一生，南征北战，其主要精力都贡献给了沙场，少有著述，遗留下来的关羽作品主要是些书信。清人卢湛编辑的《关圣帝君圣迹图志》中收录有关羽书信七封，它们是《三与桓侯书》、《与张辽书》、《官渡与操书》、《拜汉寿亭侯复操书》、《归先主谢操书》、《又致操书》、《与陆逊书》等。

张桓侯（张飞）
（清刻本《图像三国志》）

《三与桓侯书》是关羽写给张飞的。当年关羽"挂印封金"离开曹

曹操（明人绘画）

营，护送刘备的二位夫人从许都出来。与张飞见面后，张飞对关羽产生了猜疑。为此关羽连写三封信给张飞以表明心迹。据说，北宋著名书画家米芾曾将这封信写成字帖，被后人所得。明代学者焦竑令人摹刻于石，立于京都正阳门关庙中。关羽一生中与曹操有着十分特殊的交往，在关羽的七封书信中，就有四封是写给曹操的。关羽在信中希望曹操能以德义为重，匡扶汉室，反映出关羽以汉为正统的思想。信中表达关羽对曹操之恩"满有所报"，而对刘备更是"义无所断"，所表现出的知恩图报、义重如山的道德情操，令人赞叹，世人共仰。

中国历史上的圣贤之人，似乎只有在思想意识等上层建筑领域著书立说，方可名垂青史。周公作礼乐，立典章；孔子作《春秋》，述《论语》；老子有洋洋洒洒的五千言之《道德经》；庄子有天马行空之《逍遥游》……照此看来，武圣关羽在理论学说上也应有所建树，方能昭彰后世，泽及万民。而他那些数量有限的书信却不足以承担这项任务。因此，自宋明以来，一些文人墨客煞费苦心，亲力而为，伪托关羽著述，致使此类作品纷纷问世，层出不绝。

流传最广泛的有《忠义经十八章》、《关圣帝君觉世真经》、《关帝永命真经》等，这些经文或三言或四言，言简意赅，合辙押韵，朗朗上口，便于流传。其内容十分宽泛，涉及社会生活的方方面面，特别侧重了人品道德，是人生哲理与思想道德的教科书。今天读来，剔除其中因果报应、三纲五常等不健康或不合时宜的成分，对当今宣传社会公德及行为准则也有一定意义。

《忠义经十八章》，顾名思义是以"忠义"为主旨来展开论述的。全篇共有18个篇章，相传为关羽所作，这篇作品出现在清朝刊印的《关圣帝君圣迹图志》中。对于它的来龙去脉，明朝嘉靖年间曾任兵部、吏部尚书的杨博，为此写有一篇序言。

杨博宣称得到《忠义经十八章》是在他当年结束荆州之旅时，由楚王朱显榕送给他的。据说，此经文是经过北宋学者、龙图阁大学士孙奭①编纂，到明代嘉靖年间已经流传了500余年。杨博得书后，回到船上就迫不及待地对书中的"错乱差讹"进行校订。后经都督刘显重新刊刻传世。

《忠义经十八章》，每章长短不一，每句四字，文章从社会的诸多方面进行细致的观察、思考，对人生的认识颇有见地。其主要内容大体如下：

述志章第一。在这一章里，关羽叙述了自己生平经历的一些大事，可以看做是他的自传。在叙述生平之后，关羽大发感慨，表明心志：

①孙奭，北宋经学家、教育家。

吾无所长，唯存忠义，扶汉诛奸，不知畏避。年几六旬，有命在天。观我丹心，听我微言。日在天上，心在人中。为子尽孝，为臣尽忠。父严母慈，兄友弟恭。夫妇倡随，朋友有信。乡邻以睦，宽恤仆婢。吾言浅近，大益身心。为士为宦，为将为卒，持诵吾言，功名有成。为农为商，为工为贾，持诵吾言，资业兴隆。

观此文，关羽所倡言的行为准则，囊括了封建社会的各种人际关系，除君臣关系外，还涉及父子、兄弟、夫妇、朋友、乡邻、主仆等，其核心都是要以"忠义"为宗旨，处理好各种社会关系，构筑国泰民安之盛世。文章最后，还告诫人们，千万要有一颗善良心，否则要遭报应。

洪蒙章第二。论述天下万物，"最贵为人"。对人而言，"乃有伦理"，强调伦理道德对人来说是最最重要的。

气数章第三。文章一开始虽然讲到"数系于命，气禀于天"，认为人之清浊、智愚在于气数所定。但转而又说，"愚可以智，浊可以清"，愚笨之人可以变得聪明，糊涂之人可以变得明白，其条件就是要努力学习，坚持不懈，一个人的命运，通过自身后天的主观努力，是可以改变的。

世道章第四。在这一章里，作者列举了社会中的许多丑恶现象，并加以抨击。奉劝人们遵守道德约束，洁身自好，安享一生。

居处章第五。在这一章里，作者认为人生在世不要巧取豪夺，否则会弄得举家上下鸡犬不宁，惶惶不可终日。宣扬"平安是福"的生活道理。

配育章第六。这一章主要讲人的婚配及生育问题。每个家庭都希望子孙满堂，若要"子孙振振"，就必须"善念天理"，唯此才能人丁兴旺。

修建章第七。这一章主要讲在造房筑屋时，必须讲究阴阳风水，不可冲犯各种忌讳。否则，必遭天灾人祸。

雨旸章第八。这一章是讲天气变化的。不要任意破坏自然环境，珍视我们的生存环境，并加以保护，与大自然和谐相处，就会"自免凶灾"。

游行章第九。这一章作者以独特的视角论述军事，指出要点有二，即谋略与忠义。军事行动乃国家大事，要讲究谋略，审时度势，及时抓住瞬息万变的战机，方可百战不殆。另外，还要弘扬忠义精神，倡导忠心报国，唯此才能振奋军心，英勇杀敌。

符讼章第十。这一章从人世间的诉讼说起，分析了产生这种社会现象的原因。根源只有一个，就是当事者心存不仁。人与人之间的尔虞我诈，阴一套阳一套，造谣诽谤，斤斤计较，整日的恩恩怨怨，纠缠不清，因

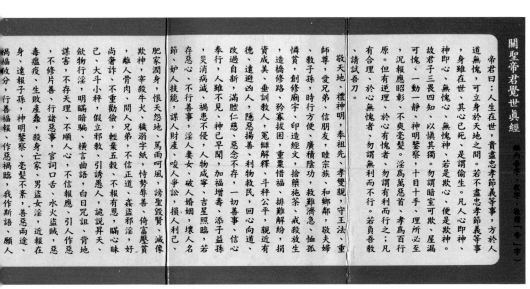

《关圣帝君觉世真经》（台湾）

东山关帝像（刘宽宽摄）

此，只要人人心中有"仁"，和谐相处，诉讼之事自然也就减少了。

疾病章第十一。这一章，对人患疾病而久治不愈的原因作了分析。作者认为是由于心不明、神不宁所致。主张自我修行，积德行善。

命运章第十二。这一章谈到了人的命运。人的命运千差万别，各有不同，有富有贵，有贫有贱，这完全是由天意所决定的。因此每个人都应该"各安其分"，"自省其身"。显然，这一宿命论观点是不可取的。

文人关羽

摄生章第十三。这一章讲的是养生之道。人乃社会之人，会产生七情六欲。当人一旦沉溺于犬马声色、追名逐利的旋涡之中，就会耗精力，消体力，陷入身体透支的状态之中，严重者甚至会影响乃至危及到生命。这种人谈不上养生之道。养生之道的精髓就是要摒除各种非分欲望，排除外界的一切诱惑，使内心的欲望得以遏制。非分欲望平息了，阴阳之气即可调和，五脏六腑亦可安顺，自然就心地泰然了。加之节制饮食，药物调理，益寿延年是完全可以做到的。

这种观点在当今社会还是很有意义的，当经济大潮汹涌澎湃地涌来之时，许多人都深陷其中，整日被名利牵着鼻子疲于奔命。许多人是在用自己的健康换取金钱，这样做到底在图什么，的确值得人们深思。

瘟瘵①章第十四。这一章与前面的疾病章有所区别，主要是讲瘟疫一类的传染病。

太朴章第十五。这一章是劝诫世人要消除贪念，返璞归真。就是要回归人之本性——"善"。面对世风日下、物欲横流的社会现象，呼唤人性的回归更显得非常必要。

欲界章第十六。这一章仍然是讲人的欲望如果不加以节制，则会导致许多不良的社会现象发生。根治这些社会弊病的良方其实很简单，就是要心存"忠孝仁义"，时时反省自己，并以"为善福生，为恶祸报"来警诫自己。

生人章第十七。这一章认为人的出生是由上天赋予的。人的一生，有五方诸神的护佑，因此，每个人都应该爱自己的生命。千万不要败坏五常，毁灭道德，倘若这样，即使上天爱你，也不能护佑你的一生。

业报章第十八。在这一章里，主要讲的是因果报应。一个人在社会生活中的所作所为，其善行与恶行都会得到报应，但其结果却是大相径庭。如果"不仁不义，不忠不孝"、"残虐百姓"、"造诸罪恶"，就会"灾祸横集"。而仁义忠厚，孝顺父母，与人为善就会终生得到祥福。

关羽的《忠义经十八章》紧紧围绕"忠义"二字展开阐述，它告诫世人在面对人生遇到的各种问题时，应当如何对待，如何做才能避祸免灾，求得一生安康。其解析既有传统道德观念的教化，又有因果报应、宿命论

①瘵，音zhài，病，多指痨病。

等迷信思想的说教。但总体上讲，是劝说世人要以忠义孝悌修身立命，行善积德，珍爱一生，是地地道道的"劝世篇"。

《关圣帝君救劫文》（台湾）

除《忠义经十八章》外，关羽的其他著述也流传较广。其中有《关圣帝君降笔真经》、《关圣帝君觉世真经》、《关圣帝君亲降济世灵验救劫经文》、《关圣帝君戒淫经》、《南天圣帝关夫子圣谕》、《关圣帝君救劫度人指迷篇》、《关圣帝君降乩救劫诗》、《关帝永命真经》等。这些著述都是劝善之作。劝善书起源于明清时期，是假托关公乩坛降笔的产物。

所谓乩坛降笔即指"扶乩"，是旧时民间广泛流行的一种请神问卜活动，带有浓厚的迷信色彩。"扶"即"扶架子"，"乩"意为"卜以问疑"。因传说神仙多驾凤乘鸾，亦称"扶鸾"；又因以箕为卜具，也谓之"扶箕"。扶乩时，将一根竹筷插入木制丁字架或簸箕、箩筛中，两端用人扶持。施术者焚香净手，或持香头望空中书符，或口中喃喃念咒。念咒时须屏息窒气，不得中断。要反复念至扶持者手臂抖动，亦即所请之神业已降坛显灵方罢。简单的卜法是以乩架之摆动预测吉凶，复杂的卜法则将乩架置于沙盘、面粉盘、米盘之上，由抖动的竹筷写字、画画，以之为神仙语，或于事先写满字的大纸上让乩架乱动片刻，突然停于某字上，如此反复多次，连字得句，连句成篇，以此为"神仙训示"。扶乩降笔之风至明清时颇为盛行，不仅仅是民间，甚至在士大夫、宫庭内府之中，迷信扶乩之术者也大有人在。于是，一些宗教信仰者煞费苦心，假托关公显灵，扶乩降笔完成了大量的著述，打着关公旗号的劝善书纷纷出炉。

这类著述的思想内容和行文语气，宗教气息十分浓重，总体来说是劝世人多做善事，勿做恶事，强调善有善报，恶有恶报。显然，这样的文章不是关羽能够做得出来的。类似的假托之作频频出现，这种现象与关羽被神化有直接的关系。

《关圣帝君救劫文》（台湾合裕出版社2003年版）

关帝画像

关羽书法

在山西运城博物馆内藏有4块古代碑刻。这4块石碑，每块上面刻有3个字，分别是：读好书、说好话、行好事、做好人。据传，这是关羽所书。碑刻为篆书，字体古朴，苍劲有力。相传，当年关羽镇守荆州时，曾谆谆告诫儿子关平："凡将者，只好武，不习文，愚者也！"因此每日除练武之外，还要辅导关平研读《春秋》，练习书法。关平遵照关羽的教导，勤学苦练，进步很快。关羽见了十分高兴，于是大笔一挥，给关平写了12个字："读好书、说好话、行好事、做好人"，以此激励关平。

除山西运城博物馆外，在湖北当阳关陵也存有这12字碑刻。所不同的是，12个字同刻于一块石碑之上，除此之外，碑上还有"同治十年当阳知县钟传□书"的字样。显而易见，碑上的字体并非关羽所书，而是出于当阳知县钟某之手，书写年代比关羽时代足足晚了1660余年。

那么，山西运城博物馆内的碑刻究竟是不是关羽的手迹呢？对此，编辑《关圣帝君圣迹图志》的卢湛有自己的看法，他说：

世传帝篆书十二字，宋朱文公(朱熹)尝为之赞。然其书体凌杂不伦，或相传既久，竟失其真，乃后人附会为之，皆不可知也。夫帝以精忠大义倾慕古今，凡片言只字，自宜奉诸拱璧，以昭后世。迨考证书法，颇复汉体。博雅君子辨之者，不病其妄也。

在卢湛看来，这12字篆书"相传既久，竟失其真"，很可能是"后人附会为之"，是真是伪，"皆不可知也"。但他也提到朱熹对此篆书却大为赞赏。朱熹是南宋时期著名的哲学家、教育家，对关羽的这4句话作了赞美，后人称之为《篆迹赞》，其文如下：

　　百圣在目，千古在心，妙者躬践，敦者□吟。(读好书)

　　莠言虚妄，兰言实杯，九兰一莠，驷追不回。(说好话)

　　圣狂路□，义利关头，择言若游，急行若邮。(行好事)

　　孔称成仁，孟戒非仁，小人穷冬，巨人盛春。(做好人)

　　从朱熹写《篆迹赞》来看，这12字格言，在宋代或宋代以前就有流传，否则，朱熹也不会写出这样的赞语。作为教育家，朱熹对于学子的品德教育肯定相当重视，因此他对社会流行的这12字格言，推崇备至，也是理所当然。但这并不表明他就认定这是关羽所书。关羽写没写过这样的题词，的确很难说。关羽是否说过类似的话，就其人品而言，倒不是没有可能。但"读好书、说好话、行好事、做好人"这样的语言，今天读来俨然现代人的口吻，总觉得现代气息颇浓。对比宋人朱熹的《篆迹赞》，二者语言风格相去甚远，莫非1800余年前的古人就已习惯使用这样的语言？

关羽之风雨竹画

　　众所周知，在中国古代绘画大师中，以画竹闻名于世者当属清代大画家郑板桥。他一生酷爱画竹，对画竹有独到见解，主张"胸无成竹"的创作方法，指出"眼中之竹"、"胸中之竹"、"手中之竹"的联系与区别，因此他的竹画作品颇多。其竹画作品构图简洁，笔情纵逸，随

关帝诗竹图（明代刻石）

意挥洒，苍劲豪迈。其代表作品有《竹石图》、《墨竹图》等。但在中国绘画历史上谁是画竹的鼻祖呢？在1980年上海人民美术出版社发行的《中国美术家人名辞典》中，人们找到了答案，关羽作为中国竹画的鼻祖名列榜首。

这究竟是怎么回事呢？原来，在洛阳关林，在仪门西壁上有一幅著名的石刻画，即所谓"关帝诗竹"刻石。

据说，这幅诗竹是关羽亲笔所画赠与曹操以明心志的。画面上有两株翠竹，一株枝叶飘摇，犹如狂风袭竹；一株枝叶低垂，宛若骤雨落叶，故名"风雨竹"。画面形象逼真，线条流畅，构思独特，更令人称奇的是，画面上这两株劲竹，全部竹叶非常巧妙地组成了一首诗："不谢东君意，丹青独立名，莫嫌孤叶淡，终久不凋零"，因此亦称"关帝诗竹"，是以诗言志，以画藏诗的上乘佳作。诗中提到的"东君"即指曹操。

东汉建安五年(200年)，曹操大军将刘备所部击溃。刘、关、张失散于乱军之中，关羽为保护刘备家眷，被迫降曹。降曹时提出条件：一旦得知刘备下落，定然前往，不得阻挠。

曹操为收买关羽，对其关怀备至，奉为上宾，日日宴乐，多有封赠。在所有封赠中，关羽独爱赤兔宝马。曹操问其原由，关羽答道："宝马良驹，可以助我千里寻找故主。"曹操听罢，不由折服于关羽之义气。

关羽得了赤兔马，心中高兴。回到居处，凭窗望见狂风暴雨中的几株翠竹，不畏风雨傲岸不屈，心有所动，遂挥毫泼墨，不大工夫，两株翠竹跃然纸上，并巧妙地藏诗于画，以明其志。

后来，关羽得知刘备下落，毅然留下这幅诗竹画，保护着刘备家眷，千里投主而去。

曹操看到诗竹画后心中感动，就放任关羽去了。后来，关羽殉难，曹操在安葬关羽首级时，就将这幅诗竹雕刻成石，附葬于墓。明代重修关墓（关林）时，将这幅诗竹重刻，附于仪门之上，供人瞻仰至今。

据《关圣帝君圣迹图志》中载，关羽的风雨竹石刻，于明宣德年间，在徐州铁佛寺地下挖得。至今，关羽风雨诗竹画石刻在解州、洛阳、徐州、白帝城、涿州、荆州及山东的肥城等地均有遗存。这些石刻都用刮风、下雨时，竹叶相互交叉、疏密有致的变化形式，巧妙地构成了一幅组字画，使关羽忠义的品德跃然石上，嵌于画中，成为千古绝唱。

关羽"风雨竹画"的来历是否确凿，关羽究竟有无此作，无从考证，真的很难说清。

在中国的传统文化中，"梅兰竹菊"被誉为"四君子"，人们常常以其寓意人格，向来是文人画家的创作题材。据有关资料显示，清代文人善用竹叶、花、鸟等组字成画。关帝诗竹很可能是他们附会而成。

关羽读《春秋》

每当人们拜谒关帝庙时，就会发现在许多关帝庙中都建有一座春秋楼，楼中有一尊关羽夜读《春秋》像。关羽一身读书人的装束，手捧一本书，凝神注目，在烛光下认真地研读。关羽研读的这本书，就是我国的古代经典《春秋》。

对于关羽夜读《春秋》之事，在封建社会中多有赞颂。如《重修当阳汉寿亭侯关夫子庙碑记》中说：

自孟子而下读《春秋》者不乏人，而能于《春秋》大义见诸行事之实者，唯侯(指关羽)一人而已。

还有，张鹏翮在《关帝像赞》中说：

义存汉室，致主以忠。《春秋》之旨，独得其宗。

关羽读《春秋》这件事被记载于《三国志•蜀书•关羽传》裴注引《江表传》中，原文只有一句话：

羽好《左氏传》，讽诵略皆上口。

意思是说关羽喜欢读《左氏传》，已经到了能够背诵的程度。这一史

关公读《春秋》（清代年画）

料也见于《三国志•吕蒙传》注：

斯人(关羽)长而好学，读《左传》略皆上口。

根据史料所载，关羽读《春秋》之说，其实源于"羽好《左氏传》"。《左氏传》就是《左传》。说到《左传》，不能不先说一说《春秋》。

《春秋》是目前我国流传下来的最早的一部历史著作。它是孔子晚年时，根据鲁国的史记材料整理修订的一部编年体史书。因为是按年代来编写，所以就取一年四季中"春秋"两个字来命名，叫做《春秋》（另有一种说法，古代朝廷大事，多在春秋二季举行，所以记事的书用《春秋》这个名字）。据说在当时其他的一些大国中，也都编写了这类编年体史书。遗憾的是，除了鲁国的这部《春秋》外，其他的都没能保存下来。这部鲁国的《春秋》，记载了从鲁隐公元年(公元前722年)到鲁哀公十四年(公元前481年)，共242年的历史。它虽然是按鲁国的历史年代来记事，但是涉及我国这段历史时期中的许多事件以及许多诸侯国家的历史。所以，后来人们就称这个时期为"春秋时期"。

相传，当年儒家学派的创始人孔子，曾用《春秋》作为历史教科书来教学生，自然它也就成了儒家学派的经典之一。不过，这部史书虽然有明确的年月记载，但文字艰涩难解，而且太过简单，只是采用大事记式的片言只语记录历史事件。记载的史实仅仅是一个大纲或提要，事情的原委记载得很不详细。虽然它的文辞简约，但据说孔子还是对其中的一字一句都经过反复推敲，寄寓了他褒善贬恶的态度，被后人称为"春秋笔法"。

孔子讲学图

后来又有人依据《春秋》将史实补充叙述和进行评论。这些叙述和评论就叫做"传"。给《春秋》作传的共有三家：《左传》、《公羊传》和《穀梁传》，它们都是依据《春秋》而对其进行解释作传的著作，合称"春秋三传"。《公羊传》和《穀梁传》主要是对《春秋》中的史实加以评论，没有多少史实补充，比较空洞。据西汉史学家司马迁所说，《左传》的作者是鲁国的左丘明，故称《左传》。《左传》记述的历史事实最多、最详尽，完备而且可靠，其中保存了大量的历史资料，是一部用历史事实来解释《春秋》的史书，成为研究春秋历史的最重要的典籍。因为它是配合《春秋》写作的，因此也被叫做《春秋左氏传》或《左氏春秋》。《左传》全书大约18万字，记载了从鲁隐公元年（公元前722年）至鲁悼公四年（公元前464年）间各国的历史，比《春秋》多出了17年。它的文章结构严谨，文笔优美，描写生动，记事详明，是一部用文学的方法来叙写的历史著作。往往《春秋》中简单的一句话，在《左传》中便有周详生动的描述。比如，《春秋·隐公元年》上说"郑伯克段于鄢"，只用了6个字，而《左传》则用了500多个字介绍了郑伯（即郑庄公），他的父亲郑武公、母亲武姜、弟弟共叔段，以及他们相互之间的感情纠葛和权力斗争；反映了春秋初期宗法制败坏，贵族内部大宗同旁支的较量；突出了武姜的溺爱纵容、共叔段的骄横扩张，以及郑伯的深沉有谋、颇得臣民拥戴，所以能一举挫败共叔段经营多年的叛乱活动，迫使他逃亡，从而加强了君权，为其后郑国的强盛和庄公的小霸打下基础。很显然，只有通过《左传》介绍的史实，才能真正理解《春秋》中这6个字的全部意义。《左传》与《春秋》两书联系紧密，无怪有人说："《左氏传》于《经》（指《春秋》），犹衣之表里，相待而成。"

如此说来，《左传》可以看做是《春秋》的通俗读本，其文字详明易懂，读起来更便于理解，因此备受世人喜爱。关羽读《左传》，其实就等于是读《春秋》。千百年来人们都说关羽善读《春秋》，而不说《左传》，可能是因为《春秋》为孔子所编著，其名望要比左丘明大得多。人们为了塑造关羽的夫子文人形象，当然要把他拔得越高越好，于是关羽读《左传》，变成了读《春秋》，不过二者并无本质的区别，只是一个通俗易懂，一个艰涩难懂罢了。

至于关羽为什么好读《春秋》，因为没有详细的史料记载，不大好说，只能依据关羽生平加以猜测。关羽虽为武将，但他对历史应该是比较喜欢的，所以爱读《春秋》也是情理之中的事了。还有一个原因也不容忽视，那就是《春秋》这本书在汉末三国时的社会地位相当高，阅读《春秋》蔚然成风，许多政治家、军事家把《春秋》应用于社会政治、军事及其他领域，体现了古代经典的实用特点。因此，《春秋》几乎成了社会上有身份的人必读的一部书。关羽是蜀汉的一代名将，作为刘备政治集团中的重要成员，肩负着匡复汉室统一天下的历史使命，他身为荆州的军事统帅，面临着北伐曹魏，处理与东吴关系等复杂而艰巨的任务。《春秋》本身对于社会实践的指导作用，对于关羽从事的军政管理大有裨益，读《春秋》也就成了他必然的选择。关羽读《春秋》重在以史为鉴，指导军事活动和培养道德情操，而并非《春秋》学问本身。

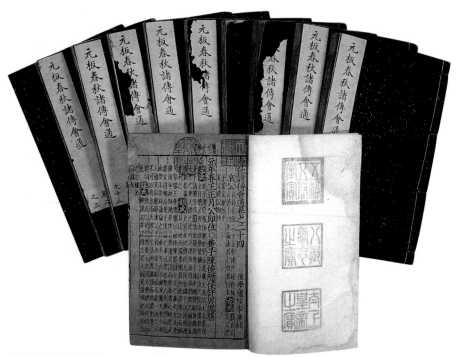

《元板春秋诸传会通》

第四章
关羽由人到神

关羽崇拜的形成

　　"关羽崇拜"是我国封建社会特定时期的产物，它的产生有其历史、政治和社会诸方面的原因。关羽的"忠义"是形成"关羽崇拜"的内在原因，封建社会的传统文化及封建统治者的推崇是形成"关羽崇拜"的外在原因，而佛道儒三教竞相将关羽拉入自家大门，对"关羽崇拜"起

关圣帝君、关平、周仓像（深圳新安关帝庙）

到了推波助澜的作用。

关羽成神的内在原因

纵观中华民族5000多年的社会发展史，在这漫漫的历史长河中，曾经涌现出无数的杰出人物，他们为中国古代文化和古代文明的发展作出过巨大贡献，这些民族精英浩如烟海，灿若繁星，数不胜数。然而在如此众多的杰出历史人物中，被后人尊为"圣人"者，却仅有二人，他们是"文圣"孔子和"武圣"关公。

千秋铁石 (清刻本《凌烟阁功臣图》附图)

诞生于公元前551年的孔子，是我国古代的大思想家、大教育家，儒家的创始人。

孔子年轻时做过小官吏。中年时整理古籍和聚徒讲学，创立了儒学。后率弟子周游列国，历时13年。晚年回到鲁国，致力于教育事业，并整理和删修了《诗》、《书》、《春秋》等古代文献。

儒家学说以"礼"和"仁"为核心，把"礼"视为维护旧等级制度的重要手段，宣扬"君使臣以礼，臣事君以忠"，"以道事君，不可则止"。认为"仁"即"爱人"，大力提倡"己所不欲，勿施于人"，"己欲立而立人，己欲达而达人"的"忠恕"之道。

孔子从事教育数十年，积累了不少教育方面的有益经验，至今仍有借鉴意义。他提倡老实的学习态度，"知之为知之，不知为不知，是知也"；总结出"学而时习之"、"温故而知新"的学习方法；主张"有教无类"，因材施教，倡导"学而不厌，诲人不倦"的精神。

孔子用其毕生精力创立了儒家学说，自汉以来，其学说成为2000余年中国传统文化的主流，不仅奠定了维系中国封建社会等级制度的理论基础，也成为中国封建社会伦理道德的行为准则。孔子对于建立和巩固大一统的中国封建社会起到了十分重要的作用，尽管随着历史的演变不断地改朝换代，但无论哪个朝代都毫无例外地尊崇孔子，倡导儒家思想，以四书五经为主要经典，以忠孝节义为主要教义，以三纲五常为主要戒律，构成了中国封建社会思想道德的理论体系和行为规范，孔子被奉为"圣人"也就理所当然了。

关羽原为三国时期蜀汉的一员战将。他戎马一生，征战群雄，辅佐刘备完成鼎立三分大业，立下汗马功劳。尽管其在中国古代思想史上没有学术著作，无法与孔子相比。但在其死后，随着时代的演变，关羽却成为能文能武、忠义双全，集儒家忠、信、礼、义于一身的道德楷模，成了义气千秋、忠贞不贰、见义勇为的仁勇

信众献给关帝的纸制龙袍（深圳新安关帝庙）

化身。最终成为中国封建社会后期上至帝王将相，下至士农工商广泛顶礼膜拜的神圣偶像，以"武圣"的至高荣誉与"文圣"孔子齐名。

是什么原因使得关羽从一员普通的武将一步步升级到武圣的地位呢？这还得回到孔子那个时代说起。

孔子生活在春秋时期，当时诸国纷争，战火连绵，僭越篡弑之事时有发生。面对纷乱的社会现象，孔子愤愤不平，通过删定《春秋》，对那些"乱臣贼子"进行口诛笔伐，大力宣扬忠君思想，希望以此巩固当权者的统治。自西汉儒生董仲舒提出"废黜百家，独尊儒术"以来，儒家思想逐渐占据了社会的主导地位，成为封建社会的正统思想，其思想主张已深入人心，"忠义"已成为当时社会普遍接受的道德观。

关羽生活在东汉后期，他一生最喜欢读《春秋》，孔子所宣扬的儒家道德思想，已深深扎根于关羽的意识形态之中，其一言一行，待人处事，时时处处都在自觉地实践着儒家的行为准则。黄巾起义之后，东汉政权形成了军阀割据的局面。刘备虽然是个从事手工编织营生的普通劳动者，但他是西汉皇族中山靖王刘胜的后裔，他企图效法光武帝中兴汉室。关羽与刘备结为异姓兄弟，视刘备为汉室旧臣。汉室衰微，孙权占据江东，划地称王。按照儒家观点这是大逆不道，实属僭越行为，是不尽臣子本分的表现。关羽对这样的人物十分鄙视，当孙权派人与关羽商讨为儿子娶关羽的女儿时，他断然拒绝，鄙夷道："虎女焉能嫁犬子！"关羽的这种做法，是在维护儒家的正统思想，坚决不与犯上之流为伍。其实，关羽的忠义之举，并非仅限于此。

譬如：建安五年，刘备与车骑将军董承等企图刺杀曹操的计划泄露，董承、王服、种辑皆被屠灭三族，唯参与密谋的刘备侥幸逃脱。曹操亲自征讨刘备，刘备惊悉曹军将至，亲率部下出城观察，被曹军发现，只得仓促应战，被曹军击溃，仓皇而逃，只身投奔袁绍，其妻被俘。曹军迅速围攻下邳，关羽被迫投降。被俘后，曹操待关羽为上宾，三日一小宴，五日一大宴，上马赠金，下马赠银，官封汉寿亭侯，但关羽"身在曹营心在汉"，不为所动。并与曹操"约三事"：一、降汉不降曹；二、礼待二嫂，不缺俸禄；三、一旦得知刘备下落，必当驰往相会。曹操送给关羽一群美女，企图用女色拉拢关羽，但关羽一概拒绝，表现出大丈夫的英雄本色；曹操赠给关羽一件新袍，关羽把新袍穿在里面，外面仍罩上刘备所赠青袍，以示不忘旧情；曹操将吕布赤兔马馈赠与他，关羽大喜谢恩，说自己有了千里驹，一日便可与刘备相会。当关羽得到刘备的确实消息后，便挂印封金，过五关斩六将，辗转数千里，找到了刘备。凡此种种集中体现了关羽的"忠"。

再如：曹操兵败赤壁，择华容小道逃命，诸葛亮调兵遣将，沿途围追堵截，曹操最终被关羽拦截，尽

三国人物刘备（清刻本《图像三国志》）

三国人物诸葛亮（清刻本《图像三国志》）

三国人物赵云（清刻本《图像三国志》）

三国人物黄忠（清刻本《图像三国志》）

三国人物马超（清刻本《图像三国志》）

三国人物张辽（清刻本《图像三国志》）

管关羽立了军令状，发誓要杀死曹操。但当他真的与曹操面对面时，又不禁想起昔日曹操待己之恩，仍冒着自己违抗军命掉脑袋的风险放走了曹操。这是知恩图报，体现了关羽的"义"。类似这样的"忠义"之事还有很多，举不胜举。孔子、孟子著书立说，宣传自己的哲学思想和政治主张，是在言教。关羽虽然没有经典著作传世，但他用自己的行动不折不扣地实践着儒家思想，其言行举止，点点滴滴都体现着儒家道德准则。他为国以忠、待人以义、处世以信、修身以智、立身以勇，用具体行为诠释了孔孟之道。

常言道，身教胜于言教，在中国古代漫长的封建社会中，广大平民百姓文化水平并不高，许多人甚至目不识丁，他们没有能力去拜读儒家的经典著作而领会其中的教诲。但是，关公的传奇经历，"忠"、"信"、"义"、"勇"的事迹在广大民众中广泛流传，有口皆碑，他的身教犹如一本没有文字的儒家经典，更有效更直接地教化着人们。

在我国民间，自古素有崇拜大英雄的情结，关羽是一位历史人物，骁勇善战，武功盖世，战功卓著，高风亮节，集忠、孝、节、义于一身，堪称人之楷模，为万世景仰，故有很广泛的群众基础。关羽本身的忠义神勇是关羽信仰和崇拜起源的原始基因。这种基因是超众的，高级别的，近乎囊括了封建社会所崇尚的最高品德，非一般英雄豪杰所能及，正因为其非同寻常，才奠定了其后来能成为大神直至大圣的基础。佛教也好，道教也罢，都把关羽拉入自己信奉的神祇谱系之中，就连素以"不语怪力乱神"为宗旨的儒家也把关羽作为神来大加颂扬。儒、释、道都看中了关羽的可塑性，并加以美化、神化和圣化。利用关羽的影响来教化民众，进而使本宗教的教义得到更好的传播，以扩大影响。关羽的封谥，也由侯而公，由公而王，由王而帝，直至为圣，并被列入国家祀典。

　　总而言之，关羽由人到神，经过了漫长的历史演变，其本人优秀的品格和感人的忠义之举，是其走向神坛最重要、最根本的原动力，加之儒生的美化，佛道的推波助澜，最终走完了由人到神的全过程。

民间崇拜的初始阶段

　　在我国民间，自古就有人物神崇拜的习俗。它起源于古人的灵魂不死观念和远古社会的鬼魂崇拜。古人认为人的死亡只是肉体的终结，而其灵魂依然以另外一种形式——鬼魂——存在。据《礼记·祭法》载："大凡生于天地之间者皆曰命，其万物死皆曰

三国人物吕布（清刻本《图像三国志》）

三国人物吕蒙（清刻本《图像三国志》）

三国人物文丑（清刻本《图像三国志》）

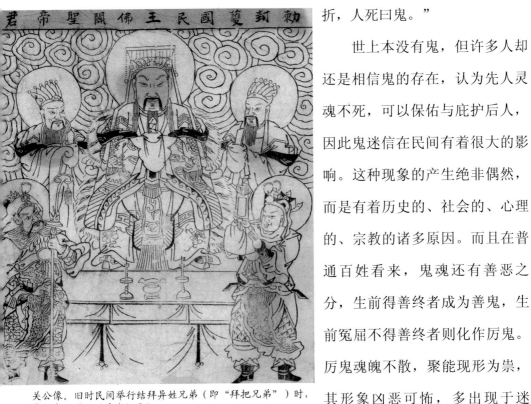

勅封護國佑民王佛闇聖帝君

关公像。旧时民间举行结拜异姓兄弟（即"拜把兄弟"）时，常供奉此图。（清代版画）

折，人死曰鬼。"

世上本没有鬼，但许多人却还是相信鬼的存在，认为先人灵魂不死，可以保佑与庇护后人，因此鬼迷信在民间有着很大的影响。这种现象的产生绝非偶然，而是有着历史的、社会的、心理的、宗教的诸多原因。而且在普通百姓看来，鬼魂还有善恶之分，生前得善终者成为善鬼，生前冤屈不得善终者则化作厉鬼。厉鬼魂魄不散，聚能现形为祟，其形象凶恶可怖，多出现于迷信者梦中。《左传·成公十年》中有这样的描写："晋侯梦大厉，被发及地，搏膺而踊。"寥寥数笔，厉鬼的狰狞面目跃然纸上。在我国古典小说中，也常有冤死者化作厉鬼报仇的故事。《霍小玉传》描写霍小玉临死时对负情的李益愤愤说道："我死之后，必为厉鬼，使君妻妾，终日不安！"后来，李益一家果然被搅得日夜不宁，惶惶不可终日。在中国的鬼文化中，人们对善鬼、恶鬼的态度有明显的区别。对善鬼采取亲近、依赖的态度，遇事先向善鬼问卜，得到"指示"后方可行动；对恶鬼则尽可能地讨好，使他们不作恶于己，只作祟于敌。

　　关羽一生骁勇善战，武艺超群，胆识过人，被誉为"万人之敌，为世虎臣"。"温酒斩华雄"、"斩颜良、诛文丑"、"过五关斩六将"、"单刀赴会"、"水淹七军"……关羽这些骄人的经历实在令人钦佩。然而，关羽败走麦城，终结了英雄的脚步，使其辉煌的一生戛然而止。不仅如此，在其走向生命尽头的时候还不得善终，落得个身首异处，十分惨烈。这巨大的反差不禁令人扼腕叹息，哀叹英雄的不幸，世道的不公。在百姓心中关羽是个英雄，也是个冤死鬼。

　　关羽这样一位大英雄深受百姓爱戴，但他北伐时功亏一篑，惨死敌手，且身首异处，如此悲剧性的结局，是人们极不愿意看到的结果，这必然会引起心理上的不平衡。为了获得一些心灵上的慰藉，人们便根据自己的主观臆想，认为关羽死后必然变作满腔怨恨的厉鬼，四处申诉自己的冤屈，并附会出许多关羽死后显灵的传说，以这种方式来寻求一种心理上的平衡。最具代表性的是关羽的老对手吕蒙、曹操之死。据陈寿所著《三国志》记载，关羽死后不久，曾用装病伎俩蒙骗关羽的吕蒙果真一病不起，死时年仅42岁；而与关羽多次打过交道的曹操也在几个月后莫名其妙地死去。于是人们基于这样的史实而充分发挥想象力，认为这是关羽的冤魂在发威。

　　久而久之，人们又附会出更多关羽的灵异之说。一说，关羽在麦城突围后，遭到孙吴兵马的围追堵截，危急之中，忽闻空中有人高声叫道："云长久住下方也，兹玉帝有诏，勿与凡夫较胜负也。"关羽闻听此言，顿时大悟，遂不恋战，丢刀弃马，父子归神。这个传说颇有些羽化成仙的味道。一说，关羽遇害之日，适逢刘备在成都。是夜，刘备自觉浑身肉颤，辗转反侧，睡卧不宁，便起身秉烛观书。但觉精神恍惚，便伏几而卧。突然一阵冷风袭来，刘备不禁打个寒战，朦胧中抬头见一人立于灯下，忙问："你是何人，半夜来此何干？"来人不答，连问三次，仍不作声。刘备犯疑，便起身观看，原来是关羽在灯影下躲来躲去。刘备忙问："兄弟深夜至此，必有大故，你我情同手足，缘何躲避？"关羽悲切道："望兄起兵，为弟雪耻！"言毕，冷风骤起，不见了关羽。刘备一急，骤然惊醒，乃是一梦，时正三更。类似这样的灵异故事还有很多，譬如，吕蒙计取荆州后，孙权设宴庆功。不想吕蒙被关羽冤魂附体，大骂孙权，接着便七窍出血，一命呜呼。再如，关羽之子关兴追赶杀父仇人潘璋，天晚迷路，借宿一农家。三更天，潘璋也来投宿，见关兴在此，转身便走。忽见门外一人，面如重枣，丹凤眼，卧蚕眉，飘五绺美髯，绿袍金甲，按剑而入。潘璋见关羽显灵，大叫一声，惊散魂魄，急待转身，被关兴一剑刺死。这些灵异之事在民间广泛流传，影响极大。一般来说，显灵是走向神坛的第一步，中国许多历史人物后来演变成为神，都有类似的经历，譬如在民间有极大影响的妈祖，即是典型的一例。

最早祭祀关羽的当是刘备。其时刘备在成都称帝，对关羽的去世十分悲痛，便建立衣冠冢并设祭坛缅怀亡灵，寄托哀思，这有史料为证。然而，对关羽的祭祀崇拜并没有在蜀汉地区延续下来，随着蜀汉政权的灭亡，蜀中也鲜有祭祀关羽之事。关羽一生主要在中原和荆襄一带作战，当时在蜀汉地区的影响并不大。另外，当魏之大军进入四川时，庞德之子庞会将关羽家族满门抄斩，关羽在蜀中没有了后人。以上两点也许是蜀汉地区没能将祭祀关羽延续下来的原因。而且九百多年后，在成都建立的后蜀政权也只是追封诸葛亮、张飞二人为王，唯独没有提到关羽。关羽似乎在人们的记忆中消失了。

　　然而在关羽的葬身之地——荆州，他却在鬼神世界里继续存在，后世对关羽的崇拜恰恰发源于此。

　　关羽在临沮遇难后，即被江陵地区奉为本地神灵。据《当阳县志》记

关公神像（清代山东潍县年画）

载，孙吴杀害关羽父子，并用诸侯之礼埋葬了尸体，"邦人墓祭，岁以为常"。另据明代湖广按察使《义勇武安王墓记》载：

距当阳治西五里许，旧有汉义勇武安王祠，王之墓亦在焉。王死于建安二十四年冬十月，以侯礼葬之。邑人祠而祀之，创而随废者，不知凡几。

显而易见，很早以前在当阳以西5里处就有关羽墓，不过那时的墓地比较简陋，只不过是座土冢，乡里还为其建立祠堂祭拜之，"岁以为常"。与关公信仰所不同的是，乡民最初供奉关羽不是为了祈福求安康，而是怀着一种敬畏的心理，小心供奉，不求福祥，但求平安，只希望关羽的冤魂不要将生前的怨恨迁怒于自己。那时，关羽还没有进入神坛，只是作为人鬼(而且是厉鬼)被人们供奉，敬畏、避祸的成分更多些。因此，早期关羽祠庙中的形象比较阴森可怕，"面怒而多髯，容状可畏"。而且，这种信奉还有着明显的地域性，仅在荆州地区比较流行，还处于地方民间信仰阶段。

湖北当阳玉泉山"汉云长显圣处"石碑
（全国寺庙整编委员会《神祇列传》）

佛道二教的助澜

关羽从人鬼步入神坛是借助了佛教的帮忙。这得从一位叫做智顗(538～597年)的和尚说起。智顗俗姓陈，祖籍颍川(今河南许昌)，生于荆州华容(今湖北潜江西南)，天台宗①三祖，是该宗派的实际创立者。智顗自幼信佛，17岁时正值梁末兵乱，颠沛流离。18岁投湘州果愿寺出家，20岁受具足戒。3年后(560年)往光州(今河南潢川)大苏山学法，证悟法华三昧。567年到建康说法，575年入天台山建草庵，陈宣帝敕令当地财政拨款以为寺用，585年奉陈后主命回金陵讲《大智度论》、《仁王经》等。陈亡后，隋开皇十一年(591年)应晋王杨广之请到扬州为之受戒，授智者称号，人称智者大师。次年到荆州传播佛法，建造玉泉寺，并在该寺演说佛法达两年之久。

乾隆年间《关帝志·灵异·建玉泉》中记载：

天台智者，以隋开皇十二年(592年)至当阳，上金龙池，月夜有具王者威仪二人，一长而美髯丰衣，一少而秀发。长者前致辞曰："予汉前将军关某也，彼某子平也。汉末纷扰事不果，愿死有烈。上帝命主此山，敢问大德圣师何在此驻足？"智者曰："欲建立道场耳。"神曰："愿怒我愚特，垂摄受此去一舍，山如覆舟，厥土深嘉，吾当为力建一刹供护佛法。愿师安禅七日，以须其成。"师既出定，湫潭万丈，化为平陆，栋宇焕丽，巧夺人目，神既受五戒。智者言于晋王，广上其事，赐以佳名。而公遂以为此寺伽蓝神矣。

智顗建造玉泉寺确有其事，是否夜遇关羽显灵，值得怀疑。荆州地区很久以来巫风淫祠盛行，出生于该地的智顗十分了解当地民俗，于是他

①佛教传入中土后，被许多中国人接受和研究，由于各自的理解和悟性，从而形成了不同的学派。历史上比较兴盛的有八大宗派：天台宗、三论宗、华严宗、法相宗、律宗、净土宗、密宗、禅宗等，这些宗派都具有中国特色，它们的出现标志着印度佛教完成了它的中国化过程，确实可以称之为"中国佛教"了。天台宗是中国佛教最早创立的一个学派，它集合南北各家义学和禅观之说，加以整理和发展而成一家之言，当时得到朝野的支持和信奉，对隋唐以后成立的各宗派多有影响。

智者大师智顗像

浙江天台山华顶寺建有智者大师纪念堂

把民众对关羽的敬畏心理以及普遍信奉的习俗巧妙地加以利用，编造出关羽显灵帮助建寺庙、受五戒，并担任护法神的神话。对于这样的说法，当地民众十分易于接受。如此一来，在民间有深远影响的关羽被请进佛教的大门，步入了神坛。在智顗看来，佛门中有了一位百姓熟知且爱戴的中国历史上真实存在的人物，佛教被民众认可的程度便可大大提高，佛教在荆州地区便能更好地打开局面，得到更广泛的传播。

佛教本是舶来品，2500年前起源于古印度，公元元年左右传入中国。作为异域宗教，其难懂的经文、不熟悉的佛传故事以及带有强烈异域色彩的神像，对中国民众来说十分陌生，而它要想在中国扎根、传播和发展，必须走中国化的道路，使其与中国的传统文化相融合，形成具有中国特色的宗教。只有这样才能消除异域宗教带来的陌生感，被中国百姓所接受，方能真正深入民心。隋代是佛教鼎盛时期的前奏，而且两代皇帝——隋文帝和隋炀帝都笃信佛教，对佛教的发展起到了很大的推动作用。在这种背景下，智顗选择了荆州的玉泉山，以建造玉泉寺为切入点，将在荆州地区有极大影响的一位中国名将关羽请进了佛门，担当了护法的重任。智顗的目的很明确，就是利用当地民众对关羽的迷信思想，将其归入佛门，使中国百姓能在佛教寺庙中看到以中国人为化身的偶像，这样便大大拉近了佛教与中国民众的距离，从而增强民众对佛教的信任度，进而促进佛教在民间的传播。智顗选择了恰当的时机、恰当的地点、恰当的对象，并成功地加以运作，借助中国人熟悉的鬼神来传播佛教。其成功所在就是抓住了"天时、地利、人和"的机遇，这正是他的高明之处。这是智顗对佛教的一大贡献，也是佛教本土化的成功范例。

自此以后，全国各地的寺院也纷纷效仿，将关公请进自家的门槛，关公由一家寺院（玉泉寺）、一个宗派

大雄宝殿中的护法神关公（河北涿州天国寺）

(天台宗)的护法神一跃而成为整个中国佛教的护法神。譬如杭州的灵隐寺、山西五台山的一些寺院以及交城县的天宁寺等都供奉关公神像。在北京著名的佛教圣地灵光寺珍藏有佛祖释迦牟尼的灵牙舍利，在舍利宝塔前的大殿里，佛祖释迦牟尼端坐正中，两位护法神韦驮和关公身披铠甲，手持兵器，一左一右，相向而立，煞是威风。在中国的佛教寺院中，将关公奉为护法伽蓝的寺庙十有八九，可见其在佛教中的影响之大。

智顗的本意是利用关公来扩大佛教的影响，他没有想到的是关公的加盟反而提高了关公自身的地位，使关公信仰由人鬼步入神坛，由世俗转入神界，其影响也由局部逐渐向更广范围扩大。从此，关公信仰迈上了一个新台阶。

关公虽然最先成为佛教的神祇，可其在佛教中的地位却始终没有升高，一直屈居于伽蓝之列。其地位的进一步提升，功劳应归于道教。

道教是中国土生土长的本土宗教，产生于东汉中叶。东汉顺帝时，张陵(亦称张道陵)在四川鹤鸣山，奉老子为教主，以《道德经》为主要经典，并自称出于太上老君之口授，造作道书，同时吸收巴蜀地区少数民族的原始宗教信仰，创立五斗米教，后世道教徒尊称张陵为张天师。唐宋时期，不少帝王崇奉道教。唐代统治者，自称老子后裔，奉行崇道政策。唐高宗尊老子为"太上

护法伽蓝神关羽画像
（南京灵谷寺）

玄元皇帝"，唐玄宗亲自为《道德经》作注疏，令士庶家藏《老子》。更有甚者，会昌五年(845年)唐武宗发起了一场兴道废佛运动，下令拆毁佛寺，僧尼还俗，没收寺院田产，史称"会昌法难"。北宋统治者效仿唐代宗祖老子的做法，宋真宗称赵玄朗①为其族祖，奉作道教尊神，封为圣祖上灵高道九天司命保生天尊大帝，并加封老子为太上老君混元上德皇帝。对于佛教将关公请进佛门，道教最初也许不以为然，但随着道教政治与社会地位的不断提升，一位本土神灵却被外来宗教所利用，总感到有些遗憾与缺失。若如法炮制，也让关公显灵帮助道教建一座道观，不仅有东施效颦之嫌，而且也显得太无创意了，必须另找个由头。

机会终于来了。自汉代以来，盐铁官营，盐税是历代朝廷财政收入的主要来源之一。北宋大中祥符年间，山西解州盐池干涸减产，课税难以完成。盐税收入的减少对国计民生影响极大，关乎国家经济命脉。地处北宋版图腹地的解州盐池，对大宋朝来说举足轻重，它不仅担负着周边许多地区的食盐供给，其盐税更是国家的重要收入，国家运转的巨大开支，在很大程度上仰赖这笔财富。为了解盐池的情况，朝廷派官员去实地考察，考察的官员回来汇报说，城隍托梦与他，说盐池减产是蚩尤作祟。这本是无稽之谈，但笃信道教的宋真宗对此却深信不疑，请来道教首领张天师②作法祛邪，以致后来引出关公战蚩尤的离奇传说。《三教源流搜神大全》对此有较为详细的描述：

①一说，宋真宗笃信道教，他自称轩辕黄帝托梦于他，派神仙赵玄朗给他送来天书。这位赵神仙纯属宋真宗杜撰而来，并故弄玄虚，将其封号弄得又长又复杂，无非是想让赵氏王朝与道教攀上亲。一说，赵玄朗即道教的财神赵公元帅，赵玄朗，字公明，故亦称赵公明。
②自张陵创建五斗米道以来，其传人皆为世袭，故有"陵死，子衡(张衡，张陵之子)行其道，衡死，鲁(张鲁，张陵之孙)复行之"的说法。张陵的子子孙孙都能继承天师之位，世袭罔替。因此，后世历代道教传人皆通称"张天师"。

青龙偃月写春秋

(大中祥符七年即1014年，解州刺史表奏朝廷)："盐池(解池)自古生盐，收办宣课。自去岁以来，盐池减水，有亏课程，此系灾变，敢不奏闻。"帝遣使持诏至解州城隍庙祈祷焉。使夜梦一神告曰："吾城隍也，盐之患乃蚩尤也。往昔蚩尤与轩辕帝争战，帝杀之于此地盐池之侧，至今尚有近(遗)迹。近闻朝廷建立圣祖殿，蚩尤大怒，攻竭盐池之水。"飒然而觉，得此报应，回奏于帝。帝与群臣议之。王钦若①奏曰："地神见报，当设祭以祷之。"帝遣吕夷简持诏就盐池祷之。祭毕，是夜梦一神人戎服金甲持剑，怒而言曰："吾乃蚩尤神也。奉上帝命来此盐池，于民有功，以国有利。今朝廷崇以轩辕，立庙于天下②，吾乃一世之仇也。此上不平，故竭盐池水。朝廷若能除毁轩辕之殿，吾令盐池如故。若不从，竭绝盐池，五谷不收，又使西戎为边境之患。"言讫而去。夷简飒然而觉，(将)其梦中之事回奏于帝。帝亦梦之。王钦若奏曰："蚩尤乃邪神也。陛下可遣使就信州龙虎山诏张天师，可收服此怪。"帝从之，乃遣使诏天师至阙下。帝曰："昨因立圣祖轩辕殿致蚩尤怒，涸绝盐池之水，即今之患，召卿断之。"天师奏曰："臣举一将最英勇者，蜀关将军也。臣当召之，可讨蚩尤，必成其功。"言讫，师召关将军至矣，现形于帝前。帝云："蚩尤竭绝盐池之水。"将军奏曰："陛下圣命，敢不从之！臣乞会五岳四渎名山大川所有阴兵，尽往解州，讨此妖鬼。若臣与蚩尤对战，必待七日，方剿除得。伏愿陛下先令解州管内户民三百里内，尽闭户不出，

---

①王钦若，当朝宰相，为掩盖澶渊之盟的"屈辱"，其与真宗合谋，于大中祥符元年(1008年)伪造"天书"下降，封禅泰山，建玉清昭应宫等，劳民伤财。7年之后，他又借解州盐池干涸之事，屡屡给皇帝出"主意"，帮助道教导演了一出"关公战蚩尤"的闹剧。
②宋真宗一贯宣扬迷信，不仅伪造"天书"，而且还编造谎言，说轩辕黄帝降神皇宫，自称是"赵宋之始祖"，因真宗"善修国政，抚育下民而来"，为答谢"始祖"降临，真宗敕令"天下梵宫并建圣祖(轩辕)宝殿"。

三百里外尽示告行人，勿得往来，待七日之期，必成其功，然后开门如往。恐触犯神鬼，多致死亡。"帝从之。关将军乃受命而退。遂下诏，解州居民悉知。忽一日，大风阴暗，白昼如夜，阴云四起，雷奔电走，似有铁马金戈之声，闻空中叫噪。如此五日，方且云收雾散，天晴日朗，盐池水如故，皆关将军力也。其护国祚民如此。

我国古代的确有轩辕黄帝大战蚩尤的传说，当年蚩尤与轩辕交战涿鹿，蚩尤战败，被黄帝杀死。这个古代传说到了宋真宗年间，却有了续集，继续被演绎，说蚩尤被轩辕帝肢解在盐池，经千百年精灵不散，死而复生，修炼成蚩尤神。蚩尤与轩辕的深仇未报，又见普天之下大修轩辕庙，心中愤愤不平。在他看来，盐池日产万贯，国家获利，黎民享用，这是他的功劳，本应感恩戴德，反倒不为他立庙，因而怀恨在心，让盐池干涸，不仅使百姓吃不到盐，而且国家课税也难以完成。并扬言如果为他立庙，此难可解。蚩尤与朝廷这一叫板，反倒引出了蜀汉大将关羽，两位相隔近3000年的"大明星"不得不穿越时空交一次手，上演了一场惊心动魄的"关公战蚩尤"。

其实，解州盐池干涸减产纯属自然灾害，根本不是什么蚩尤作怪。但经过朝臣与道士的默契配合，导演出"关公战蚩尤"这一出大戏，既糊弄了皇上，又愚弄了民众，而且将关公堂而皇之地请进了道教的大门。道教借助一场自然灾害，首次让自己的新成员关公来了一个精彩的亮相——帮助国家解决了经济上所遇到的大难题，这是道教比佛教更胜一筹之处。佛教借创建一座寺庙请出了关公，道教则借国家经济发生困难时请出了关公，相比之下，道教请出关公时已与国计民生挂上了钩，不仅重任在肩，而且出色地完成了任务，于是，一脚就迈入了官方的神坛。可见，关公进入道教大门时，其地位已经提升，更重要的是得到朝廷认可，因此带有明显的政治色彩，关公因此被封为"义勇武安王"①。

在民间还有许多"关公战蚩尤"的传说。据说当年关公带领神兵，来到盐池讨伐蚩尤。蚩尤施妖术，顷刻间，飞沙走石，天昏地暗，双方打得难解难分，不分胜负。关公突然发现许多农民在地里歇晌，随即施法术，借走这些农民的灵魂，暂作神兵，以增加战斗力。

蚩尤眼看寡不敌众，即命部下也换上关公部下的服装，妄图鱼目混珠。关公将计就计，让自己人身上佩戴一枚皂角树叶作为记号；蚩尤见了，也命部下采树叶佩戴作为记号。无奈其属下不识人

黄帝像（明代绘画）

①另有资料记载，"关公战蚩尤"的传说发生在宋徽宗年间，"义勇武安王"为徽宗所封。"关公战蚩尤"本是无稽之谈，有多种说法和版本亦属正常。

间树叶，采槐树叶戴在身上。又战了三天三夜，槐树叶都蔫了，而皂角树叶依然青翠。关公率领神兵乘胜追击，将身上佩戴蔫树叶的妖魔斩尽杀绝，将蚩尤重新打入十八层地狱，永世不得翻身。

由于战斗一连进行了好几天，参战的生魂不能及时还阳，尸体开始腐烂。等消灭了蚩尤，这些生魂已经永远不能返回人间。村里只剩下老人、妇女和儿童，家家都开始办丧事，悲痛欲绝，哭声一片，觉得家人死得实在有些冤枉。此后，这个村子就落得个"冤枉庄"的名字。后来村民觉得"冤枉庄"太难听，便改成了"原王庄"。

相传，四月初一是关公战胜蚩尤的日子，后来每逢这一天，在解州地区乃至周边的一些郡县，家家都要挂皂角树叶，以纪念关公，这种民风一直流传下来。

宋真宗好道教，宋徽宗更有甚之。事实上，解州盐池自宋真宗大中祥符七年(1014年)干涸减产，后宋哲宗绍圣五年（1098年）又被大水浸坏，直至宋徽宗崇宁四年(1105年)才有所恢复。宋徽宗牵强附会，把自然变化与神灵显圣联系在一起，封关公为崇宁真君，关帝庙主殿从此称崇宁殿。

道教将关公纳入自家大门，就是要利用关公在民众中的巨大影响，求得封建统治者的支持，壮大本宗教的声威。而当权者也想利用道教树立关公偶像，教化民众，巩固封建统治。

历代帝王推崇

自董仲舒废黜百家、独尊儒术以来，儒生就成为政府官员的主要来源。治理国家主要遵从儒家的理念，儒家思想便成为构建中国封建社会的理论基石，儒学所倡导的忠、信、仁、义，成为维护封建统治的精神支柱。而关羽正是封建统治者所需要的楷模。加之历代不断地对关羽进行美化，加上了忠、义、仁、礼、智、信这样一些道德符号，把关羽渲染成儒家的理想人物，进而成为全社会公认的典范和榜样。

因此，关羽不仅为佛、道所尊崇，更受到历代封建统治者的青睐，屡屡对其加封晋爵，而且不惜笔墨，封号愈来愈长，由侯而王，由王而帝，由帝而圣，褒封不断，庙祀无垠。其目的就是希望有更多的文臣武将能像关羽那样尽忠义于帝王，献神勇于社稷；广大百姓能像关羽那样效忠于朝廷，甘为顺民。

早在唐代，关羽就已经受到朝廷的关注。唐德宗贞元十八年（802年），"荆南节度使江陵尹斐均，广其祠宇(指湖北当阳县玉泉景德禅寺关羽庙)，增于旧制"①。不仅如此，关羽还作为历史上的名将进入"武庙"②陪祀当时的主神姜太公③。

而给关羽加爵封王则始于宋代。宋徽宗赵佶是一位道教的狂热鼓吹者，他自称是上帝元子太霄帝君下凡，因此自命为教主道君皇帝。他极力抬高道教的地位，在京都开封和许多大城市修建了大量的道教宫观，并设立道官二十六等，和政府官吏同样领取俸禄。这样一位道教"发烧友"，对刚刚涉足道教神坛的关羽自然要多加关照，崇宁元年(1102年)追封关羽

①元·胡琦《关王事迹》第3卷《显烈庙记》。此书成于元至大元年(1309年)正月。
②唐代，又一个佛教宗派密宗传入中原。在其本土化的过程中逐渐地用关公代替了密宗里的战神"毗沙门天王"。关公从此被赋予了战神的元素，从而在唐代的武庙中成为姜太公陪祀之一。
③姜太公，又称姜子牙，名尚。姜尚即历史人物吕尚，后被神化。相传其自幼聪颖，能预知天下大事，为躲避殷末纣王之害，在辽东地区隐居数十年之久。隐居终南时，常在渭水河畔垂钓，三年无鱼上钩，却依然垂钓不止，并自语道："负命者上钩来！"一日，钓起一条大鱼，鱼腹中藏有兵书。80岁时在渭水边为周文王访得，拜为丞相，后又助武王起兵伐纣，率众多道术之士施展各种法术，终于完成兴周大业，后奉命发榜封神。自唐朝始，姜太公被封为武成王而成为执掌军事之神，并大建太公庙以供朝拜。

为"忠惠公"，使其由侯爵^①晋为公爵。事隔一年，又于崇宁三年(1104年)晋封关羽为"崇宁真君"，皇帝用自己的年号作为一位神人的封号，足见其对关羽的尊崇有加，再配以"真君"名号更是"神气"十足了。大观二年(1108年)再封关羽为"武安王(一说昭烈武安王)"；宣和五年(1123年)又加封"义勇"二字，为"义勇武安王"。

徽宗一朝，政治腐败，内忧外患，北方的金国军队不时长驱直入兵临城下。在此危难关头，朝廷急需一位忠勇的军人榜样作为军神以激励将士，关羽自然成为宋徽宗的救命稻草。他寄希望于关羽的"义勇"精神能激发军队和国民，使其英勇抵抗外族的侵略，救大宋朝于危亡。在首都汴梁失守之前，宋徽宗连续三次追封关羽，最后一次的封号是"义勇武安王"，这个王的爵位超越了他过去所有的封号，关羽从生前最低级的亭侯，连升数级，荣登王位。在短短的21年里，赵佶追封关羽达4次之多，由侯到公，再到真君，直至神王。字里行间，不难看出徽宗皇帝对关羽寄予的希望愈来愈高，关羽已成为他不可缺少的精神寄托。

南宋王朝偏安一方，尽管苟且偷生，醉生梦死，但对先人崇拜关羽的传统却不敢怠慢，继承了下来。南宋第一个皇帝高宗赵构称赞关羽能"肆摧奸宄之锋，大救黎元之溺"，并于建炎二年(1128年)，封关羽为"壮缪义勇武安王"。其子宋孝宗赵昚更称关羽"生立大节与天地以并传，投为神明亘古今而不朽"、"名著史册，功存生民"，于淳熙十四年(1187年)，加封"英济"，称为"壮缪义勇武安英济王"。

①汉献帝建安六年(201年)授封关羽汉寿亭侯，蜀汉后主景耀三年(260年)，追谥关羽为壮缪侯。

是什么原因使得北、南两宋王朝对关羽如此青睐？众所周知，大宋王朝是中国历史上统治地区最小的中原王朝，也是封建社会中最为孱弱的一个王朝。从北宋开始，就不断地受到异族的欺凌。当时大宋朝廷奢靡腐败，官员昏庸，军队涣散，防务松懈，致使辽、金、西夏等异族邻国频频入侵，在百余年里烽烟不断，国无宁日，民不聊生。羞耻的"澶渊之盟"，屈辱的"靖康之祸"，令举国上下痛心疾首，悲愤交集。

面对异族入侵、国破家亡的残酷现实，举国上下深切感到，原有的精神领袖"文圣"孔子已不能解决国家民族所面临的危急局势，"仁义礼智信"、"礼乐射御书数"而对野蛮的强敌，显得软弱无力，人们迫切地要找到一位顶天立地、勇武刚毅的人物，来激发和坚定全国军民抗击外侵的决心，而关羽足以担当此任。于是，能征善战的关羽被大宋王朝奉为顶礼膜拜的偶像。

元代统治者虽为异族，但他们深知要想在广袤的中原大地站稳脚跟，建立蒙古族的家天下，就必须使自己融于

南宋高宗赵构（清代绘画）

汉族的传统文化，而关羽是中原地区传统文化的一个符号，他承载着社会大众认可的传统美德，有很大的感召力。因此，元代统治者效仿汉人做法也大力推崇关公崇拜。元文宗图帖睦尔于天历元年(1328年)，在南宋给关羽的封号上去掉"壮缪"，改为"显灵"，称"显灵义勇武安英济王"。

明太祖朱元璋利用农民起义的力量，驱逐蒙古统治者，建立了汉族王朝。朱元璋废止了宋元两朝给关羽的封号，于洪武元年(1368年)又恢复蜀汉之原封号"(汉)寿亭侯"。其用意就在于宣扬关羽对正统王朝的忠义，教化自己的臣民要拥戴朝廷，效力尽忠。可笑的是，因这位皇帝和大臣的无知，不知"汉寿"①是地名，"亭侯"②为爵位，竟称关羽为"寿亭侯"。到明世宗嘉靖十七年(1538年)才又订正为"汉寿亭侯"。

封关羽为帝始于明代。朱元璋死后，由皇太孙朱允炆继位，年号"建文"。建文元年(1399年)朱棣发动武装政变，以"清君侧"为名攻克南京，夺得皇位。朱棣宣称他的行动得到关羽显灵保佑，由他当皇帝乃是"天意"。皇帝说关羽是神，上行下效，各级官吏和黎民百姓自然要毕恭毕敬地把关羽当神来敬奉。明武宗正德四年(1509年)，朱厚照赐南京关庙庙额"忠武"，这是明朝统治者赐关庙名之始，并下令将全国关庙一律改称"忠武庙"，寓意表彰关公的忠义之节操与武功之显赫。万历二十二年(1594年)，明神宗朱翊钧把关羽晋爵为帝，关庙的称谓亦由"忠武"改为"英烈"。万历四十二年(1614年)十月，朱翊钧封关羽为"三界伏魔大帝神威远震天尊关圣帝君"。神宗对此次加封十分重视，派遣司礼监太监恭

---

①县名。在湖南省常德市东南部、沅江下游、洞庭湖畔。西汉索县地，东汉汉寿县地，三国吴分置龙阳县。
②爵位名。东汉制，列侯功大者食县，小者食乡、亭。

捧丸旒珍珠冠一顶、玉带一根、四蟠龙袍服一套、黄金牌一面，上书封号16字，至京都正阳门关庙供奉。至此，关公的地位又上升一级，由宋朝之"王"而升为明朝之"帝"。

不仅如此，关羽的亲属也得到明朝统治者的加封，封关羽夫人为"九灵懿德武肃英皇后"，长子关平为"竭忠王"，次子关兴为"显忠王"，部将周仓为"威灵惠勇公"，并赐左丞相一员，为陆秀夫；右丞相一员，为张世杰。据说这样做是因为关羽"永安帝位，不在将班"，故需配置部属。其实，陆、张二人都是抗元兵败殉国之士，让他们配祀关帝无非是为了更加突出宣扬"忠义"精神，教化臣民效忠大明朝廷。

清朝统治者对关羽的崇奉更是渊源已久，早在关外就已经开

明太祖朱元璋像（明代绘画）

明成祖朱棣像（明代绘画）

始。崇德八年(1643年)，便于盛京(今沈阳)建立关帝庙。皇太极还亲赐一块"义高千古"的匾额，定"岁时官给香烛"①。入关后，清世祖福临于顺治元年(1644年)封关羽为"忠义神武关圣大帝"。康熙四十二年(1703年)，清圣祖玄烨西巡途经解州时拜谒关帝庙，亲书"义炳乾坤"匾额。雍正五年(1727年)，世宗胤禛追封关羽三代公爵：曾祖父为"光昭公"、祖父为"裕昌公"、父亲为"成忠公"。乾隆三十三年(1768年)，清高宗弘历加封关羽"忠义神武灵佑关圣大帝"；嘉庆二十年(1815年)，清仁宗颙琰加封"忠义神武灵佑仁勇关圣大帝"；道光八年(1828年)，清宣宗旻宁加封"威显忠义神武灵佑仁勇关圣大帝"；咸丰二年(1852年)，清文宗奕詝加封"护国保民威显忠义神武灵佑仁勇关圣大帝"；咸丰五年(1855年)，加封三代王爵：曾祖父为"光昭王"、祖父为"裕昌王"、父亲为"成忠王"。这样，自关羽以上四世，三王一帝，显耀煊赫，以至连清室的皇宫里也供起了关帝的神位。次年(1856年)，加封"护国保民精诚绥靖威显忠义神武灵佑仁勇关圣大帝"；同年又加封"护国保民精诚绥靖威显忠义神武灵佑仁勇关圣大帝"。同治九年(1870年)，清穆宗载淳加封"护国保民翊赞精诚绥靖威显忠义神武灵佑仁勇关圣大帝"。关羽的封号仅大清一朝经历代皇帝一加再加，至光绪五年(1879年)，最后达到登峰造极之名号："忠义神武灵佑仁勇威显护国保民精诚绥靖翊赞宣德关圣大帝"，多达26字，其溢美之辞甚于历代。

　　清朝入主中原后，为了能站稳脚跟，加强统治地位，除了大兴文字

---

①崇厚《盛京典制备考》第2卷《庙宇》。

狱外，还大力提倡尊孔崇儒，崇尚程朱理学，大力倡导尊君、忠君的思想。为此，他们甚至为陪同崇祯皇帝吊死煤山的明朝太监王承恩立碑，褒扬史可法、黄道周等明末清初忠臣，并称赞他们是"足称一代完人"。基于这样的政治背景，对于"大忠大义"的关羽，清朝当然会大加利用。值得一提的是，清王朝还将自南宋以来各地供奉岳飞的"岳王庙"改为"关岳庙"，目的很明显，就是想用关羽的加入来淡化岳飞抗金的影响，以此弱化汉民族心中对异族统治的敌视。

清圣祖玄烨像（清代绘画）

文艺作品大力宣传

大约从8世纪唐朝中期开始，民间说书艺人在城镇人口密集的地方进行商业性演出，讲唱各种长篇或短篇故事。宋朝时，民间就已经流行三国故事，那时的讲唱艺术"说三分"，专门讲唱汉末三国故事。

清乾隆皇帝（清代绘画）

北宋时期，都市生活十分繁荣，使民间说唱艺术得到空前发展。戏曲、评书、皮影等诸多民间文艺争奇斗艳，首都汴梁城大大小小的戏园子、书场几乎每天都有演出。而三国故事由于情节曲折，人物众多，事迹感人，自然成为民间艺人最好的创作素材。那时说书人讲故事，一定要分清忠奸善恶，刘备与曹操孰善孰恶，听众心中自然有数。

据说有一次，当说书人讲到刘备失败时，听众个个眉头紧锁，有的甚至还流下同情的眼泪；而当说到曹操大败时，大家都喜不自禁，手舞足蹈。其实，历史上的曹操和孙权都是一代英雄豪杰，曹操雄才大略，算得上是英雄；孙权善于管理国家，其治下东吴在当时占有半壁江山，也堪称一代英豪。人们唯独青睐刘备、关羽一方，这与刘、关、张三人的卑微出身大有关系。过去的戏曲演员、说唱艺人大都出身于社会底层，与刘、关、张三人在感情上多有相似之处，很容易引起共鸣，因此，他们的作品带有鲜明的感情色彩，很自然就把刘备、关羽等人作为正面形象来塑造。

另一个原因是桃园结义的故事感人至深，它讲的是刘、关、张这三位出身平凡的草根式人物结成异姓兄弟，生死与共，最终出人头地的经历。这种义气是行走江湖的人们最向往和佩服的，因此刘、关、张成了他们心中的偶像。再一个重要原因，就是关羽的人生轨迹带有浓重的悲剧色彩，这种悲剧元素在文艺作品里是最能打动人心的，说书人对此大加渲染，因而也更能抓住听众的心。

北宋时的皮影戏，也有关羽形象的出现。《明道杂志》中记载，宋代时人好看皮影戏，为关公事迹所感动："京师有富家子，少孤专财，群无赖百方诱导之。而此子甚好看弄影（皮影）戏，每弄至斩关羽，辄为之泣下，嘱弄者且缓之。"虽然以三国故事为题材的评书、戏剧在当时多有流传，但民间戏剧在宋朝时社会地位十分低下，向来被视为末流，不能得到上流社会的认可，参加创作的还只局限于民间艺人，因此关羽故事还游走于民间艺人所营造的江湖世界里，停留在普通百姓的文化生活中，上层文化人对此仍是不屑一顾。

元朝时，蒙古人入主中原，元政府对汉族知识分子采取不信任态度，当时全国的臣民被分成十个等级，乞丐地位最卑微，位列第十，而过去备受世人尊重的儒生却一落千丈，仅比乞丐稍强，被排在第九等，是为"老九"也。如此一来，大批的知识分子无法投身仕途，身心备受压抑，只好整日沉沦于市井，与民间艺人为伍。他们中的许多人为谋生计，只好为民间艺人创作一些作品换取微薄的收入。这些身处社会底层的剧作家们，对于关羽这位历史上的英雄人物情有独钟，怀着敬仰的心情创作了许多以关羽为主角的戏剧。因此，在传世的元曲剧目中，这样的戏剧多达10余部，反映出当时这些文人对于救世英雄的期盼。元政府对汉人采取苛刻的高压政策，禁止汉人学习武术和持有兵器，禁止结社集会和拜神祭祀。人们无法在现实中拥有武器，也无法公开膜拜自己的军神关羽，戏剧便成了宣泄这种愤怒和反抗情绪的最好载体，由此，关公戏有了很大发展。

元杂剧中，三国戏成为重要剧目，据《元曲选》等古籍记载，以三国故事编写的杂剧约60多种，而以关羽为主角且属名家创作的就有10多种，如《单刀会》、《三英战吕布》、《千里走单骑》、《双赴梦》、

说唱艺人图（清代任熊绘）

《桃园结义》、《古城会》、《单刀劈四寇》等。当时另有一些文人根据"说三分"所讲述的素材，进行了编纂整理，于元英宗至治年间（1321～1323年）出版了《三国志平话》。其中有"桃园结义"、"连环计"、"张飞鞭督邮"、"三英战吕布"、"关羽千里走单骑"、"古城聚义"、"三顾茅庐"、"赵云救阿斗"、"刘备东吴招亲"、"单刀赴会"、"空城计"、"七擒孟获"等一系列故事，这无疑对关羽故事的传播起到了推动作用。

尽管关羽的艺术形象在元朝由于一些专业剧作家和文人的参与，有了很大的发展，但关羽的形象并非尽善尽美，这对于崇拜他的人们来说，还有一些遗憾之处。而且，历史中的关羽远没有想象中的完美，流传于民间的众多关羽故事也有很多荒诞不经的地方。也许是受到元朝知识分子的启发，自明初始，上层知识分子也开始介入关羽故事的改造、加工，使关羽题材的文艺创作进入了一个新阶段。

在众多文艺作品中，小说《三国演义》在普及关公信仰的过程中，起到了巨大的推动作用。作者罗贯中不仅吸收、采用了宋元时期美化、圣化和神化关公的大量故事，而且进行了大胆的艺术想象和艺术虚构，通过再创作，终于把关公塑造成了"忠"、"义"、"信"、"勇"集于一身的完美之人。这部小说以感人的故事情节，将刘备的蜀汉政权描述成正义的一方，彻底平息了历史上刘备和曹操的正统之争。又通过"土山约三事"、"华容道义释曹操"等情节，关羽曾经投降曹操的历史污点不但得以巧妙掩饰，反而凸显了关羽情深义重的一面，关羽的"忠义"品格得到了最完美的诠释。历史上忠臣很多，义士也很多，但只有忠义两全的关羽

关公秉烛。曹操大军大败刘备，刘关张三人失散，关羽暂降曹操。曹操故意将关羽与其两个嫂子甘、糜二夫人安置于一室，以观其失礼之笑话。关羽入夜不眠，手执烛火立于堂上，二夫人亦不眠，坐以待旦。此图为戏曲传奇《全像音释古城记》插图。（明刻本）

形象最具感染力。自此，关
公"至忠"、"至义"、
"至信"、"至勇"的形
象，随着《三国演义》的广
泛传播，在社会上更是家喻
户晓，妇孺皆知，受到更为
普遍的崇拜。

民间关公崇拜（清《点石斋画报》）

　　清人毛宗岗点评此书时
说，在罗贯中笔下关公成了"古今第一将"。清朝人王侃在谈到《三国演
义》产生的巨大影响时说："《三国演义》可以通之妇孺，今天下无不知
有关忠义者，《演义》之功也。"鲁迅也说，在《三国演义》中"惟于关
羽，特多好语，义勇之概，时时如见矣"。从陈寿的《三国志》到明代著
名小说《三国演义》的诞生历经了1200多年，关羽的形象有了天翻地覆的
变化。他成了一部忠义的百科全书，尤其是刘、关、张三人异姓结义、誓
同生死的故事更成为千古佳话。

　　明朝上层知识分子对关公戏剧的创作，与过去有很大的不同。宋朝
时是底层的民间艺人写戏演戏，文人儒生对此不屑一顾；元朝时也只是
一些不被政府任用的失意文人才靠写戏求得衣食温饱。而到了明朝，不
仅文人儒生，就连皇室贵族都对戏剧创作乐此不疲。据说朱元璋有一个
孙子就曾经写过关公戏，并且还收录在官方修订的百科全书《永乐大
典》中。正是经过几代文人的努力，加之明朝上层儒生掀起的打造关公

戏的高潮，关羽的形象日趋完美。我们从一出题材相同的关公戏在元明

两个版本中的区别，就可以清楚地看到这种变化。这出戏讲的是关公与

美女貂蝉的故事。元朝时的剧目叫做"关公斩貂蝉"，剧中貂蝉在吕布

死后，企图以美色引诱关羽，但关羽丝毫不为所动，念及历史上妖女害

人误国，手起刀落斩了貂蝉。这样的剧情虽然成就了关羽不近女色这种

英雄人物必备的美德，但杀死一个手无寸铁的弱小女子，也多少有损关

羽的英雄形象。所以到了明朝，这出戏的名字改成了"关公与貂蝉"，

"斩"换成了"与"，一字之差，作者用心之良苦，显而易见。不仅如

此，剧情也发生了明显变化：

貂蝉不再是害人的妖女，而是

真心爱慕关羽，她向关羽哭诉

内心的委屈与世人的误解，并

赢得了关羽的理解与爱怜；但

关羽决心为复兴汉室献身，无

心沉醉于儿女情长，貂蝉只有

心怀爱意，以自刎来表明自己

的清白。在此版本中，关羽是

有情有义的伟丈夫，而貂蝉也

被改造成深明大义的节烈女

子。如此一来，使关羽的形象

更加高大完美，更加符合儒家

周仓坐像。在《三国演义》中，周仓被关羽收服后，
成为关羽的忠实护将，为其扛拿大刀。众多关羽庙
中，周仓都是手持大刀与持印的关平侍立在关羽两
旁，周仓坐像极为罕见。（广东汕头濠江关帝庙）

文化的道德标准。

《三国演义》美化了关羽，让官方看到了关羽可以彰扬的圣人品行，也成了民间有口皆碑的道德楷模，关羽也开始成为上层统治者与底层民众信仰沟通的渠道，官民在此找到了契合点，达成了共识。由此，一方面关羽在官方拥有庙堂之高的显赫地位，另一方面也赢得了来自民间底层的最重江湖义气的名声。与此同时，戏剧创作以此为契机，更加繁荣起来。关公戏越编越多，称谓也随之而改称关圣、关帝了。明清时关公戏有《桃园结义》、《斩华雄》、《白马坡》、《过五关》、《战长沙》、《单刀会》、《水淹七军》等多种剧目。而且，各种地方戏纷纷竞相改编演出关公戏，关公戏一派繁荣。

清代毛宗岗，是最杰出的《三国演义》研究家，他评点《三国演义》提出"三绝"论，即诸葛孔明的"智绝"、曹操的"奸绝"、关羽的"义绝"。关羽之"义"，已达到了顶峰。随着《三国演义》的广泛传播，关羽成为家喻户晓的人物，威望日益攀升，明朝政府也开始了新一轮的加封高潮。万历年间的加封，使关羽晋升帝位。明朝末年，关羽正式取代过去的武圣人姜太公，成为中国第二任武圣，与文圣人孔子一起，接受世人膜拜。

对于关公的颂扬，除戏剧小说外，还渗透到文化的各个领域，譬如诗词歌赋、绘画书法，以及曲艺等多种形式。如今，关公形象还被引入现代传媒，拍成电影、电视剧，供大家欣赏。这种便捷的宣传方式覆盖面更广，更加扩大了关公的影响，使关公崇拜得到进一步的弘扬。

关羽成神的历史轨迹

关羽原本是三国时期蜀汉的一员武将。他出身寒微，25岁那年，因在家乡打抱不平，杀了当地的一个恶霸而惹上了命案，不得不"亡命奔涿州"。后来他结识了刘备与张飞，以镇压黄巾军起义为开端，走上了戎马一生之路。他转战沙场，征战群雄，辅佐刘备完成鼎立三分大业，这些经历在晋人陈寿所著《三国志》中都有记述。只不过，记叙关羽生平的文字不及1000字，其中既有对他"随先主周旋，不避艰险"、"威震华夏"的肯定，也有对其"刚而自恃"、"以短取败"的批评。关羽在世时获得的荣誉，只是在41岁时，即建安五年（200年)被曹操表封为"汉寿亭侯"。建安二十四年(219年)汉中刘备拜关羽为前将军。一直到了蜀汉景耀三年(260年)，在他死去41年后，后主刘禅才追谥关羽为"壮穆侯"。

如果仅就史书的记载来看，关羽在历史上只能算是一名普通的武将，只要翻开"二十四史"，事迹相当乃至超过他的武将，大有人在。然而，只有关羽成了"帝君"、"武圣人"。这是经过漫长的历史演变才形成的。

关羽死后，对关羽的崇奉最初还只局限于很小的地域内，即其葬身之地荆州，而且那时人们只是把他当做厉鬼来供奉。此后数百年间，无论民间还是官方，关羽的声名默默无闻。直到隋朝，智顗编造了一个关羽显灵帮助建庙的传说，经此一番改造，关羽惨死的厉鬼气息得以化解，并结束了人鬼时代而进入到神明的行列。关羽从此步入佛教神坛，威名日高，并逐渐走向了全国。

民间崇拜的福禄寿喜（喜童）（四川年画）

北宋徽宗皇帝利用张天师编造了关羽大败蚩尤帮助国家的神话，敕封关羽为"崇宁真君"，首次为其增添了道教神仙色彩，关羽也因此迈入了道教殿堂。此后元、明、清历代君王屡给关羽加封晋爵，并不断加上了忠、义、仁、礼、智、信这些神圣光环；同时其法力也与日俱增：降妖平寇、驱邪避祸、赐福安康、招财进宝……神话色彩也愈加浓重。后人追加到关公身上的美德与美誉，远远超过了历史上真实的关羽，在中国封建社会中几乎达到了无人可及而又无以复加的地步。于是，生活在三国时代的关公，渐渐超凡脱俗，青云直上，由一个人间英雄，变成了万民膜拜的神圣偶像。历史人物关公成为忠义化身、道德榜样，最终走上了神坛。

关羽的神格

在中国，造神运动由来已久。在漫长的社会发展进程中，人们往往从传统的历史人物及富有神奇和怪异的人物身上演化出许许多多无所不能的神话，以求解决自己生活中所遇到的各种难题。于是，在中国民间分门别类地制造出许多具有不同神职功能的神祇，诸如雷神、电母、风伯、雨师、农神、土地、门神、灶神、喜神、福神，财神、药王、送子娘娘、月下老人……总之，神是人创造的。神代表了人的理想、愿望和追求。

基于这样的社会理念，关公崇拜现象不仅没有消亡，而且还在随着人们的精神寄托走向多元化，不断地向更为广泛的范围扩展和延伸。关帝不再仅仅是最初的佛教护法神(伽蓝)、道教驱邪神（战蚩尤），而逐渐走下宗教神坛，进入到社会的方方面面，其神力也在不断地增强，具有御敌寇、诛叛逆、司命禄、佑科举、治病魔、驱邪恶、祛灾害、招财宝等无边法力。关帝的法力几乎无所不及，涉及社会上下，五行八作，各个层面，诸多领域。作为一位男性大神，若赋予送子护幼功能似乎有些不妥，即使是这点缺憾，人们也设法加以弥补，把这项工作给了关夫人，于是，关帝的神奇功力有了关夫人的"辅佐"而更加完美。[1]

中国的民间信仰往往带有明显的实用和功利倾向，人们拜神并不过多地探究教义、教理方面的内涵，更多的考虑是通过拜神帮助自己解决问题，拜神成为许多人为解决生活中的问题而进行的选择。因此，民间流行有"临时抱佛脚"、"无事不登三宝殿"的说法。拜神是为了取我所需，为我所用。宗教信仰本身就是为了满足人们的精神需求，而关帝法力的多元化正是广大民众所渴望的，他无边的法力得到民众最广泛的认可，这也是关公崇拜绵延不断、长盛不衰的重要原因。人们在拜祭关羽并向其作祈

---

[1] 在民间传说故事中，也附会了关公送子的功能，当然这一功能在关公的神格中是十分次要的了。送子的功能主要由关夫人来承担。

关羽擒将图。画面人物形象极为生动传神，气氛悲壮。工笔重彩，线条刚劲有力，色彩鲜明，对比
强烈。有学者认为此图表现的就是关羽水淹七军、生擒庞德的历史故事。但也有不同看法，待考。
（明代商喜绘）

祷时，所表达的要求和心中的夙愿各有不同：农民祈求风调雨顺，商贾祈求财运亨通，疾病缠身者祈求药到病除，身遭厄运者祈求驱邪得福，各行各业祈求从业兴旺，衙署官员祈求升迁发达，将士武夫祈求旗开得胜，帝王将相祈求江山永固。乃至社会的黑道帮会也供起了关公，这些帮会组织十分敬重关公的品格，他们以关公的忠义作为团结内部的纽带，达到增加帮会凝聚力的目的，弘扬他们的所谓"义气"。

历经1700余年，时光荏苒，改朝换代，关公的法力不断得到人们的开发与完善，系多种功能于一身，大大超过其他诸神，最终被人们塑造成至神至圣、万世人极、面面俱到的全能保护神。人们无论遇到何种困难，需要得到何种帮助，只要拜一拜关公，盼望都能得到解决，这是何等的便捷，何等的高效，关羽也因此得到人们最广泛的崇拜。

关羽神迹种种

降妖平寇

关羽生前南征北战，戎马一

关帝财神。此年画又称"上关下财"，上半部分画关帝，下半部分为文财神。（清代年画）

关帝爷公求财金(台湾祭品)

生，其主要功绩就是帮助刘备打江山，以忠勇著称于世，因此人们把他作为战无不胜的军神加以崇奉。历史上关羽曾一马单刀直入数万敌军阵营之中，劈死敌方大将颜良，并斩下首级，又毫发无损地从敌军的阵营中安全返回，这充分体现出关羽神勇的大将风度。关羽的神勇无人可及，故兵家对其十分推崇。统帅领兵治军，将校率兵打仗，凡争战之事，都希望全军将士武艺高强，英勇顽强，关羽便被树为榜样而尊为军神。

宋、元、明、清各代，都流传着不少关公帮助官军打胜仗的故事。据说，北宋元丰三年(1080年)，与中国广西毗邻的交趾(古代对越南的称谓)入侵中国领土。朝廷得到信报后，便派部队从山西出发前去抵御。时值夏季，天气炎热，瘟病流行，30万敌军近乎死亡一半。但北宋南下大军却未染疾病，经过与敌军的一场激战，大获全胜，凯旋而归。据说，战前全军将士曾在关庙前祷告，并许愿说如能打败敌军，凯旋后就会在山西老家建一座关庙，以谢神威。事后，人们便认为这场战争的胜利是得到了关羽的护佑。

明朝嘉靖、万历年间，倭寇屡屡侵犯沿海城市，常熟军民为抵御入侵，加强城防工事，备战不怠。

这里的军民与入侵的倭寇发生过数次激烈的战斗，用自己的血肉之躯保卫了自己的家园。相传，有一次倭寇趁黑夜向常熟发起进攻，当时狂风大作，暴雨倾盆，敌军人多势众，来势汹汹。一番激战，敌众我寡的局面始终没能逆转。危急之中，忽见无数兵士犹如天兵而降，为首一位赤面大将，挥舞大刀，貌似关公。军民见关公显灵相助，顿时勇气倍增，同仇敌忾，向倭寇冲杀过去。

巡坛关公。巡坛关公犹如巡按监察，专门肃清天下一切不法之徒。（河北武强年画）

霎时，战局发生大逆转，守城军民反败为胜，击溃了倭寇的入侵。这个传说流传开来，当地百姓对关公信仰更加虔诚。明万历二十二年（1594年）知县张集义重新修筑城墙，并在每个城门的瓮城内修建关帝庙。百姓认为关公坐镇城门要隘之地，增强了安全感，可保天下太平。

在少数民族中也有"关帝显圣"的故事流传。锡伯族中有个著名的浑巴什尔河战役，传说500名锡伯族将士在与近万名张格尔叛匪激战的紧要关头，突见狂风四起，关羽从天而降，与将士一起冲锋杀敌，扭转了战局并歼匪1000余人，成为清王朝平定张格尔叛乱的转折点。锡伯营官兵1500人捐资铸钟一口置于靖远寺内，钟扣上铸有关羽头像，钟身刻有"忠义神武仁勇"的铭文，以示边防将士对国家的忠诚和对关羽的敬仰，关羽在锡伯将士心中成为一种战胜敌人的精神力量，关羽信仰跨越了民族界限，在少数民族中也占有一席之地。

官家军队崇尚关羽，草莽英雄亦如是。元末以刘福通为首的红巾农民起义军和明末高迎祥、李自成、张献忠为领袖的农民起义军，直到太平天国洪秀全领导的农民起义军，都十分崇拜关羽。当时在太平天国起义军中流传一本名为《天情道理书》的小册子，书中载有东王杨秀清歌颂起义军的诗歌数十首，其中有10多首是以关公等蜀汉勇将来比拟天国的英雄，如"古称关(羽)赵(云)最英雄，天国英雄志亦同"，"扫清世间妖百万，英雄胜比汉关(羽)张(飞)"等。他们抬出关羽的目的无非是想借助关羽在民间的巨大影响，增强自己队伍的凝聚力和战斗力，同时从心理上强化成就大业的自信心。

关羽像(明刻本《三教源流搜神大全》)

关公曾被封为"三界伏魔大帝"，在军事上可以帮助军队打胜仗，而在民间还具有降妖驱寇的功能。相传北宋年间，在昆仑关驻扎着朝廷官兵。从昆仑关往北至山心坳，有一段峡谷，谷内长满奇花异草，时有大蟒出没，凡经过此处的商贾、路人就是走出了古道，也会染上莫名的疾病，头疼抽搐，痛苦而亡。守关官兵也是胆战心惊。

是年农历五月十三，关前走来一位身长九尺、美髯如虬、面似重枣的货郎。货郎自称蜀中阆州人士，打铁磨刀为业，如今取道昆仑，欲往岭南谋生。官兵好言相劝，叫货郎千万不要走古道。货郎听罢哈哈大笑，便提利刃走出关门，沿古道大踏步前行。行至峡谷前，他掏出一块磨刀石，口中念念有词磨起刀来。刚才还是艳阳高照，转眼乌云蔽日，滚雷惊天。只见货郎手中的利刃倏地变作一把大刀，刀锋过处，虎虎生风，峡谷内一片霹雳声响。不久，一切风平浪静，但见货郎肩驮一条粗如水缸的大蟒，稳步走来。官兵见了都惊骇不已。

关羽像（明代刻石）

　　"这祸害常在峡谷中出没，喷出毒气致人性命，今可休矣！"货郎道。人们纷纷道谢，货郎竟驾雾而去，倏忽不见。刚才给货郎加盖关防大印的小校忽然若有所悟："莫非是关公下凡？英雄曾说自己是阆州人士，阆州乃当年刘备为关公招魂之地。看那容貌，分明是史书中描述的横刀立马的关云长啊！"众人忙跪地长拜，齐呼"关公显灵"，从此昆仑关再无山中毒兽害人，商贾往来通畅无阻。

另外，在山西省介休市城南大约10公里的张壁古堡也流传着一段关羽显灵驱逐贼寇的故事。

明朝末年，社会动荡，盗匪猖獗。为防不测，一到黄昏，古堡大门立即落锁，路无行人。但每到半夜，百姓就会听到外边有喊杀之声，但只听声音不见人，贼寇一次也没进入堡内，人们觉得非常蹊跷，却不知是什么原因。时间一长，村里有胆大的想探个究竟，于是再听到喊杀声时，就爬到堡墙暗处观看，只见成群结队的贼寇向古堡攻来，突然堡下出现一个红脸大汉，骑一匹大红马，手握一把大刀，冲向来敌，吓得贼寇连滚带爬、哭爹喊娘地向后溃败，四下逃窜。这时红脸大汉也不追赶，一勒马缰，缓缓地调转马头，来到堡外的南门口跳下马来，将大刀竖在地上，威风凛凛地把守着堡门。第二天一大早，这件奇事不胫而走，很快就传遍了全堡。村里几个年长的人一合计，认定这是关老爷显灵，于是，人们在大汉站过的地方，修建了一座关帝庙。至今关庙犹在，而且张壁古堡内还保存着一块大清康熙五十年（1711年）立的大石碑，上面详细地记载了关公显灵这件事。

除灾救人

关羽成神后，有关他"除灾救人"的功德在民间多有传颂。

据《解梁关帝志》卷一"救水厄"篇记载：

隆庆间，广平府淫雨浃旬，山水暴涨，浸入东门，城中男女嗷号，震动天地。倾见城上云雾中，关圣一脚踢倒城门楼，橹门以填实，略无罅隙，用是雍住水头，城得不没。

山洪暴发，城池面临水淹威胁，关公大显神威，用其神力踢倒城门楼，堵住了城门，才将大水拦于城外，全城因此免除了被洪水淹没的厄运。

另有传说：从前南海出现了一个蛇怪，是龙王的三太子，能呼风唤雨，贻害天下。时值仲夏，天气连续干旱，多日滴雨未下，造成田地干裂，庄稼几乎枯死。这一日，玉帝派关公去找三太子蛇怪，命其降雨解灾。蛇怪听罢不但不从命，反而辱骂关公多管闲事。关公大怒："想当年过五关斩六将不费吹灰之力，现在再斩你一区区小蛇，又有何难？只是我的宝刀已久不吃肉而生锈了，待我把宝刀磨了再来取你妖头！"于是把重达百斤的青龙偃月大刀，放在洞口的大石头上"咔嚓咔嚓"地磨起来。蛇怪听到"嚓嚓"的磨刀声，不禁心惊肉跳，自知不是关公的对手，只好服服帖帖地归降于关公门下。从此天下风调雨顺，五谷丰登，百姓安居乐业。

关老爷像。民间传说关公前身为山中老龙，可降雨或止雨。（清代木版画）

科场默佑

在中国封建社会里，科举对儒生来说是一道进入仕途必须跨越的门槛，从最初的地方院试、乡试，再到中央的会试，直到最高级别的殿试。每一次考试就是一层台阶，随着台阶的升高，也就意味着距离自己梦寐以求的理想愈来愈近了。明清时期，中国的科举制度达到顶峰，学子竞争日趋激烈，关公显圣庇佑科考的传说也就应运而生。于是，出现了许多关公显灵的神奇故事，诸如：托梦指示闱题、预示科第名次、签告高中时间及榜放官职等，凡此种种，传得沸沸扬扬，神乎其神，为学子津津乐道，信服不已。

《关圣帝君圣迹图志》中记载了这样一个故事：明世宗嘉靖年间，临江县有一座寺庙，其中供奉有关羽塑像。明朝太史张春在未及第前，曾在寺内读书。他每次从关羽像前经过时，必恭恭敬敬地低头行礼致敬，每逢初一、十五还要焚香祷告。

一日，忽见一群蜜蜂在关羽塑像的耳朵内结巢，张春见了，忙上前将其剔去。当夜，张春做了一个梦，梦见关羽来到他的书房，张春忙屈膝拜迎。关羽说道："承蒙你帮我疗耳，未有报答，你读《春秋》，可明白其中的深奥？"于是，为张春讲解《春秋》。关羽的高论，精辟而独到，张春是闻所未闻，钦佩不已。从此，张春经常在夜里梦见关羽为其讲解学问，久而久之，受益匪浅。

一日，张春与众多好友聚在一起，谈古论今，兴头上按照平日关羽所教结构成文，众人阅览后无不赞叹，不免发问："你的文章如此精妙，想必是从什么秘本而来，还不拿出来与我们见识见识？"张春连连摇头："哪里有什么秘本，其实这都是关帝教给我的。"众人听罢，挤眉弄眼地都不相信，有人甚至还发出讥笑之声，大家只当他是梦呓而已。不想在当年的科考中，张春获得高第。在其赶赴秋考前夕，又梦见关羽对他说："我将帮你考过三场。"首场考试中张春按命题作文，只觉得笔下如有神助一般，一气呵成，畅快淋漓。二、三场考试中，遇有典故不解，稍加思索答案便源源而来。后来张春的答卷落在了广东考官霍渭崖的手里，由他过目。霍苦心研读《春秋》多年，颇有见地，堪称《春秋》权威，自认为对《春秋》的研究无人与之相比，很是自负。但他阅览了张春答卷，不禁拍案叫绝，张春的高论出类拔萃，就使得这位颇为自负的考官大人心中也不免有几分赞赏之意，于是他竭

关云长挂印封金。关羽得知刘备下落后，将曹操所赠之银全部封置于库中，又将所授"汉寿亭侯"印，悬于堂上，将宅中所有原赐之物，尽皆留下，丝毫也不带走，保护着二位嫂子，寻找刘备去了。显示了关羽重义轻利的磊落人格。（明刻本《三国志传图像》）

力举荐此答卷，张春遂中。后来在会试中，张春也像乡试中一样得到了关帝的照应，顺利通过，后又经过殿试最终被选入翰林。此事传开，人人称奇，都认为这是张春虔诚敬奉关羽所得的回报，是关老爷护佑的结果。

另外，在明朝还流传着一个名叫沈坤的人参加科考的传奇经历。

沈坤，直隶大河卫（今江苏淮安）人，祖籍昆山（今属江苏）。据说，沈坤少时曾与吴承恩一起就读于县学。嘉靖十年（1531年）参加乡试与李春芳（明嘉靖二十六年丁未科状元）同榜。

沈坤的家庭十分崇信关帝，受父母影响，沈坤对关帝也非常虔诚。据说沈坤赴京会试前夕曾在家烧香叩头，祈请关帝赐告考试题目。他的这一举动碰巧被他的一个来访的朋友窥见，听到沈坤在那里苦苦哀求关帝，觉得十分可笑，便想借机捉弄沈坤，随即胡乱草拟了七个题目。沈坤祷告完毕，出来接待朋友，二人天南地北地闲聊起来。来人趁沈坤不注意，找机会将题目放置在关帝像前的香案下。次日沈坤又来焚香，一眼看见，如获至宝，以为关老爷真的显灵了，随即依题拟稿，背得烂熟。到了考场，考官出的题目竟然与此巧合。沈坤根据题目将早就准备好的文章一挥而就，真是得心应手，不费吹灰之力。捉弄他的那位朋友也与他一同参加了此科考试，当初此人把捉弄沈坤的七个题目只当是儿戏，根本没往心里去，更谈不上为此做什么准备。结果为别人做了嫁衣裳，沈坤会试中试，自己却名落孙山。殿试以"郊庙之制"为题，沈坤才思敏捷，妙笔生花，博得嘉靖皇帝的欢心，中了状元，时为嘉靖二十年（1541年），沈坤年34岁。

沈坤高中状元后，始授官翰林院修撰，升右春坊右谕德，嘉靖三十三年(1554年)以右庶子兼署翰林院事，嘉靖三十五年(1556年)升任南京国子监祭酒。当年秋奉母灵柩回乡安葬。家乡屡受倭寇进犯，沈坤捐弃家财，与吴承恩一起招募并训练乡兵，保卫家乡，人称"状元兵"。

上面提到的两人都是真实人物，而且后来也颇有些名气。他们现身说法，称自己科考得到了关公的护佑，他们的言论在社会上产生了很大影响。莘莘学子为求取功名，也纷纷加入到关公信仰的队伍之中。

为了使关公的形象更具儒家风度，许多关帝庙中都建有春秋楼，春秋楼中有关羽读《春秋》塑像。关羽在后世人眼里已不再是一介武夫，而是熟读《春秋》的一位儒将，考生们更是将他视为《春秋》大家，尊为关夫子，企盼他护佑自己的仕途前程。

助人财运

在我国台湾、香港、澳门以及东南亚国家华人、华侨集中经商的地方，几乎各大公司、各家商号、众多店铺都供奉关公神像。在中国内地这种现象也十分普遍，商界几乎无不崇奉关公，奉其为招财进宝、佑护生意的财神。

关公本人生前没有参与过任何的经济活动，也没有发过什么大财，就连身在曹营时曹操送给他的财物，在其离开时也是封金挂印悉数归还，不贪半文。但后来人们却将他视为财神加以供奉，这是为何呢？

人所共知，明清时期中国的商业有了很大发展，全国各地纷纷涌现出一批富商，其中晋商异军突起，以富甲天下而独占鳌头。这些关公的山西老乡们，长期以来受关公文化的熏陶，对关公的"义"感受深切。他们把关公作为在外谋生的保护神，在他们遍布全国的山陕会馆或山西会馆里都建有关帝庙(殿)，希望关公这位同乡能够保佑他们平平安安、生意兴隆。这些商人游走天下，闯荡江湖，奔波劳顿，难免遇到钱财及健康等方面的困难，为解一时之需，特别需要彼此照应，相互提携。于是，聚于一地的同籍客商多以成立"商会"和建立"会馆"的方式相互联络，为其自身利益服务。会馆成了商人们排忧解难、扶危济困的主要公共场所。

这些商人对关公与刘备、张飞桃园结义的精神十分钦佩，并以此为榜样加以模仿，在晋商中大力提倡，将关公的忠诚和义气奉为经商的准则。民间有"富不过三代"的说法，事实也证明许多地方的富商确实曾经腰缠万贯，但很快就昙花一现，败落下来。然而晋商这个群体却不然，他们不仅做强、做大了，而且做得很长远，有的甚至世代相传，达数百年之久。其成功的重要原因之一，就在于他们从关公身上汲取了儒家的道德思想，并付诸行动，持之以恒。商业上的成功，使得人们更加相信，关公是一位"以义取利"的财神，只要在商业活动中处处讲义、讲诚信，遵守商业道德，对商户进行公平交易，对客户童叟无欺，就能够保佑财源广进、生意必隆。于是，奉关公为财神的习俗，在各地的商人中广泛流行开来。关公由此又增加了一项新的功能——助人财运。深入地讲，关公的财神形象是对社会道德资源的一种深度开发，由此衍生出了商业道德，在这个层面上，关公也可以说是中国传统商业的"道德神"。

关公在其神职的发展过程中，扮演过许多的角色，诸如战神、驱妖、辟邪、降雨、救灾……但随着岁月的流逝，其中许多功能似乎已经丧失，人们谈起这些时犹如在翻阅历史，唯独关公助人财运的功能流传至今，且大有长盛不衰之势。这也许是因为关公这一功能与当今社会的经济发展达到了很好的契合，是人们追求经济利益最大化的心理反映。总之，关公作为武财神的地位如今已经非常巩固了。在经济大潮涌动的今天，财神关公所代表的诚信精神、公平精神仍具有很大的现实意义。关羽不为金银财宝所动，与贪利忘义之徒形成鲜明对照。作为商人，决不能干背信弃义之事，决不能图一时之利而忘大义。否则，生意不会兴隆，事业不会发达。

求子得子

关公可谓是一位全能保护神。其法力几乎无所不及，涉及社会上下，五行八作，各个层面，诸多领域。

在民间，生子多子，延续家庭香火，是人生一件大事。于是，求子习俗历千年而不衰，至今仍有影响。本来，求子功能主要是由关公的夫人来承担的。但百姓们认为关圣人神威浩大，无所不能，便附会关公也具有送子的功能。这方面传说也有不少。据清乾隆年间所刊《觉世格言》载：

河北涿州有个王开祚，家里很有钱，只是60岁了还没有一个子女。村

麒麟送子（年画）

里有座关帝庙，每逢初一、十五王开祚都要到庙里烧香献供品，求关老爷赐子。庙祝对他说："凡人绝嗣，决非无因，你要从今修行多做善事，以此来告知关帝就一定会有效。"

王开祚认为有道理，心想关帝以忠义成神，忠义不易做到，但好事可以做。此后，但凡亲友中有人遇到困难事、危险事，他都仗义疏财，慷慨相助。他把自己做的善事，一件件登记在册，每逢初一、十五和供品一起供于关公像前。

一年后，王开祚果然得了个儿子。他也享寿78岁。

第五章
关公崇拜

　　儒称圣，释称佛，道称天尊，三教尽皈依，式詹庙貌长新，无人不肃然起敬；

　　汉封侯，宋封王，明封大帝，历朝加尊号，翘是神功卓著，真所谓荡乎难名。

关财神、文财神（年画）

　　上联说关羽尽得道、释、儒三教尊崇，下联表关羽历代加封的殊荣。这副清代关庙的对联，颇能概括关羽在中国传统社会中的历史文化地位和巨大影响。千百年来，人们始终没有停止过对关公的崇拜，目前在全世界有100多个国家和地区都建有关帝庙。

帝王官方崇拜

掌握着国家权力的封建帝王为了长期维护他们的统治，在利用各种权力发号施令的同时，也极力想从精神层面控制他的臣民，而为全民上下树立一个楷模，并赋予其统治者所倡导的道德品质，以此作为约束子民思想和行为的手段，是最实用也是最有效的。

由于关羽在社会各个阶层都深受爱戴，又在佛教和道教里占有显赫地位，更因为他是传播儒家仁、义、礼、智、信的最佳榜样，于是自北宋徽宗宣和年间，关羽被正式纳入官方祭祀。在此之前，真宗大中祥符年间虽有"关公解池斩妖"的神话传说，史籍里也有真宗皇帝派官到当阳玉泉寺祭祀关羽的记载，但没有形成定制，祭祀也不规范。《宋史·志五十八·礼八》记载：宣和五年(1123年)关羽被加封为"义勇武安王"后，"从祀于'武成王庙'"，这是目前见到的正史记载祭祀关羽的最早资料。"武成王"是唐肃宗李亨于上元年间(760～761年)给西周时期姜太公加的封号。此时关羽只是作为配角从祀于这位大名鼎鼎的军神。明朝，永乐帝迁都北京后，"(关)庙祭于京师"。[①] 成化十三年(1477年)，正式决定把地安门西关帝庙作为太常寺[②]官祭场所，除每年定期拜祭外，"又定国有大灾则祭告"。[③] 万历二十二年(1594年)，对关羽的晋封由王提高到帝，称"协

---

① 《明史》卷50《礼志》四。　②古时，专门负责祭祀、礼乐的政府部门。　③明·沈榜《宛署杂记》卷18"恩泽"、"祀祭"。

福字关公（清代扬州年画）

天护国忠义大帝"。关羽的地位发生了根本性变化，由从祀的"胁侍"，一跃而升级为专祀的"主神"。祀典也日益隆重。

据《关帝志·祀典》称："明嘉靖年间（1522～1566年），定京师祀典，每岁五月十三日遇关帝生辰，用牛一、羊一、猪一、果品五、帛一，遣太常官行礼。四孟及岁暮，遣官祭，国有大事则告。凡祭，先期题请遣官行礼。"

另据《明史·志二十六·礼四》记载："以四孟岁暮，应天府官祭，五月十三日，环路南京太常寺祭。"

由此可知，明代的京师北京和应天府南京每年的四季之初、岁暮除夕和五月十三日(民间传说关羽诞日)，皇帝都要派遣专司礼仪的太常寺官员前往关庙祭祀关帝，拜祭的礼品亦有严格定数，不得违犯规制。凡国有大事和朝廷有重要活动，都要派官员到关庙向关帝报告。

解州关庙的祭祀由州守主持，以每年的农历四月八日、九月十三日为祀期。

到了清朝，历任皇帝对关羽更是推崇备至，崇奉有加，屡次加封。光绪五年(1879年)最后一次加封时，关羽的封号已达26字之多，竭尽溢美之辞，曰"忠义神武灵佑仁勇威显护国保民精诚绥靖翊赞宣德关圣大帝"。同时，朝廷对关帝的祀典更加重视，祭祀关帝的规模进一步扩大，规格也日益升高。《清史稿》云："国之大事，在祀与戎。"这是统治者维护其江山稳固的政治信条。"祀与戎"即文治武功，这两件大事在统治者看来是头等重要。清世宗雍正三年（1725年）京师增加春秋二祭，变原来的一年一大祭为三大祭。翌年，由太常寺奏定，朝廷颁布祀仪如"中祀"制，五月十三日祭祀用牛、羊、猪各一头，果五盘、帛一匹；春秋二季的祀礼同文庙（即孔庙）一样，牛、羊、猪各一头，豆类十种，帛一匹。乾隆九年（1744年）正月，乾隆皇帝亲自主持拟定了解州关帝庙正殿和崇宁殿的祝文。

三年之后的1747年，乾隆皇帝敕撰了《满洲祭神祭天典礼》，对清朝的祭祀礼制进行了系统规定。清朝统治者集历代祀典之大成，对关公祭祀的等级、祭器、祭品、祭期、斋戒、祝版、习仪、祭文、乐章等，都做了细致严格的规定。这些规定，充分体现了封建专制制

关公家庙中关帝像

度等级的森严，同时更说明了清王朝统治者对祭祀关公这位护国之神的极度重视。

自此，祭拜关帝的祀典达到极致。文宗咸丰三年(1853年)将关帝正式列为"中祀"，

关帝出巡（梁希毅摄）

遇大庆典，都要遣官致祭。届时要"行礼三跪九叩，乐六奏，舞八佾，如帝王庙仪"。清朝在建国之初就明确规定，祭祀分为三等：圆丘、方泽、祈谷、太庙、社稷为大祀；天神、地祇、太岁、朝日、夕月、历代帝王、先师、先农为中祀；先医等庙，贤良、昭忠等祠为群祀。关公原本只属于群祀级别，到后来升格为中祀级别，显见朝廷对关公的重视。

朝廷一方面大张旗鼓地开展对关羽的官祀活动，一方面在百姓中间大力地宣扬和推崇关公信仰。甚至以皇帝的名义颁发诏书，正式将关羽列为与孔夫子同等地位的"武圣人"，把他封为"弘德毅勇刚烈神武关圣帝君"。乾隆朝还颁布明令：凡赴武举科考的考生，入考场之前一律先拜谒关帝庙，并且要作一篇有关关羽的"策论"。

在长达千余年的漫漫历史长河中，风云变幻，朝代更迭，封建王朝屡屡更名易姓，尽管各朝各代的政治观念不尽相同，但他们对关公的崇拜却一脉相承，始终如一，延续下来，并不断地对关公加封晋爵，且愈演愈

福建东山关帝庙（始建于明代）

深圳新安关帝庙

烈，这在历史上是绝无仅有的现象，它对整个封建社会的影响，巨大而深远。封建帝王对关公的封谥，对关公崇拜的支持与倡导，极大地强化了全社会对关公的崇拜，有力地促进了关公文化的形成与发展。

帝王们在封谥的同时，还采取强化措施，广建关公庙宇，覆盖了中国大地。史载，明太祖朱元璋曾下令在京城为关公建庙，成为京师十四庙之一，官府年年祭祀。在统治者的倡导下，全国各地关庙越建越多。当时福州人谢肇淛曾感叹："今天下神祠香火之盛，莫过于关壮缪。"

在清朝的数百年间，官方和民间几乎就没有停止过修建"关帝庙"的活动。清朝雍正皇帝敕命天下直、省、郡、邑都要设立关帝庙，塑像崇祀，以后遍及县以下的村落镇堡中，这在明清以来封建君王敕封的诸神当中十分罕见。

庙宇本身就带有传播宗教信仰的属性。一座庙宇就是一个信仰圈，吸引着方圆几十里、数百里的民众，少则数万，多则数十万，全国难以计数的关帝庙构成了一个庞大的关帝信仰网。这对于关帝信仰的传播与弘扬，无疑起到了相当大的作用。

关公像（深圳新安关帝庙）

民间行业神崇拜

古代官方大祭仪式

　　旧时，许多行业都有自己的保护神。所谓"保护"，无非是"祈福免灾"。希望工作顺利，事业发达，创造财富，生活幸福，这是从事各种行业人员共同的美好愿望。为此，人们往往寄希望于神灵的庇佑。加之我国有尊师敬祖的传统，讲求数典而不忘祖，崇德而报本，于是各行各业纷纷寻根问祖，请出了自己的祖师爷，并奉为神灵加以供奉。而那些在该行业作出过卓越贡献者，自然而然地被神化，奉为行业神。诸如教育业的孔子，造纸业的蔡伦，棉纺业的黄道婆，建筑业的鲁班，茶业的陆羽，医药业的华佗、孙思邈和张仲景等。但更多的行业却找不到本行的人物来做祖师爷，于是人们发挥了造神的才能，创造出一个个人们需要的神来，如农业神神农氏、蚕神马头娘、造字神仓颉、船神孟公孟姥等。或者把与本行关系不太大但名气很大的人物拉来当祖师爷，不仅如此，还要编出许多生动的故事来使人深信不疑。关公作为行业神，远远超过其他行业神，他是众多行业的保护神，数量之多，无可比拟。

求子得子

　　如果说军界、武师奉关公为行业保护神，还能让人理解，而更多的行业却与关公根本不搭界。有资料表明：早在明代就有盐业、描金业、香烛业、烟草业、绸缎业、命相业、皮革业、教书匠、木作、漆作、洋布业、面业、豆腐业、水炉业、监狱、木商、纸业、米业、银钱业、洋货业、酱园业、皮箱业、成衣业、厨业、糕点业、肉铺业、干果业、理发业、典当业、骡马业、粪业等30多种行业尊关公为其祖师和行业保护神。

清朝时，更多的行业也拜在关公门下奉之为自己的祖师爷和保护神，而且还牵强附会了许多理由，诸如：豆腐业（相传关羽年轻时曾以贩卖豆腐为生）、铁匠（相传关羽早年以打铁为业），香烛灯笼业（因为关羽曾秉烛达旦读《春秋》），还有理发业、屠宰业、刀剪铺（因为他们的工具都是刀，而关羽的兵器就是青龙偃月大刀）……理由千奇百怪，唯一相同的是他们都确信关羽能给他们带来财富。

众所周知，仅就关羽的经历而言，他出身贫苦，一生中没有任何从商的经历，

关帝财神（年画）

后来也只是驰骋疆场，南征北战，与商业可说是风马牛不相及。那么关公何以成为广大业界人士公认的保护神和财神呢？

这还得从关公的山西老乡说起。前面"助人财运"一节谈到，旧时晋商的生意做得很红火，生意做到哪里，就在哪里建会馆，因此在全国的许多地方都建有山陕会馆或山西会馆，事实上这是他们在外经商的办事处，

关公。关公又被奉为镇仓神，此图在清代贴于商店和库房中。
（清代木版画）

而每个会馆里面必不可少地建有关庙或关帝殿。他们是把关公这位家乡的大英雄作为保护神供奉在那里，一方面能够满足保佑平安的愿望，一方面也以此来增强行业的凝聚力。商人供奉关公还有一个原因，那就是倡导诚信守义的职业道德。据说，乾隆时期有些商人把共同制定的行规铭刻在石碑上，其中对于欺骗顾客行为的处罚就是"罚戏"。所谓"罚戏"，就是被判定有欺诈行为的商人要出钱请戏班来演出，作为谢罪，并以此教育大家要诚信为本。关庙对面就是戏台，每逢大戏开场，大批的看客就会蜂拥而至，会馆顿时就成了一个大集市。晋商的足迹遍布全国，所到之处至少都有一所会馆、一座关庙、一个戏台，他们以这种形式将"义中取利"的经商理念传播开来。事业上的成功，使各地商人相信，关公是一位能够保护行业发展和保佑财源广进的财富之神，于是纷纷效仿，供起了关公。这种社会效应是渐进的，是潜移默化的，也是巨大的。

随着历史的发展，关公身上的道德标签不断地增加，人们赋予他"义薄云天"、"义利分明"、"义不苟取"、"仗义疏财"、"仗义执言"、"信义昭著"、"疾恶如仇"诸多传统美德；而其所具有的"神鉴洞明"、"报应不爽"的神灵效应，更为人们深信不疑。所以自明清以来，市井百业争相供奉关公为本行的开山祖师和保护神。在人们日常的商业交往中，都希望以诚信为本，建立一个良好的经济秩序。因此，打造一个以诚信为宗旨的行规和良好的商业道德成了商界追求的目标。而关公自身所具有的忠义精神，恰恰符合商界的需要。就中国的传统道德而言，忠和信是息息相关、密不可分的。关羽最初的忠义表现在对主人刘备和对手曹操身上，用这种忠义精神来处理社会上各种人际关系是一种十分理想的方式。而行业之间和行业内部的交往也可以通过忠义这种原则来处理，因此，关羽的形象就转变为一种行业的道德形象，最后变成能带来财运的象征。人们普遍认为，只有在经济交往中恪守诚信精神，才能真正获得财富。而那些投机取巧之徒，即使一时得利，也不会长久，最终只能是一败涂地。关公成为行业保护神，实际上是体现了新兴的工商界中有识之士的一种追求，他们从关公身上汲取了

武财神关公、文财神（青岛天后宫财神殿）

"信"和"义"的道德原则，提出了"以信为本"和"以义制利"的带有浓重中国传统道德色彩的经营理念，遏制了利欲对道德的吞噬，主张经营要讲信誉，买卖要讲公平，不搞歪门邪道，强调"从义生利"，以义致富。

香港的关公崇拜

关帝信仰在香港地区的影响十分特别，我们在一些影视作品中经常可以看到这样一些镜头：黑社会出去"打杀"之前，都要拜关公，而警察出去抓捕黑社会分子，也先要在关公像前拈香祈祷。事实上，香港的黑社会组织是由早年的洪门演变而来，那时他们就供奉关帝。今天虽然已经分裂为多个独立社团，冲突也时有发生，但关帝信仰仍然流行于各社团，以关帝作为象征所建立起来的黑社会行规，仍然是帮会解决冲突的有效机制。

那么香港警察为何对关公情有独钟呢？首先，香港社会长期以来存在不公和不安的因素，警察的神圣职责就是要伸张社会正义，而一身正气的关公象征着扶正除邪，是警署同僚们学习的最好榜样。另外，警署内部需要精诚团结，以利工作，而关公身上所具备的忠义精神正好可以用来激励警察恪尽职守，尽职尽责。

但随着社会的进步，香港警察拜关公的传统也遭到了挑战。有报道说，香港新警政大楼落成，很多部门陆续迁入，本来是件值得高兴的大喜事，可是香港很多警员心里却怅然若失。原来，在这座以当代高科技设计

维多利亚湾（陈碧信摄）

为特色的新办公大楼里，任何一层都不再有他们所熟悉的关公的身影。另有报道说，为尊重一些警员拜关公的传统习惯，香港警察公共关系科将关帝像"请"进了湾仔的一座庙宇，让诚心信奉的警员继续到那里参拜。警队新一代的领导层已表示不再主张警员拜关帝，但也不反对，而有些警区正考虑"请走"关帝。但一些资深的警务人员认为，拜关帝不仅是一种传统，更演变成一种心理上的慰藉以及上司与下属之间沟通的桥梁。

其实关公在香港警察心中的威望不是在短期内形成的，关公作为治安保护神可以追溯到北宋时期。那时，社会上一些衙门的衙役就开始拜关公。这种信仰的形成很可能与关公的身份有关。据说关公当过别部司马，是负责地方治安的小官，相当于捕头，加之关公的忠义精神和传奇经历使他到了北宋时逐渐演变成为治安保护神。

　　《北京晚报》2000年10月13日刊登了一则消息，标题为"香港警署集体拜关帝"。其内容称：香港尖沙咀警署近月来接连发生警长撞车死亡，一名女警自杀，以及一名警员的12岁独生子坠楼身死等不幸事故，导致该警署人员上下心绪不宁。新任的外籍指挥警官为求下属心安，特准许举行全体人员"拜关帝仪式，以驱除邪气"。

　　看来，香港警方崇拜关公的传统还要继续下去。

日本的关公崇拜

　　日本与中国一衣带水，友好交往源远流长。司马迁的《史记》就记载了秦始皇派遣徐福东渡日本的传说。至今日本把当年徐福登陆地的村庄，命名为"徐福村"。明朝中叶前后，有不少的闽粤人士前往南洋、琉球（今日本冲绳）、日本等地经商、开垦落户。随着中日两国间的贸易往来和宗教文化交流的频繁，大量的中国商人和僧人往返于中国大陆和日本群岛之间。其时，日本政府实行锁国政策，长崎是唯一对外开放的港口，为当时宗教和医学、天文、地理、数学、物理、化学等近代科学传入日本的主要门户。因此，伴随着长崎中日贸易的发展和移民的东渡迁徙，关帝信仰迅速传入长崎，并以此为始向各地传播开来。

　　当年，琉球国人程顺则在他所作《琉球国创建关帝庙记》中在大发感慨："祝帝之意果何为也者，不知帝之正气可以塞天地，帝之大义可以贯古今，能使后之为臣子者靡不知有君父焉。"[①]

随着关帝信仰的传播，关帝庙也如雨后春笋般在各地建立起来。日本列岛兴建关帝庙，已有120多年历史。目前，日本的神户、横滨、长崎、函馆等地都建有富丽堂皇的关帝庙。这些关庙大多由旅居日本的华人倡导和集资建成，它们成为华人在海外生活的一种精神寄托，是华人在异国他乡开创事业的精神支柱。正如横滨关帝庙建设委员会撰文所述："关帝庙，已成为联结华侨、华人和祖先儒释道众神的场所，成为联结中国传统文化和故乡的场所，成为许多人心心相印的地方。"

东南亚、欧美的关公崇拜

中国的关羽崇拜，对周边国家有着强烈的影响。最初，这种民间信仰传到朝鲜、日本、越南、马来西亚等东北亚、东南亚国家。后来随着旅居海外的华人华侨闯荡世界，关公信仰也随之遍布全球。据不完全统计，今天在美国、日本、新加坡、马来西亚、泰

关羽铜像
（草千里《中国古代佛像》）

①周煌《琉球国志》卷15《艺文》。

国、缅甸、印度尼西亚、澳大利亚等40多个国家的华人聚居区，共建有关帝庙4万余座，数目之大，令人惊叹。

南亚的马来西亚、印度尼西亚、菲律宾等国家对关公极为崇拜。仅马来西亚就有关帝庙数百座。据说，泰国法庭在开庭之前，全体法官须向关公宣誓，表示衷心，然后才能开始法律程序。1999年，马达加斯加印发了大量关公画像的邮票。2000年，印度还兴建了大型的关公公园。

在欧美国家一些华人聚居的主要区域多建有关帝庙，这些庙宇为当地华人集资共建。地处太平洋东岸的旧金山，是美国的一个海湾城市，在这个美丽的城市中有一座关帝庙，是晚清时期由华人淘金工人修建的。当年这些华人背井离乡，漂洋过海，来到异国他乡谋生。团结、互助成为人们在异地谋求生存的必要保障，而关公的忠义精神则是最好的凝聚力，可以使华人团结起来，共同奋斗，因此拜关公对他们来说至关重要。拜关公不仅成为当地华人的信仰，连一些美国人也加入其中，甚至还有美国的一些官员。譬如，在1999年，旧金山市长布朗已任期4年，他面临着再次竞选。此次竞选对手，是旧金山议长阿米亚诺。在初选时，两人得票都没有超过半数。复选在即，候选人除了竞选演说争取选票外，还以各种方式赢得选民的信赖。11月30日下午，竞选连任的布朗市长来到中国城关帝庙求神祈福，期望在复选中赢得最后胜利。旧金山关帝庙主席、世界关氏宗亲总会主席关宗鲁先生热情接待了布朗市长。在关帝庙大厅，市长点燃三炷香，向关帝圣像虔诚地鞠了三个躬。接着，布朗按中国的传统，抽了一支签，标号12。关宗鲁先生为布朗把签展开，只见是一支中平签，上面写着："营为期望在春前，谁料秋来又不然，直遇清江贵公子，一生活计始安全。"签中大意是说，成功须经过许多挫折和努力，但将遇到贵人，能助他渡过难关。布朗市长十分高兴，当即表示，此次若竞选成功，将为华人小区提供更出色的服务。

此类事件在美国并非孤例，在纽约华埠近年亦修建了关帝庙，据说，

为迎合世俗需要，人们赋予关公财神的功能。

在大选临近时，州长甚至总统竟然都入庙拈香，以此来争取华裔的选票。据说，美国前总统里根夫人为其丈夫竞选总统，曾专程到过旧金山、洛杉矶等地的关帝庙向关公祈祷，保佑丈夫竞选成功，在美国社会引起很大轰动。以致后来美国政客每逢大选时都要到关帝庙祭拜、抽签。关帝签在这些洋人心目中是否那么灵验，不得而知。但这些政客到关帝庙"作秀"，的确能得到当地华人的大量选票，这才是他们的真正目的。不管怎么说，关公信仰在海外已不再局限于华人圈内，在洋人中也不乏虔诚的信徒。美国芝加哥大学人类学系博士焦戴维对此深有感触："我尊敬你们的一位大

同谒关帝（梁希毅摄）

神，他应该得到所有人的尊敬。他的仁义智勇直到现在仍有意义。仁就是爱心，义就是信誉，智就是文化，勇就是不怕困难。上帝的子民如果都像你们的关公一样，我们的世界就会变得更加美好。"

在美国，一提起"龙岗总会"无人不晓，它是一个以拜关公为祖的民间组织，是早年漂洋过海、到美国开创事业的一批老华人创立的，为的是团结华人、共同奋斗，已有很长的历史，在海外华人圈内影响极大。目前，在各地有分会140多个，遍布华人居住的世界各地。

如今，在美国随着关帝庙的不断建立，关帝文化得到了广泛的传播。"弘扬以关帝为表率的、儒释道三教融合的中华传统文化，净化人心，教化社会。提倡助人为善，广结善缘，积极参与社会慈善事业，服务侨社新老移民"，说出了当地华人建立关庙、供奉关公的心声。

崇宁护国真君（关羽）（河北正定毗卢寺，明代壁画）

第六章
台湾的关公信仰与崇拜

　　台湾的关帝信仰大约始于明代中叶。当时，经常有福建东山岛渔民、船民往来于大陆与台湾之间，有时还会在台湾地区作短暂的停留。随着交往的频繁，也把关帝信仰带到了台湾。特别是在郑成功收复台湾以后，大批的闽、粤移民迁入台湾，为求生存和发展，这些大陆移民也把关公信仰带到了台湾，关公成了他们心中最理想的精神寄托。清康熙年间（1662～1722年），水师提督施琅率师收复台湾，为求庇护奉关帝庙香火入台。清政府统一台湾后，为安抚民心，巩固统一局面，大力提倡忠、孝、节、义，倡导民间崇奉关帝，大建关帝庙，关帝信仰在台湾地区日

台湾露天关公巨像

台湾澎湖武圣庙（梁希毅摄）

益兴盛起来，并迅速扩展成全岛性的一种信仰文化。而且，关公在台湾地区又有了一些新的称谓，诸如关帝爷、帝君爷、协天大帝、文衡帝君、恩主公等。

在台湾民间，供奉关公是极为普遍的现象。规模不等的关帝庙到处林立，随处可见。各行各业、各类民间组织，以及一般家庭供奉关公神像，更是司空见惯。这种现象反映出关公信仰在台湾的普及与深入，关公在台湾已成为影响最大的神明之一。在拥有2000多万人口的台湾，关公信徒多达800万人，占全岛人口的40%。而关公一生以仁、义、礼、智、信这"五德"著称于世，其忠勇事迹在台湾也成为长辈教育晚辈的最好素材。

台湾岛面积不算太大，但全岛却建立了许多关帝庙，大大小小不下数百座。另外还有许多庙宇各有主神，而关帝只是作为陪祀，这类庙宇并未列入统计之内。在众多的关帝庙中，有几座庙颇负盛名，其中有台北的宜兰礁溪协天庙、台南关帝庙、台北行天宫和日月潭文武庙等。上个世纪90年代，台湾多位专家、教授到祖国大陆各主要关帝庙考察，发现建于明洪武二十年(1387年)的福建东山铜陵关帝庙，是台湾众多关帝庙的香缘祖庙。在台湾数百座关帝庙中，有相当多是从东山关帝庙分灵或再分灵的。

1995年，福建东山铜陵关帝庙的"关圣帝君"，应邀赴台参加台湾"500年首届关帝大庆典"，并巡境全台，历时6个月，供信众膜拜，在全岛和海内外引起巨大轰动。此后，台湾关帝信徒纷纷到东山关帝庙朝圣谒祖。近几年来，台湾已有20多个市县的200多座关帝庙上万信徒到东山朝圣，闽台两地以关帝文化为主体的各种交流活动高潮迭起，关帝信仰成为两岸民间往来的纽带，增进了台胞对祖国传统文化的认知。

在台湾，关帝庙遍布全岛，关公信仰更是遍及全社会。各种商会、行会、会馆、公所、同乡会、武馆、帮会、秘密结社团体等，凡是设有神坛神龛的，几乎无不供奉关公。那些商店老板，更是奉关公为"武财神"，虔诚供奉，日日上香祭拜，祈求生意兴隆，财源滚滚。而在一般的家庭中，除祖先的牌位外，还要供奉两位神明：观世音和关帝。通常是观世音菩萨高踞主位，有时则以观音、关帝并祀。许多家庭都为关公设香案，立牌位，挂圣像。台湾的关公画像年销售量，远远超过了他们最崇奉的海神娘娘——妈祖。显而易见，关帝的崇祀已不仅仅局限于公众场合，而是深深地渗入到普通的家庭之中，关羽的身影简直无处不在。以至于家中建房、婚嫁、求职、上学、出行等都要祭拜关公，过年过节祭拜关公更是必不可少。

台湾关帝庙中巨大的露天关公像和青龙偃月刀

台湾同胞信仰关帝的痴迷程度，出乎

正殿关公神像（台湾新竹普天宫）

人们的想象。台北市的行天宫，每逢祭拜关帝的前几天，那些虔诚的信徒为担当祭拜关公时的"义工"，往往三更半夜就去排队，唯恐自己当不上"义工"。台湾苗栗县的恩主公庙，是上世纪70年代兴建的，据该庙统计，关圣已收义子义女达30万人之多。据说，有些大陆人士赴台参观访问，为台湾朋友带去了关公烟、关公酒，谁知他们看见烟、酒包装上有关公的画像，烟不抽，酒不喝，竟面对关公像虔诚地拜起来，令人动容。

关帝信仰对台湾的政治、经济、文化产生了深刻的影响。历史上，台湾人民在反抗封建压迫和反抗日本殖民统治的斗争中，关帝信仰具有一种团结互助、抗争除暴的凝聚力。凡举事起义时，参与者都要拜祭关帝，效仿"桃园结义"，置香案，歃血为盟，结拜金兰，以忠勇精神鼓舞士气，反抗暴政。如今台湾人民对关帝的信仰，则是祈求社会安定，经济发展，和平幸福。尤其是关帝仁义守信的品德，已被台湾商界推崇为商务活动的准则。关帝在台湾都是以财神供奉，人们无论是开业剪彩，还是签订契约，都要在关帝像前举行并焚香祷祝。大到企业、商贸公司，小到店铺、饭馆，都在显著位置设神龛祀关帝，以此作为精神依托。此外，关帝信仰也成了台湾学子勤奋读书、求取上进的动力。关帝读《春秋》修炼自身悟性，于是家长把子女启蒙入学仪式也安排在关帝庙里举行。台湾的关帝庙都具有一定经济实力，有大片良田，开办农场、工厂，开设图书馆、夜校，普遍设立教育文化奖励基金。同时承担扶贫济困的慈善事业，生活困难的民众可以到关帝庙申请补助。这些新时代的元素使关公文化的内涵得到了进一步的延伸，是关公文化的一种新体现。

　　关公信仰也影响到台湾政坛。譬如在竞选之时，那些政治人物纷纷到关帝庙顶礼膜拜，目的是争取广大信众的选票。有些政治人物的夫人还担任关帝庙"董事"之类的职务，实际上是庙宇的施

台中南天宫巨大的关公像

主，而且是大施主。这样做，同样是为了得到信众对自己夫君在政治上的大力支持。据说，蒋经国生前也是个笃信神灵的人，经常到台湾寺庙进香膜拜，他在晚年还下令花费巨资，在台湾风景秀丽的关源修建了一个全岛最大、香火最鼎盛的关帝庙。还有传说，当年他从祖国大陆到台湾时，随身就带着一尊关帝像。

　　随着两岸经贸快速发展，进入祖国大陆的台资企业已超过5万家，直接投资近1000亿美元，有数十万台胞先后"落地生根"，于是关帝信仰也随他们一起又回到祖国大陆。在飞往祖国大陆的飞机上，常看到台商捧着关帝神像和祖先牌位"一起搭机"。在台商众多的昆山，有一些宗教用品商店出售的关帝神像以及供桌、烛台用品应有尽有，都是台湾生产的。

台湾同胞进香团到大陆关公祖庙进香
（《苗栗玉清宫沿革志》）

第七章
少数民族之关公崇拜

中国是一个多民族的国家，除汉族之外，还有蒙古、回、藏、维吾尔、哈萨克、苗、彝、壮、布依、朝鲜、满等民族，共计56个。中国也是一个多神崇拜的国家，每个民族都有自己信奉的神祇。然而，作为汉民族的关圣大帝却受到许多少数民族共同的崇奉，成为许多少数民族都信仰的神祇。历史上忽必烈创建了大元帝国，他们原本有自己信奉的宗教，可后来他们却信奉推崇关公，满族入关以后更是将关公的地位推到了极致。究竟关公有什么魔力能在各族人民心目中产生如此巨大的影响呢？

据有关资料记载，1909年沙皇俄国有一

关公像

个科学探险队在今天内蒙古的额济纳旗进行科学考察。当地有一个名叫黑水城的地方，是西夏王朝一个非常有名的古城堡。考察队听说在这个古城堡里藏有许多金银财宝，于是赶往那里进行发掘，想发一笔大财。发掘过程中发现了一座古佛塔，在佛塔中发现了大量的宋、金、西夏各朝的图书文物。其中有一幅图上画的是关公，旁边还有周仓、关平等武将侍卫。画面的上方书写着"义勇武安王"几个大字。这幅画虽然在西夏古城发现，却为金人所画。也就是说，金人在他们那个时代就开始信奉关公了。金，是女真族(中国古代民族)建立的王朝。北宋政和五年(1115年)金太祖完颜旻在今黑龙江省阿城南建国。后来金的实力不断强大，先后灭了辽和北宋，并于贞元元年(1153年)，自上京会宁府迁都燕京，定为中都。金太宗以来，女真人不断南迁到汉地，上京一代的女真人大批南下，分布于燕山以南、淮河以北的广大地区。他们逐渐接受汉族文化，通用汉族语言，女真贵族也多习用汉语、汉文，汉化的进程很快。而且金代的军队也继承了宋代军队以关公为军神的传统，继续供奉这位千古英雄。在有些地方志的记载中可以看到，金统治时期兴建了不少关帝庙，而且香火很旺。也就是说，800多年前关公就被少数民族(女真)所信仰。事实上，女真人接受关公信仰，是接受中原汉文化的一个组成部分。女真政权深知关公信仰是汉文化的一个重要标志，接受它，就是为了淡化民族间的敌视，消除隔阂，以巩固和加强自己的统治地位。

中统元年(1260年)，忽必烈继承蒙古汗位后，将都城迁至燕京，不久营建新城，改名大都。至元八年(1271年)，正式定国号为元。至元十六年（1279年）攻灭南宋，统一了中国。蒙古人入主中原后，仍然继承前朝的关公信仰，令天下的府、道、州、县都要修建关帝庙，以供人们祭拜。今天，在北京西四北大街人们仍然可以看到一座关帝庙，叫做"双关帝庙"①，它是目前北京现存年代最早的一座关帝庙，建造于元朝泰定元年（1324年），距今已有680余年的历史。

在元史礼制的文献记载中，有一种名为"游皇城"的祓灾迎福的礼俗。关于游皇城的缘由，宋濂主编的《元史》卷77《祭祀志六》上说：

世祖至元七年（1270年），以帝师八思巴②言：于大明殿御座上置白伞盖一，顶用素缎，泥金书梵字于其上，谓镇伏邪魔护安国刹。自后每岁二月十五日，于大殿启建白伞盖佛事。用诸色仪仗社直，迎引伞盖，周游皇城内外，云与众生祓除不祥，导迎福祉。

从此，每年二月十五日，宫内仪仗队要"迎引伞盖，周游皇城内外，云与众生祓除不祥，导迎福祉"。巡游时，出动数千人，有庞大的仪仗、乐队和戏队，首尾排列30余里，大都的居民倾城观看。

游皇城主要有两个内容，一是抬神游行，二是伴随演剧活动。大都游皇城所抬佛像坛面达360座之多，还有引人注目的白伞盖。白伞盖、帝座、万岁牌等其实象征着已经神化的世俗权力，故而也属于神像的一种。引人注目的是，游皇城的队伍中除了佛像外，还有关羽神像③。充满藏传佛教色彩的白伞盖、佛像坛面和汉族关公像共处一队，场面十分奇特，但

①双关帝庙供奉关羽、岳飞。民间传说岳飞是关羽转世，因而能精忠报国，故称"双关帝庙"。
②八思巴，藏传佛教萨迦派首领，是元代首位帝师。藏传佛教，由于与蒙古族原有的撒满教有某种契合之处，故特别容易为蒙古民族接受。元代自忽必烈封八思巴为帝师，萨迦派首领皆为"帝师"，影响很大。大汗多信奉藏传佛教，很多贵族，以至一般民众也逐渐信奉藏传佛教，藏传佛教逐渐成为蒙古族的主要宗教信仰。
③《元典章》卷57《刑部·诸禁·杂禁》。

它却反映出元朝统治者对各种宗教兼容并包的宽容态度，以及由此带来的一种文化的多元现象。元代礼制多融合蒙、汉、藏等多种因素，游皇城便是典型一例。

在这支浩浩荡荡的"神游"队伍中，最为抢眼的就是关公单元。由

努尔哈赤像（清代绘画）

500名神教兵组成的仪仗队抬着汉将关羽，道士、和尚簇拥在周围，乐队吹吹打打，戏队载歌载舞，场面气派，热闹非凡。为什么要安排500名神教兵呢？这是受到了小说《三国演义》的影响。小说中描写关羽出场时，都有500名校刀手跟随护卫，关公"神游"时自然要如法炮制。

"游皇城"一直持续到元代末年，这在元人笔记中多有反映，而关公一直作为"游皇城"的一位主角，被人们抬着在大都城内巡游，接受百官及庶民的膜拜，蒙古人对关公的崇拜不能不说至诚至信，情有独钟。

满族对关公的崇拜，早在关外就已经开始。当时在清朝的政治中心盛京就建立了关帝庙，皇太极还为关庙赐匾"义高千古"，并且规定"岁时官给香烛"[1]。清军入关以后，对于关公的崇拜更是日益兴盛。随着疆域

---

[1] 崇厚《盛京典制备考》第2卷《庙宇》。

的不断扩大，统治势力不断向边境推移，在蒙古、新疆、西藏及东北等少数民族聚集地区，也建立起一座座关帝庙。由于清王朝对关公信仰的极力宣扬和大力推广，许多少数民族也认识和接受了关公，关公信仰也在这些民族当中传播开来。张鹏翮随内阁大臣索额图等经蒙古去俄罗斯议和时，沿途见归化城（今呼和浩特）有关帝庙，他在《奉使俄罗斯日记》中说："故使远人，知其忠义也。"另据《清稗类钞》记载，"蒙人于信仰喇嘛外，所最尊奉在厥惟关羽"[1]。而在西藏，则是"汉番僧俗奉祀（关帝）惟谨"[2]、"蕃人亦知敬畏"[3]，建起了不少关帝庙，至今拉萨关帝庙还矗立在拉萨的磨盘山上。

其实，满族对关公的崇拜，可以追溯到清太祖努尔哈赤。努尔哈赤早在少儿时期就在其外祖父王杲家中学习了汉语、汉字。在青少年时代，他还熟读了《三国演义》等许多古典名著，尤其对三国人物关羽的忠、义、勇大为景仰。尽管如此，关羽在他心中还只是一个历史上的大英雄。关羽究竟什么时候转化成了他心目中的一位神灵呢？这还得从明朝那时说起。

努尔哈赤曾接受明廷的官职，在建州任左卫指挥。据史载，他曾先后七次到过北京，或述职，或有公务，最后一次是万历四十三年（1615年）。其中有一次他险些掉了脑袋。这是怎么回事呢？

原来，明朝的边防部队向朝廷告密，说努尔哈赤心怀不轨，企图谋反。于是他被扣在京城，有人主张把他杀了。但万历的母亲李太后下令把他放了，临别前还送给他三个神像。李太后信奉观音，并以九莲菩萨自

①徐珂《清稗类钞》第八册3566页，中华书局1986年版。　　②《卫藏通志》卷6《寺庙》。　　③《里塘志略》卷上《庙宇》。

居，所以送给他一个观音像；李太后也很崇拜关公，又送给他一个关公像；第三个就是太后像。自此以后，努尔哈赤很感激李太后。努尔哈赤在其驻地建有家族祠堂，俗称"堂子"。在祭"堂子"时，将关羽和佛托妈妈（即万历母亲）、观音菩萨等神作为祭祀的主角。满族的堂祭实际上是和祖先崇拜混在一起的，关公在这里已经取得了相当于祖先的地位，而成为家族的保护神。这种堂祭形式后来成为满族大户爱新觉罗氏的通行做法，关羽这位来自中原的关西人士，已被北方少数民族所接受，并成为他们的保护神。在清代宫廷"堂子"祭祀中，关公已与如来佛、观世音平起平坐，成为朝祭大神。清代嘉庆年间有人写了一本书，书中说"国初称为关珐玛"。"珐玛"是满语"爷爷"的意思，"国初"是指清顺治时期。也就是说，在顺治那个时候，满族人就称关羽为"爷爷"，视同他们的先人，关公信仰已深植于满族人的心中。

据《辽阳县志》记载，万历四十七年（1619年），努尔哈赤因为"七大恨"①而兴兵反明。在东北一带，崇奉关公的明朝军队，在所有的城门关口都修了关帝庙；而在广大乡村也普遍建有关帝庙。一天，努尔哈赤与明军交战，攻进了一个村子，明军溃败，乡民纷纷出逃。有一个村民来不及逃跑，就躲进了村里的关帝庙。努尔哈赤骑着战马过来，一看是关帝庙赶忙翻身下马，跟随的军士进到庙里搜查，搜出了那个村民。努尔哈赤问："你是干什么的？"村民谎称："我是看庙的。"听罢此言，努尔哈赤从

---

①七大恨是：(1)明朝无故杀害努尔哈赤的父亲、祖父；(2)明朝偏袒叶赫、哈达等女真部落，欺压建州女真；(3)明朝违反双方划定的范围，强令努尔哈赤抵偿所杀越境人命；(4)明朝派兵保卫叶赫，抗拒建州；(5)叶赫由于得明朝的支持，背弃盟誓，将已和努尔哈赤订婚的女儿转嫁蒙古；(6)明当局逼迫努尔哈赤退出已垦种的柴河、三岔、抚安之地，不许收获庄稼；(7)明朝辽东当局派遣守备尚伯芝赴建州，作威作福。

腰间摘下一块金牌，扔给村民，说道："好生护侍！"言罢，掉转马头而去。此后，这个乡民果真成了守庙道士。从这里可以看出，努尔哈赤在战火硝烟之中还不忘保护关帝庙，他对关公的虔诚非同一般。

清军入关后，清廷对关公的崇奉逐步升级，不仅加封不断，而且凡较大、较闻名的关帝庙都有皇帝御书题写的匾额，关羽受到了极高的荣誉，其祀典也升格为中祀，"如帝王庙仪"。关羽本是汉族的一名武将，在汉族王朝(宋、明)虽受到极大崇奉，但达到极致却发生在满族入主中原以后。作为少数民族的满族政权，对关公信仰的推广、传播所起的作用是巨大的。这也恰恰反映出关公的魅力，他可以跨越民族界限，融合民族分歧，促进民族交流，成为国家统一、团结和睦的催化剂。

西南少数民族的关公信仰也可以追溯到蒙元时期。当初，蒙古大军采取迂回包抄战略，先取大理国，后灭南宋。蒙古人在攻占南方边陲的同时，也把关公信仰带到了云南。至今，云南还有蒙古族、契丹的后裔。明清两朝，戍边军队都是带着家眷驻扎在那里。这些人都很信奉关公，关帝庙随即在那里出现。另外，西南少数民族中信奉道教或接近于道教的民族较多，他们对于北方带过去的关公信仰很易于接受，于是关公信仰在少数民族地区发展起来，云贵地区至今还可以看到不少关帝庙。

中国的民族众多，民间信仰不同。而关公信仰却能够跨越民族界限，增进民族交流、促进民族团结。其影响之巨大无人可以企及，其地位之特殊无人可以替代，关公真不愧是中国第一大神。

关公像在道观、佛寺及民间小庙中受到广泛供奉。

第八章
中国四大关帝庙

关帝庙伴随着关帝信仰的产生而出现。在旧时的中国大地上，关庙林立，遍及全国。在众多的关庙中，有四座关庙属重量级别，它们历史悠久，规模宏大，影响深远，闻名遐迩。它们在传播关公信仰、弘扬关公文化中，所起的作用举足轻重，有着不可动摇的地位。这四大关帝庙是：山西解州关公祖庙、山西常平关公家庙、河南洛阳关林、湖北当阳关陵。

山西解州关公祖庙

解州关帝庙位于山西省运城市西20公里的解州镇西关。

解州关帝庙坐北朝南，北临硝池，南望中条山，景色秀丽。相传位于解州东南10公里处的常平村是三国时期蜀国大将关

关帝祖庙石牌坊

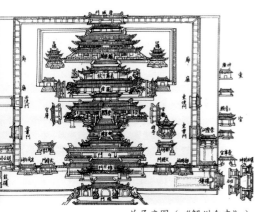

关圣庙图（《解州全志》）

羽的家乡，因此建造于解州的关帝庙也就被公认为关公祖庙。解州关帝庙始建于关羽死后300年左右的隋文帝开皇九年（589年），距今已有1400多年的历史。宋真宗大中祥符七年（1014年）进行了扩建。此后，宋、明时期又进行过多次扩建和修葺。清康熙四十一年（1702年）遭遇大火而被焚毁，后历经10余年才得以修复。解州关帝庙建庙以来，各历史时期都进行过不同程度的增建或重修，达30余次之多，最终形成的仿皇宫建造的"前朝后寝"的格局。其占地面积近2万平方米，为海内外众多关帝庙占地面积之最，是目前我国关帝庙中规模最大、保存最完好的庙宇。

整座关帝庙平面布局被一条东西走向的街道一分为二。街南为结义园，街北为主庙。南部的结义园由牌坊、君子亭、三义阁、假山等组成。北部的主庙，仿宫殿式布局，由前殿和后宫两部分组成。前殿中轴线依次为雉门、午门、御书楼、崇宁殿等建筑，东西两侧配有文经门、武纬门，并有配殿崇圣祠、追风伯祠、胡公祠、木坊、碑亭、钟楼、鼓楼、官库等附属建筑。后宫即寝宫，以"气肃千秋"牌坊为照屏，春秋楼为中心，左右对称分布有刀楼和印楼。

关帝庙之建筑，布局严谨，轴线分明，殿阁巍峨，气势雄伟。南北两大部分，自成格局，又和谐统一，前后还有廊庑近200余间环绕，构成了一座完整的帝宫格局，使整座关帝庙浑然一体，这在全国的关庙中绝无仅有。其建筑等级之高，与皇宫、皇陵相同，故有"小故宫"之美誉。建筑所用琉璃瓦为黄色，这是只有皇家才可使用的颜色，是最高等级建筑物的标志，它是关公社会地位的象征，显示出华夏第一大神的无上权威。

结义园是仿照当年刘、关、张桃园三结义时的意境而设计建造的。大约建造于明万历、天启年间，在清乾隆二十三年（1758年）和乾隆二十六年（1761年）先后两次对该园进行了增建。原名"莲花池"，后改称"结义园"。

结义园坐南朝北，与正庙仅一路之隔，由结义坊、君子亭、"三分砥柱"影壁、三义阁、假山、莲池等组成。历史上，这里曾经有山有水，花繁树茂，景色宜人。但历经沧桑岁月，风霜雨雪，园中景观遭到不小的损坏。令人欣慰的是，现在这里的主体建筑都已按照历史风貌修复完毕，自然景观也得到了很好的恢复。每到春季，桃花盛开，芬芳吐艳，人游其中，心旷神怡。

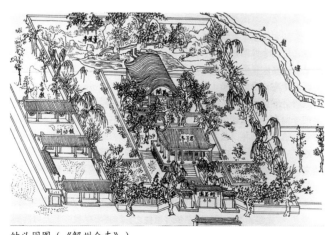

结义园图（《解州全志》）

关帝祖庙的建制与规模，宏伟壮丽，一派帝宫风范。沿中轴线从南到北依次是端门、雉门、午门、御书楼、崇宁殿以及后宫的气肃千秋坊、春秋楼等建筑。

结义园内景（解州关帝庙文物保管所编《中国关王故里》）

巍峨耸立的端门为祖庙的第一重大门，建于清代，通体砖构；歇山顶，檐下施仿木砖雕斗拱；下辟三门，上书"关帝庙"门额及"精忠贯日"、"大义参天"、"扶汉人物"匾额。门额四周砖浮雕图案精美，二龙飞舞，花团锦簇，人物表情温和，线条流畅，造型优美。

端门前东西两侧各置巨型铁狮一尊。铁狮下为长方形须弥式底座，高2米，其上铸花纹、捐铸人及金火匠人姓名。铁狮高约1.7米，东雄西雌，雄狮足踏绣球，雌狮足下抚幼狮，神态威猛雄健，气度非凡，居全庙铁狮之冠。两狮皆铸于明万历四十八年(1620年)。

端门前立有一琉璃影壁，建于明代。壁面以两条立龙与两条横飞龙为主画面，俗称"四龙影壁"。四龙威猛雄健，张牙舞爪，翻腾于云海之间。四龙之中饰五朵盛开的牡丹花，争奇斗艳，寓意富贵吉祥。龙的

端门前的琉璃影壁

优美的柱础石

四周还饰有一些独立的画面：农夫、农妇、官宦、神仙等。壁面上部饰有麒麟、凤、虎、狮、兔、羊、树木、山石等；下部饰有海水波浪、竹筏、轻舟、巨船、游鱼等；树木花草、飞禽走兽、天地人间融为一体，生机盎然，风格独特。壁面施以黄、绿、蓝诸彩，色彩艳丽，深浅相宜，凝重古朴而鲜艳夺目。

入端门，是条东西相距约70米宽的甬道，两边钟鼓二楼遥相对峙，酷似两尊雄赳赳、气昂昂的武士，守卫着禁城的门户。两楼前又分别竖有雕刻精致的木、石牌坊，形成祖庙之前特有的庄重气势。

穿过甬道，即是祖庙的第二重大门——雉门。其面阔三间，进深三间，五彩斗拱，单檐歇山琉璃顶。屋脊的琉璃吻兽及琉璃装饰工艺考究，精美玲珑。这里作为第二道大门，在古代是专供帝王进出的，不常打开。进出殿堂的主要通道是雉门东西两侧的"文经门"和"武纬门"。"文经门"是供文职官员行走，"武纬门"是供甲胄之士通行。以"经"、

"纬"二字命名，是说文武官员好比经纬一般，相互交织，治理国家，缺一不可。这种类似宫殿的建筑布局，显示出关帝祖庙的极高规格。雉门两侧还有崇圣祠、部将祠、追风伯祠、胡公祠等，都是为纪念与关羽有关的人物而建造的。崇圣祠位于钟楼北侧，清代所建，供奉关羽三代先人的神龛；部将祠位于文经门东侧，祠内供奉关羽手下三员大将周仓、王甫、赵累的塑像；追风伯祠位于武纬门西侧，是因明神宗(朱翊钧)奉赤兔马为追风伯而建的，祠内奉有红色战马彩塑一匹，此乃关羽坐骑赤兔战马；胡公祠①是祭祀关羽岳父家的祖宗。

雉门除具有门的作用外，它还是一座"过路戏台"，平时，大门洞开(取消帝制以后)，可供人上下出入，每逢庙会唱戏时，则关闭大门及门后的一排格扇(门)，背后就形成一座完整的古式戏台。

午门为祖庙的第三重大门。午门是帝王宫殿中的正门，普通的庙宇不

关庙中雄伟壮观的牌楼

①胡公祠是胡姓族人在唐代所建，当时尚无关帝庙，宋代建庙，拆迁不便，保留在庙中。民间盛传，胡家即关羽岳父家，故留在关庙，但此说于史料无证。

设午门，因明代神宗皇帝封关羽为"协天大帝"，后增建此午门，帝庙无法享此殊荣。午门面阔五间，进深三间，单檐庑殿琉璃顶，这种殿顶形制是封建社会等级最高的式样，反映出关羽在封建社会享有极高的待遇。前檐踏道，铺设有二龙戏珠浮雕御路，四周石雕勾栏围护，栏板上雕有花卉、盘龙、人物、狮、麟等图案，总体形状尚存明代旧貌。

"精忠贯日"与"大义参天"牌坊位于午门两侧。"精忠贯日"牌坊居东，"大义参天"牌坊居西，皆两柱单门单顶形制，前后左右以戗柱稳定加固，体量较小，造型大方。

"山海钟灵"木坊位于午门之北。四柱三门重檐三顶形制。檐下层层如意斗拱密集华丽。正背两面额枋雕三国征战故事，刀法娴熟，形象生动，堪称艺术佳品。三坊皆为清代所建造。

穿过雕镂华美的"山海钟灵"木坊，便是御书楼。原名八卦楼，置身楼下仰望，八角藻井叠加而上，直至顶层，故取此名。后因康熙皇帝来关帝庙朝拜，在此御书"义炳乾坤"题匾，乾隆二十六年(1761年)改名御书楼。这是一座二层三檐歇山顶建筑，构思精巧，秀丽壮观。面阔4间，进深各3间，外廊16间。台基两边有望柱30根，高1米，柱头刻有狮、猴、孩童、鹤等圆雕，石栏板28块，浮雕112方。

"山海钟灵"木坊

优美的琉璃龙雕

浮雕内容丰富多彩，有"刘海砍樵"、"姜太公垂钓"、"二人对弈"、"农夫种田"、"二龙戏珠"、"西游记"等，以及花卉、龙、狮、麟等。形象生动，情景交融，栩栩如生。楼下挂有一"绝伦逸群"横匾，为清解州知府言如泗所书，此言摘自诸葛亮对关羽的赞语。

御书楼的后面就是关帝庙中等级最高的大殿——崇宁殿。该殿创建于北宋崇宁二年(1104年)，因宋徽宗赵佶封关羽为"崇宁真君"而得名。现存的建筑主要是清康熙五十七年(1718年)的遗构。

大殿基高台阔，台基高1.7米。殿前有一块宽阔平整的大月台，亦称祭坛，过去是行祭祀大礼的地方。

月台前东西两侧各置有一座铁铸焚表炉(亦称焚表塔)，为明嘉靖十三年(1534年)所造，距今已有470多年的历史。焚表炉高6米有余，呈塔形，重檐攒尖顶，檐下斗拱枋木齐全，门柱蟠龙缠绕，柱旁站有侍卫守护，炉中腰部位铸有莲花瓣装饰，下部距地面1米高处，有一圈约30公分高的小型铸像。仔细观察，东西两座焚表炉上的人物造像风格迥异，各具风采。

铁铸焚表炉，中部有莲花瓣装饰。

东侧焚表炉上的一组人物造像，从整体上看，表情略显平淡，仅个别形象在眉宇之间流露出文静之气，虽显超脱，却少了武士之风。相对而言，西侧焚表炉上的人物造像更为精彩。这是一组由驮塔武士组成的造像，个个威武勇猛，相貌不凡，或束发，或免冠，紧带束腰，双手拄在撑开的双腿上，做半马步式，背负炉体呈吃力挣扎状。其面部的刻画尤为生动：浓眉高扬，环眼暴突，狮鼻海口，牙关紧咬，一副身负重荷的表情。焚表炉的整体造型雄健中透着秀美，厚重而不失玲珑，这不仅充分显现出东方艺术的沉稳、流畅之美，更显现出当年中国古代工匠的铸造技艺已达到世界领先水平。

大殿面阔七间，进深六间，重檐歇山顶，通高达20.3米。殿顶重檐，皆以黄绿色琉璃瓦铺盖，正脊上八仙峙立，为别处少见。两支雄健的盘龙鸱吻矗立在歇山之上更是壮观。檐下额坊，雕刻富丽，斗拱密集，华丽无比。

大殿的四周建有回廊，共有26根巨大的石雕蟠龙柱环绕其间。龙柱上有升龙、降龙，须眉毕张，活灵活现。雕刻粗犷有力，与柱头额枋上的精雕细琢，相互衬托，各显神韵，形成鲜明对照。龙柱数量之多，在国内庙宇中堪称独一无二。正如庙内碑文所云"殿阶石柱，雕龙飞腾，庙貌宏丽，甲于天下"。在中国，除山东曲阜孔庙外，只有这座关庙可以配有龙柱，其等级之高显而易见。

精美的石雕

大殿前檐当中悬挂"神勇"横匾，为乾隆皇帝钦定之作。殿楣上之"万世人极"匾，为咸丰御笔亲书。殿前左右放置巨型铜、铁青龙偃月刀3把，每把重达150公斤左右，为明代所铸。

乾隆赐"神勇"匾

殿内装饰金碧辉煌，左右2根高达9米的雕龙柱直通天花板，2条镂雕的蟠龙环绕于柱上，朵朵祥云相伴其间，气势恢弘，光彩照人。殿内设木雕神龛，华丽精美，刻工精细。尤其是东西两面斗拱密集无间，层层下昂叠架，蔚为壮观。勾栏透空，廊柱盘龙，额枋圆雕凸起，是一座很精巧的清式小木作神龛。龛内塑三界伏魔大帝神威远镇天尊关圣

独具特色的铁人铁狮

华丽美观的斗拱

帝君彩色塑像，为明代所塑。关帝正襟危坐，又戴冕旒，身着龙袍，双手持笏，神色凝重威严，双目凝视前方，呈现出沉着、勇猛、刚毅、果敢之神气。既具武将风范，又备帝王威严，形神兼备，栩栩如生。关帝身旁左右各站一穿红袍、双手持笏随从，年长者白须长垂，年轻者黑胡短挂，造型逼真。龛上方高悬康熙御书"义炳乾坤"匾额一块，雕工纤细，色彩醒目。神龛左右各放一套出行銮驾，东侧放置牛皮巨鼓一面，西侧陈设清康熙五十四年(1715年)铸造的铁磬一口，为祭祀之用。

高大的铁质焚表塔、铁狮、铁旗杆以及台基上的铜质青龙偃月刀等，都充分显示了关羽的威武与祖庙的庄严。

过崇宁殿，后面便是春秋楼。这是一座二层寝宫式建筑，楼高33米，两层三檐歇山顶，气势磅礴，雄伟壮丽，也是庙内最高建筑。相传关羽喜读《春秋》，故名。楼下神龛内供奉有关羽身着戎装金身塑像，面相丰满，端庄正视，鼓腹大度，一副温和而刚毅之态。其两侧各恭立一侍从。楼上神龛内塑关羽观《春秋》的微服侧身像：关羽头挽蓝巾，身穿蓝色龙袍，足登云头靴，手拈长髯，神情专注，形态逼真。在塑像两旁，有一副对联："青灯观青史，着眼在春秋二字；赤面表赤心，满腔存汉鼎三分。"可谓贴切得体，相映生辉。龛内墙上还刻有《春秋》全文。楼内上下两座神龛，把文武双全的关羽表现得淋漓尽致。

刀楼、印楼位于春秋楼前东西两侧。西为刀楼，东为印楼，二楼形制相同，面阔进深皆三间，二层三滴水，十字歇山顶。刀楼内置有木制青龙偃月刀一口，印楼内放置方形汉寿亭侯印盒一枚。

在漫长的中国封建社会中，特别是宋、元、明、清上千年的岁月中，解州关帝庙已成为进行传统文化教育的神圣殿堂。封建王朝的执政者，通过加封、题匾、祭祀等活动，向臣民灌输伦理道德和纲常思想，以巩固国家统治。当国家和民族遭遇危难之时，这里又成为进行"天下兴亡，匹夫有责"教育的阵地，激励军民奋勇杀敌、保家卫国。异族入主中原之后，当权者也来到这里进行祭拜，力图通过对关公的赞扬和认同，淡化汉民族对异族统治的抵触情绪，弥合民族间的隔阂。而当人们遭遇坎坷、身处逆境时，也会来到这里祈求时来运转，改变人生。而广大的普通民众，置身于神圣肃穆的殿堂中，也能感受到浓厚的儒家文化气息，潜移默化地接受到忠、信、礼、义

关公祖庙后部建筑

的思想教化。

解州关帝庙这座历史悠久、气势恢弘的古老庙宇，有着自己的独特价值和意义。它是中国关公文化发展到宋、元、明、清时代的历史见证，它用实物而非文字的形式，十分具象地向世人讲述了中国传统文化的发展与变迁，并已成为一条联系海内外炎黄子孙的精神纽带。

关庙刀楼

山西常平关公家庙

常平关公家庙是关羽的家庙，又称关帝祖祠，位于山西运城市西南11公里的常平乡常平村内，距解州关帝庙不过10公里，与解州关帝庙遥相呼应。它南依气势苍茫的中条山，北临烟波浩渺的古盐池，山明水秀，环境宜人。

相传，这座庙宇原是关羽的祖居之地，关羽遇难后，乡人因感慕其德，便在此建祠奉祀。文献记载，常平关公家庙创建于隋初，始为祠堂，至金代遂形成庙宇。此后，随着历代帝王对关羽的逐级加封，使人对其愈加崇拜，庙宇亦随之不断重修和扩建。自明成化十二年(1476年)至清同治九年(1870年)，整修扩建达16次之多。民国时期以及中华人民共和国成立后，修复工作亦时有进行。现存建筑多为清代遗构，整个建筑群总面积达

15000余平方米，在建筑格局上与解州关帝庙"前朝后寝"之制相仿。

在距常平村不远的大路上，保留着清乾隆年间所刻"关圣故宅"石碑一通。古代的官员到这里祭拜关公，看到这块石碑，文官下轿，武官下马，步行到关帝庙，以示崇敬之意。

常平家庙坐北朝南，沿南北中轴线依次建有山门、仪门、献殿、正殿、娘娘殿和圣祖殿等六进殿宇；中轴线东西两侧，基本对称地配有东西两木牌坊、钟楼、鼓楼、祖宅塔、官厅、廊房、左右两碑亭、关平及关兴夫妇殿，以及道士院等建筑。其建筑规模、建筑水平虽远不如解州关帝庙那样宏伟，但建筑风格端庄古朴中透着秀逸。整座家庙，古柏参天，肃穆而庄严。

关庙建筑美轮美奂

家庙的最前方是三座牌坊。中间的石牌坊上雕有"关王故里"四个醒目大字。此坊为四柱三楼，中间两柱雕有蟠龙，立于明正德年间（1506～1521年），距今已有近500年的历史。在其左右，各立木牌坊一座，均有题刻，一为"灵钟咸海"，一为"秀毓条山"。咸海，即自古闻名的河东盐池；条山，即横亘运城境内的中条山。三方题刻，准确地说出了关公故里及其家庙的地理环境。木

精美的石柱雕刻

牌坊两边，为钟鼓二楼，对峙兀立，颇有气势。

穿过石坊，迎面便是山门，过山门就是仪门，是家庙的第二道门，面阔三间，悬山式筒瓦屋顶。清代重修，门楣书"神盈宇宙"四个大字。

仪门前左手路旁有一座砖塔，高10余米，名为井塔，亦称祖宅塔。塔为八角七层密檐式，底座为方形，是一座实心砖塔，造型简洁质朴。塔为金代建造，虽经千年风雨，并受嘉靖年间大地震考验，至今挺立无恙。相传当年关羽在解州仗义杀了恶霸逃走后，官兵围住关家要人，关羽的父母为免除儿子的后顾之忧，双双投身井内。村人被其感动，于井口处建起一塔，以表敬意。塔东有一古柏，树干长得有些特别，上面有一节一节的突起，颇似竹节，故名"竹节柏"，乡人都说，这棵树象征着关羽父母的高风亮节。

仪门之后是献殿，面阔三间，进深二间，悬山式筒瓦屋顶，殿内宽敞，是人们祭祀活动之场所。每逢清明节、中秋节以及关帝的纪念日，当地的村民以及关氏的后裔都要赶到这里举行祭拜活动，这一风俗延续至今。

过献殿就来到崇宁殿，即正殿，它是庙中的主要建筑，因此规格更高，面阔五间，进深四间，重檐歇山屋顶，四周有宽敞的回廊。殿内宽敞，正中设有木雕神龛，装饰富丽。关羽帝装塑像高坐于神龛龙椅之上，像高2.6米，金身、龙袍，头戴冕旒，蚕眉凤眼，隆鼻美髯，双手持笏，正襟危坐，一副帝王之态。"笏板"本是古代臣子上朝时手持之物，关帝像却手持笏板，表明关羽生前为臣，死后封帝，集臣子与帝王于一身的特殊

常平关公家庙献殿

身份。神龛前，左右侍立王甫、赵累站像，像高2米有余，朝服，双手持笏，身微前倾，呈向关帝陈述之状。神龛两旁挂有一副对联："紫雾盘旋，剑影斜飞，江海震；红霞缭绕，刀芒高插，斗牛清。"这里经常香烟缭绕，香客不断，人们在关公像前虔诚地抽签叩拜，祈求神灵保佑。

家庙关帝像

崇宁殿前还有两棵千年古柏，树干周长约4米，东侧的形如苍龙，昂首奋身，呈凌空之势，被称为龙柏；西侧的根部凸现出一个很大的球状，酷似猛虎之头，被称为虎柏。相传，关羽在家乡怒杀恶霸后，远走他乡，但仍一直惦念家小。一天夜里，关羽恍惚梦见恶霸带领一群家奴，气势汹汹地抄斩关家。值此危急时刻，忽见一青龙、一白虎出现在关家门前，怒视着前来的恶奴。恶霸见状，吓破了胆，仓皇逃命，关家免遭大

难。关羽遇难后，乡人为
纪念他，建寺庙，并在殿
前栽了两棵小柏树，没想
到柏树竟长成了龙形虎
状。大伙都说，这是青龙
和白虎的化身，以前它们
救了关公的全家，现在

龙虎柏（《中国关林》）

又来守护关公，因此二树被誉为"龙虎柏"。两棵古柏上经常绕有许多红
绳。原来，当地有个风俗，为了让自家的儿女健康长大，保一生平安，便
让男孩认龙柏为干爹，女孩认虎柏为干爹，那些红绳是举行拜认仪式时绕
上去的。

　　崇宁殿之后有一个大院落，即寝宫。进入垂花门，迎面正中是娘娘
殿，在其左右分峙两配殿，为太子殿。娘娘殿面阔、进深各五间，四周设
有回廊，重檐歇山顶。殿内神龛中供奉关夫人彩色塑像。像高2.5米，脸
庞端庄富态，秀目清澈，柳眉斜描，目光慈祥，头戴凤冠，身着霞帔，衣
纹飘逸，色彩艳而不浮，一派高雅大度的贵族夫人风范。两侍女侍立左
右，一人手捧经文，一人手捧宝瓶，谦恭之态惟妙惟肖。

　　两配殿分别供奉关平、关兴夫妇及侍女像，俗称关平殿、关兴殿。关
平、关兴身着戎装，两位夫人则是贵妇装束。两殿各有一对侍女像，分别
手捧金印、玉瓶。侍女神态恬静，姿态自然，有一种古代少女的风韵。

　　在寝宫园内还有一棵奇树，是一棵千年古桑，位于娘娘殿前。说它

奇就奇在与"五"这个数目有不解之缘。古桑有五条碗口粗的树根裸露于地面，并延伸约1米入地，犹如巨龙之利爪深扎泥土之中；在树干高约5米处，正好伸出五根粗枝，犹如一只巨掌伸出的五指；最为绝妙的是古桑树一年四季枝叶繁茂，每年都是五次开花，五次结果。对于这种奇异现象，人们至今无法解释。当地自古传言，因庙中供奉三代祖先及关羽父子，花果五开五熟，为的是奉祀关家五代。此桑树被称为"五世同堂桑"，象征关氏家族人丁兴旺，绵延不绝。还有一种说法，古桑从春到秋，一直不断地、反复地开花结果，又不断地成熟落地，这是上天哀叹关羽的惨死，为其掉桑（椹）——吊丧。

在娘娘殿西侧有一棵躯干全裂的千年巨柏，酷似展翅腾飞的凤凰，仔细端详，其头、翅、尾样样俱全，人称"凤柏"。裂开的古柏为何还能如此生机勃勃呢？这里也有一个传说：当这棵柏树长大成材时，当地一老财主打算取其木为自己打造木棺，并准备第二天就动手。不料，当晚狂风大作，暴雨倾盆，电闪雷鸣，一个霹雳直奔柏树，将其劈成两半。老财主见状，心想这必是关帝动怒，遂急忙敬香求饶，并将裂树用铁箍缚紧，柏树又焕发了生机，长成了如今这飞凤的形状，而那铁箍依然深陷树中。娘娘殿后西北角还有株古柏，枝叶茂密，团团簇簇，看上去犹如一朵朵云彩，故称"云柏"。

关公家庙关公始祖像

圣祖殿，位于庙宇最后，创建时间也最晚，建于清乾隆二十八年（1763年），为奉祀关羽祖辈之所。大殿为三开间，悬山

关公家庙中圣祖殿

顶，前设穿廊。殿内正中供奉始祖关龙逄，塑像前立有"关圣始祖夏大夫忠谏公之神位"的牌位。塑像高2米，面色如铁，剑眉高扬，目光炯炯，长髯拂胸，神情刚毅，正气浩然。殿东侧供奉光昭公、裕昌公、成忠公三代先人塑像，殿西侧则供奉三代夫人像。

长平家庙，建筑古朴，少了几分宏大，却增添了几分平实，五世同堂，洋溢着亲情，"家"的感觉甚浓，奇特的古桑以及龙、虎、凤、云等古柏汇聚一庙，神奇的传说引人入胜。清人咏长平家庙诗云：

旧宅千余载，看侯去不归。英雄轻书锦，田舍薄征衣。古墓高槐合，遗龛细草霏。画梁双燕子，还似汉时飞。

河南洛阳关林

关林位于河南洛阳市南郊8公里处的关林镇，北临洛水，南望伊阙，因厚葬关羽首级而名闻天下。这里是关羽的陵墓，也是供奉关羽的庙宇。

关林始建于明万历二十四年（1596年），是一处宫殿式建筑群，院内800余株古柏遮天蔽日，蓊郁苍翠，殿宇楼阁掩映其中，使关林别具园林特色。也许有人认为，这座关帝庙林木繁盛，树龄长达三四百年，在众多关帝庙中首屈一指，所以才被称作"关林"。其实不然，根据中国封建礼制，百姓之墓称"坟"，王侯之墓称"冢"，皇帝之墓称"陵"，只有圣人之墓才能称为"林"。清雍正八年（1730年），关羽被封为武圣。于是，在中国大地上，不仅有山东曲阜埋葬文圣孔子的"孔林"，也有了洛阳城南埋葬关羽首级的"关林"。

那么，叱咤风云的关羽为何身首异处，他的首级又怎么会埋在关林呢？

据《三国志·蜀书·关羽传》裴注转引《吴历》载：孙权设计偷袭关羽，最后将其杀害，除掉了心腹大患。但惧怕刘备报复自己，便想出一个嫁祸他人之计，"送羽首于曹公，以诸侯礼葬其尸骸"。《三国志·武帝纪》也有类似的记载："（建安）二十五年春，（操）至洛阳，权击斩羽，传其首。"曹操是何等人，如此计谋岂能瞒得过他？曹操于是将计就计，追封关羽为荆王，命人用沉香木精心雕刻了关羽的身躯，然后传令以王侯之礼将关羽首级安葬在洛阳城南，也就是现在的关林所在地。曹操厚葬关羽，一方面是不让

洛阳关林

孙权的计谋得逞，另一方面曹操与关羽的关系非同一般，他对关羽十分器重，亲自带领百官进行祭奠，隆重的场面颇为壮观。试想，如果当年曹操不在洛阳以王侯之礼厚葬关羽首级，

河南洛阳关林"关林"匾额

恐怕孙权也不会以王侯之礼在当阳安葬关羽身躯，那么也就不会有后来的关林与关陵了。

　　三国之后，关羽逐渐成为朝廷黎庶普遍崇敬的忠义仁勇的化身。"英雄有几称夫子？忠义惟公号帝君"。关羽首级的埋葬处最初只是个坟冢，被称作关冢，后来随着关公信仰的不断升温，关庙终于建成。据庙内现存碑记所载，在宋元以前以王称，叫"关王冢庙"；到明万历时，始以帝称，叫"关帝陵庙"；至清道光元年（1821年），按照加封新号称呼，"关林"一名才传播开来。洛阳关庙应该始建于万历二十年（1592年）以前，是在汉代关庙的原址上修建的，距今已有400多年的历史。

　　关林的建筑很有特色，它是按照帝王宫殿式样建造的。包括庭院两重，殿宇三进，石坊四座，廊庑

河南洛阳关林关公墓牌坊

厅堂百余间，连同庙后的墓冢，占地近12万平方米。关林的主体建筑平面布局呈回字形：明代的关林是以大门、钟鼓楼、东西廊房、左右配殿和二殿，共同形成一组封闭的长方形，包围着中心建筑大殿，整个建筑群体均以大殿为核心，遵循了封建社会"居中为尊"的传统观念，显示出庄严神圣的气氛。院内处处古柏，郁郁葱葱，更显得关林威严壮阔。关林以林、庙合一独具特色，前为庙，后为林，浑然一体，和谐统一。

按照我国的祭祀礼仪，每当举行祭祀大典时，都要演戏酬神，以表对神灵的虔诚。关林大门之前有一宏大广场，方砖铺地，广场中央有一座舞楼，亦称戏楼，是祭祀关羽时献戏的舞台。现在的舞楼为清代乾隆五十六年(1791年)由山西商人施银添建，与关林大门相对，坐南朝北。旧时，每年的农历正月十三日春祭、五月十三日诞祭、九月十三日秋祭，都要在舞楼上进行大型戏剧表演以酬神。

关林大门扩建于清代，两边的八字墙上分别篆书"忠义"、"仁勇"4个大字。朱漆大门镶嵌9行9列81颗金黄色乳钉。与北京天安门的乳钉81颗相同，是皇家级别，标志着关羽的至高地位。大门外有一对白色大理石石狮，是洛阳地区现存明代石狮中最大的一对。

仪门为关林第二道门，建于明代。清代改此门为仪门，取"有仪可象"之意。仪门是明清时期一般官署常用的建制，关林

洛阳关林壁画

洛阳关林前面大戏台

虽非官署，但因关羽被追封为帝，也就仿其形制。仪门乳钉均为7行7列，共49颗。为何与大门不一样呢？这是因为明代修此门时关羽的封号还是王侯的缘故，只能采用王侯礼制。仪门前有明朝所铸铁狮一对，通高2.77米，重达1500公斤，雄健威武，古朴庄重。

由仪门到大殿，有甬道和月台与之相连。甬道两边有石雕栏板围护。柱顶雕刻有石狮，共104个。这些石狮千姿百态，惟妙惟肖，反映了明代石刻艺术的最高成就。这样的石狮甬道在我国关庙中绝无仅有，故有"洛阳小卢沟"之美称。

大殿前月台两侧有两棵古老的柏树，人称"龙头"、"凤尾"。

月台之上，前为开敞的拜殿，后为宏阔的大殿。拜殿为五开间卷棚式建筑，为每年春秋祭祀关羽时百官僚属谒拜之场所。大殿始建于明万历二十四年（1596年），是关林的主体建筑。整座殿宇共有柱子48根，其中16根围绕大殿的东、西、北三面承载飞檐，使殿檐外伸，如燕展翅。大殿正门上方高悬慈禧太后题写的"气壮嵩高"匾。大殿门窗雕饰精美，采用高浮雕技法雕刻了关羽的生平故事，精湛细腻，栩栩如生。

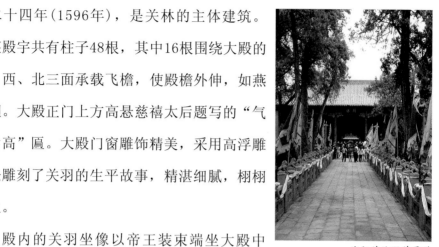

洛阳关林殿前甬道

殿内的关羽坐像以帝王装束端坐大殿中央，塑像高达6米，为目前我国关羽塑像中最大的一尊。关羽头戴冕旒，身穿龙袍，凤眼蚕眉，长髯飘洒，面贴赤金，镶金佩玉，气宇轩昂。人们素常所见到的关公塑像，大都是红脸关公，而这尊关公像却与众不同，是面贴赤金，即所谓"金脸关公"，据说金脸是成神的一个标志。两侧分别侍立着威猛暴烈的周仓、沉着稳健的廖化、深谋远虑的王甫、英姿飒爽的关平。这四位部下神态各异，特别是脸部的刻画尤为细腻，表现出人物性格，生动传神。关羽坐像背后的隔墙上，正对后门处为高浮雕式彩色悬塑"关羽夜观春秋"像。关羽一身戎装，丹凤眼，卧蚕眉，面如重枣，唇若脂，五绺长髯，手捧《春秋》，儒者风范与正面的帝王之尊形成鲜明对照。在其左右分别站立着

金脸关公像

忠诚卫士黑脸周仓和儒雅英气的关平。

走出大殿来到二殿，光绪皇帝亲笔所题"光昭日月"匾高悬于正门之上。正中为关羽戎装坐像，身着绿袍，外露铠甲，头戴金盔，足蹬战靴，蚕眉紧蹙，怒视着东南方向。当年吴主孙权斩关羽于临沮，为此关羽仇恨在心，怒气难消，所以常常怒视东南方向的东吴属地，因此这尊塑像也被称为"关羽怒视东吴戎装像"。手持大刀的周仓和手捧宝印的关平一左一右侍立两旁，二人也是一身戎装，凛然而立。

二殿东西两侧各有一座"配殿"，东为"圣母殿"，西为"五虎殿"。圣母殿内奉祀关羽夫人胡氏。两次间各有一小神台，分别塑关兴和虎女像，两人之眼神及姿态皆稍稍倾向圣母，表现出母子情深。五虎殿内供奉刘备所

洛阳关林关公像

洛阳关林关公群像

封关、张、赵、马、黄五位虎将的彩塑。

三殿是关林庙中最后一座殿宇，殿内西侧为关羽夜读《春秋》塑像，东侧有一长4米、宽2.2米的巨床，并有木雕床顶，床上有关羽入寝像，在室内后壁门的两侧绘有"关帝出巡回宫图"彩色壁画，故此殿亦称寝殿。

在三殿与关林碑亭之间，耸立着两座石坊。前面的石坊四柱三门，正

额题"汉寿亭侯墓",为明万历三十二年(1604年)由钦差太监胡滨所书。后面的石坊较小,二柱单门,正额题"中央宛在",寓关羽首级依然在此之意,为清康熙五十五年(1716年)由三韩弟子高镐所书。两座石坊的立柱上分别刻有不同时期的题联,皆为明清两朝文人所题,其中篆、隶、楷、行、草五种字体样样俱全,很有欣赏价值。

关冢在整个庙院后部,半球形土冢高10米,直径52米,占地250平方米。墓冢正面南墙,有清康熙四十六年(1707年)修筑的石墓门,门额题"钟灵处"。

关林在众多关帝庙中,地位显赫,因此得到朝廷的极大关注,这里碑刻题记众多,历代碑刻100多通,成排成行,记载着关林的沧桑岁月。这里收藏有清朝皇帝以及皇太后御笔所书的匾额。乾隆、光绪两位皇帝以及慈禧太后都曾拜谒过(乾隆皇帝是派遣特使致祭)关林,并题有匾联,这些匾联至今仍悬挂在庙内。关林有两块匾额,一块是"威扬六合",一块是"气壮嵩高",为慈禧所题。然而这两块匾是否为慈禧真迹却引发了争论,到底是慈禧御笔还是他人代笔,众说纷纭。

据说,光绪帝即位后,慈禧太后有了闲暇,忽然对写字产生了兴趣,她不但喜欢写字,还喜欢将写的字送人,因为这能显示出一个人的学问。

关公寝殿

于是，她就拼命练起书法来。然而，慈禧练了一阵儿，自己的字还是不见什么起色，觉得这样的字送人真有点拿不出手。她灵机一动，何不找人代笔。于是，她秘密下令在全国各地寻找能写得一手好字的妇人。

关林石坊、碑亭

恰巧，四川有位官眷名叫缪素筠，她擅长书法，还能作画。她本是云南人，因丈夫死在蜀地任上，就定居在四川了。地方官把她护送到京，慈禧当面一试，很满意，就把缪素筠留任身边。从此，许多王公大臣就得到了慈禧太后赏赐的"御笔"，题字上还盖着鲜红的"慈禧皇太后御笔之宝"的印玺。这些所谓"御笔"，多出自缪素筠之手。当然，不知情的官员得到"御笔"，自然是高兴万分；知情的人虽然明知这是代笔，但毕竟是太后送的，自然也得千恩万谢。

那么，洛阳关林庙的这两块匾额是否也是代笔之作呢？

1900年7月，英、美、德、法、俄、日等八国联军攻进北京，到处烧杀抢掠，光绪帝和慈禧胆战心惊，仓皇逃出西直门，一行人后来逃到西安。一年后返京时，慈禧于9月16日到达洛阳。19日，慈禧到关林上香。在关林，看着三国时威震华夏、忠勇保主的大将关羽，慈禧不禁心潮澎湃，感慨良多：我大清若有此将才，我何至于仓皇出走，备尝艰辛？感慨之余，慈禧太后忍不住就想题字抒怀，于是留下了"威扬六合"、"气壮嵩高"两块题匾。在逃离北京时，慈禧和光绪唯恐跑得慢了，那么多嫔妃贵人都没带上，哪还顾得上一个代笔的妇人？因此，慈禧这次实实在在地拿起了笔，亲笔题写了"威扬六合"和"气壮嵩高"。太后虽不如书法大家功力深厚，但也并非寻常之人，那字写得也是端庄雄劲，蛮有气派。

明清以来，关羽崇拜已成为一种普遍的信仰，这种信仰已延其至今。基于这种文化现象，每年10月16日关林都要举办东方文化寻根游暨中国洛阳关林国际朝圣大典。每逢大典，来自美国、加拿大、新加坡、马来西亚、泰国等国的华人和宗亲组织都要来关林朝拜。台湾、香港、澳门三地的关庙人士也都纷纷组织谒拜团，台湾来关林的人数占三地朝拜总人数的

河南洛阳关林周仓像

河南洛阳关林关平像

六成以上。东方文化寻根游暨中国洛阳关林国际朝圣大典的举办为海外华人的寻根问祖、接续族系提供了良好契机和广阔平台。

关林国际朝圣大典是洛阳特色旅游项目，也是河南省旅游局重点推介的特色项目之一。它与洛阳春季的牡丹花会相呼应，形成春有牡丹花会、秋有朝圣大典的特殊景观，在海内外产生了良好的旅游效应。

湖北当阳关陵

关陵，坐落在湖北当阳城西3公里处，是埋葬蜀将关羽身躯的陵墓，为中国四大关庙之一。陵庙坐西朝东，面临沮水，与景山遥遥相望，风景幽丽，距今已有1700余年的历史。东汉建安二十四年(219年)，孙权巧袭荆州，占据江陵，遣将击关羽，追至当阳，于临沮将关羽杀害。但恐刘备兴师问罪，便用嫁祸于人之计，将关羽首级献给曹操。同时，又按诸侯之礼葬其尸骸于当阳境内，造成了关羽"身卧当阳，头枕洛阳"的悲惨结局。

宋朝以前，关羽古墓只是一座林木掩映的土丘，南宋淳熙十五年(1188年)，襄阳太守王铢对关羽墓培土加封，并"始建祭亭，环以垣墙，树以松柏"。元至元

关庙中香火旺盛

十二年(1275年)，玉泉寺住持僧慧珍，派僧人到关羽墓地，修葺山门，看管陵墓。明成化三年(1467年)，当阳知县黄恕上书朝廷，奏请为关羽墓地建庙，得宪宗恩准，才大兴土木，形成庙院。大规模的关陵群体建筑落成于明嘉靖十五年(1536年)。其后，历朝历代不断增建增修，多次修缮后的关陵，仍保留着明代的建筑风格。现有建筑15栋，150余间，占地近万平方米。

关陵建筑按照帝陵规制修建，陵区建筑自前至后沿中轴线依次为：神道碑亭、汉室忠良石牌坊、三圆门、马殿、拜殿、正殿、寝殿。其他附属建筑分别排列在中轴线两侧，有华表、钟楼、鼓楼、碑廊、斋堂、来止轩、圣像亭、伯子祠、启圣宫、佛堂、春秋阁等，主次分明，错落有致。陵区四周，环以帝陵式红墙黄瓦宫墙。园内建筑宏伟，殿堂森严，丹垣环绕，楼阁参差，神道、勒石、碑刻、雕塑掩映在森森松柏之中，颇有一番帝王陵寝之景象。关陵之内何以设有佛堂？原来，玉泉寺曾派僧人管理关陵，留下了佛教的诸多印记，也留下了今日关帝庙内的佛堂、斋堂等建筑。

当人们步入关陵，迎面便是坐落在神道最前方的碑亭，亭内竖靠一通大碑，为清道光十年(1830年)所建，正面镌刻楷书24字："忠义神武灵佑仁勇威显关圣大帝汉前将军汉寿亭侯墓道"。过碑亭，就是"汉室忠良"石牌坊。石牌坊的后面是气势恢弘的三圆门，它相当于一般庙宇的山门。中间的门稍大些，门额处悬挂乾隆御笔"关陵"竖匾，二字为金色，周围雕饰以金龙，配以红墙黄瓦，更显富丽堂皇，有一种帝王之尊的感觉。

正殿为重檐歇山顶，在封建社会中这种建筑规制仅为皇家所用，关陵的大殿也用此种规制，帝王气派，非同一般。殿前门楣悬挂清同治皇帝御题的金匾："威震华夏"。殿内供奉关羽塑像，正殿之后的寝殿内供有一尊关公铜铸塑像，是由台湾同胞捐资铸造。塑像高3.6米，重800公斤。

关庙关公像

中轴线尽头是宝顶，即关羽古墓，高7米，周长70余米，石为垣，周围石栏板上雕刻着"二龙戏珠"、"丹凤朝阳"，以及花卉、瑞兽等图案。另外，还立有几十个僧人的雕像，俨若卫士，守护着关羽的陵墓。墓前青石勒碑："汉寿亭侯墓"。

旧时，关陵庙里长年有祭拜活动。当地百姓都要到关庙去朝香。朝香者到关庙燃放鞭炮，烧黄表纸，进香上供。平日，百姓若患病遭灾，或有亲人外出、家中置办等大事，都要到关庙去烧香许愿。遂愿者还要到庙里去还愿，还愿者毕恭毕敬，一片诚心，更有甚者，一进大门就开始磕头，一直要磕到关公墓前。

那时，关陵庙每年要举办两次大型庙会祭拜关公。一是五月十三"单刀会"，传说这天是关公单刀赴会日；二是中元节庙会。届时，敬香者、各路民间艺人、小商小贩从四面八方拥来，络绎不绝，热闹非凡。政府官员、社会名流要到场参加祭拜仪式。仪式由四位乡绅主持，一人念祭文，一人司仪，两人负责通报前来祭拜者的头衔。县长、社会名流、关姓长房代表到关公像前敬香鞠躬。祭文念毕，要燃放鞭炮。仪式结束后，庙里的和尚要诵经一整天。中元节时，关陵庙举行祭祀关公活动长达半个月之久，终日香烟缭绕，诵经声不断。

历代留下的楹联是关陵的一大特色，如拜殿前的一副长联：

生浦州，长解州，战徐州，镇荆州，万古神州有赫；

兄玄德，弟翼德，擒庞德，释孟德，千秋智德无双。

这副楹联不仅对仗奇巧，而且高度概括了关羽一生的经历以及他立下的赫赫战功。

山西解州关帝庙埋葬的是关羽之魂，河南洛阳关林埋葬的是关羽首级，湖北当阳关陵埋葬的是关羽身躯，四川成都还建有关羽的衣冠冢（当年刘备所建）。关羽的首、身、魂、衣冠各有所归，这在中国墓葬史上实属罕见。

关公像

第九章
关帝庙遍天下

　　自关羽死后1000多年，中国人把他奉为忠义典型，纷纷建庙祭祀。特别是在中国封建社会后期，关公崇拜得到迅猛发展，关公庙在全国各地纷纷建立，从南方到北方，从城镇到乡村，从富庶之地到穷乡僻壤，从中原腹地到遥远边疆，处处都有关帝庙，百姓亲切地称其为"老爷庙"。

　　在中国封建社会，只有孔子和关公被奉为圣人，他们得到百姓的广泛崇奉，"县县有文庙，村村有武庙"，真实地反映

关羽像（湖北当阳玉泉寺，朱正明《中国关帝文化寻踪》）

了当时民间信仰的火爆景象。虽然孔子成为圣人远远早于关公，但是，据有关资料记载，在宋、元、明、清社会中，对"武圣"关公崇拜的虔诚和普及，甚至超过了"千古一圣"的孔子。有人曾作过这样的估算，如每县设一座孔庙，清朝全国的孔庙也不过3000余座；而每村建一座武庙，那么清朝全国的关公庙会多达30余万座。就数量对比而言，关公庙竟是孔子庙的100倍。无怪乎，早在明代，王世贞就惊呼："关公祠庙遍天下，祠庙几与学宫、浮屠等。"而清代的赵翼，则更加惊叹道："今且南极岭表，北极寒垣，凡儿童妇女，无不震其（关公）威灵者。香火之盛，将与天地同不朽。"①

北京关帝庙

根据清代的《京师乾隆地图》所载，清代中叶，北京城内专祀关帝和以祀关帝为中心的庙宇加起来，多达116座，为京城庙宇之冠。如再加京畿郊县，关帝庙总数应在两三百座，占京城庙宇总数的1/10，远远超过了京城当时所拥有的孔庙。

明永乐皇帝定都北京后，便在京城兴建关帝庙，而且将祭拜关帝升级为国家祀典，每逢祭典之日，朝廷都会派太常寺官员前往祭祀。当时，北京城里的大街小巷几乎都有关帝庙。

清建都北京后，便在旗人的营房里建立了大量的关帝庙，以京西蓝靛

①清·赵翼《陔余丛考》卷35"关壮缪"条。

厂火器营为例，8个旗的营房里建了13座关帝庙，可见当时对关帝的崇拜到了何种程度。清政府这样做，是有原因的。因为清人是金人的后裔，当年岳飞抗击的就是他们的祖先。为抵消岳飞在民间的影响，清政府还采取措施，凡是供有岳飞的庙宇，都要再建一殿供奉关帝，人称双杆老爷庙。

关于双杆老爷庙，还有一个传说。据说有一年夏天，乾隆皇帝从紫禁城出发到圆明园去避暑，走到中途，突然乌云翻滚，大雨倾盆，狂风夹着沙石打得护卫睁不开眼，纷纷四下躲藏。皇帝骑在御马之上，身后忽然传来銮铃之声，乾隆大声问道："身后何人保驾？"随后传来"二弟云长"的答话，却只闻其声不见其人。后来，乾隆皇帝顺利地到达了圆明园，想

北京历代帝王庙中的关帝像

起刚才路上的遭遇，定是关帝显圣护驾，遂立即传旨，在遇雨的地方建一座关帝庙，庙址就选在海淀南镇的岳王庙里。从此一座庙里两座大殿，一殿供关羽，一殿供岳飞，因老爷庙都有旗杆，这样就形成了双杆老爷庙。其实显灵是假，削弱岳飞的影响是真。清王朝编造出这样的故事，无非是想利用关羽在民间的崇高威望，强化他的忠义精神，从而淡化汉民族对大清的不满情绪。

北京老百姓把关帝庙叫做老爷庙。早在明成祖营造北京城时，内城9个城门的瓮城中有8个建造了关帝庙，只有安定门瓮城内建的是真武大帝庙，取"安定真武"之意。其中香火最盛

北京正阳门城楼。原月城内有座小关帝庙，极为著名。

的是正阳门关帝庙。这座关帝庙在8门之中规格最高，每次皇帝去天坛或去农坛祭祀后，回来时必来此庙拈香。此庙关帝神像与他处红脸关帝像不同，乃是金面。相传，当年明世宗嘉靖皇帝在宫内供奉了金面关帝一尊，后来嫌神像太小，命人重制一尊供奉。但原有的金面神像已受了多年香火，弃之恐有不恭，便赐给了正阳门关帝庙。虽然该庙面积不大，但因皇帝也到此庙拈香，其香火之旺可以说甲于京城，连东岳庙、白云观这样的大庙都有些望尘莫及，每日前来求签进香者络绎不绝。该庙在新中国成立初期尚存，直到上世纪50年代末期，市区进行大规模建设，才拆除。

在地安门西大街也有一座关帝庙，是明洪武年间建造，成化十三年（1477年）重修，清雍正五年（1727年）再次重修。清乾隆三十三年（1768年）加封关帝为忠义神武灵佑关圣大帝，门、殿皆易黄瓦。庙中除供奉有关帝外，还配祀其曾祖、祖父及父亲。老百姓都称此庙为白马关帝庙，只因关羽的坐骑是一匹白马。人所共知，关羽骑的是赤兔马，这里怎么成了白马呢？相传，明成祖定都北京后，四方太平，百姓安居。有一年，北方异族

突然发兵侵扰大明，成祖朱棣御驾亲征。两军交锋，明军大胜，敌军溃败，成祖带领大军紧紧追赶，深入到大漠。突然，狂风大作，黄沙漫天，霎时，迷失了方向，敌军也没了行踪。就在这危急时刻，只见前方霞光万道，金光之下出现了一位天神，头戴金盔，身穿铠甲，面如重枣，卧蚕眉，丹凤眼，五绺长髯，手提青龙偃月刀，胯下白龙马。明成祖一看，原来是关帝显圣，心中大喜。可赤兔马怎么变成了白马？当时情况紧急，不容多想，明成祖当机立断，命令大军紧随关帝前行。在关帝的带领下，大军追上了敌军，并将其全部歼灭，明军凯旋而归。明成祖感念关帝护佑之功，便传旨下去，将崇祀关帝纳入《祀典》，四时朝拜。这座白马关帝庙就是为了纪念关帝骑白马显圣而建造的。

在民族宫南街有一座关帝庙，很多人知道它却是因为它的另一个名字——姚彬盗马庙。

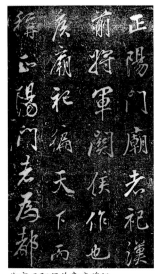

北京正阳门关帝庙碑记
（明•唐竹撰文，董其昌书）

相传，姚彬原是黄巾军将领，其相貌与关公十分相像。一天，其母生病，想吃宝马肉。姚彬是个大孝子，知道关羽的赤兔堪称宝马良驹，于是投奔麾下，伺机盗马。后来，寻得机会偷了赤兔马，假作关羽匆匆出城。守城官兵见其神情不大自然，听其口音也有些异样，其中必有蹊跷，就拿住送往关羽处。姚彬被押到帐前，慷慨请死，临刑时大哭其母。关公问明缘由，很受感动，就释放了他。庙中的塑像就是根据这个故事创作的。关羽戎装危坐，怒色威严，逼视姚彬。姚彬袒臂赤足，头发系于柱上，但双目圆睁，威武不屈，周围的7名武士个个虎视眈眈，摩拳擦掌，赤兔马仰首长嘶。这组塑像生动形象，人物表情刻画细腻，生动逼真，有很高的艺术水平。只可惜这组塑像，在1900年八国联军进京时，被侵略军付之一炬，留下的只有这个传说。据说，姚彬关帝庙在天坛药王庙东也有一座，但如今两庙都不见了踪影，只留在人们的记忆中。

在北京著名的历代帝王庙里也建有一座关帝庙。历代帝王庙内集中崇祀188位皇帝和79位功臣，他们的神位安放在正殿和东西两庑。关羽虽不在正殿和两庑的享祀之列，却在西跨院内有一座相对独立的关帝庙。按照封建礼制，关羽是个武将本应该入西配殿陪祀。但他又受到历朝历代封帝封圣，因此配殿里装不下他；但放入大殿里面，他又不是正式的帝王。据说乾隆爷想出了一个办法，给他单修一个关帝庙，让他独享其尊。关帝在历代帝王庙中享有如此待遇，其武圣地位的确至高无上。除此之外，旧时的北京城还有许多颇具特色的关帝庙。譬如，西四北大街有座双关帝庙，庙中供

帝训辟邪。顺天府有一名商人叫钱盈，极为敬仰关公，凡疑难之事，并不算命占卜，但去北京城内正阳门关帝庙求签，一决行止。一天移居搬家，邻居劝说钱盈不要去住，因每夜屋中有狐魅弄人。钱盈不答，于堂屋内挂关公像，桌上供《关帝宝训》一函。晨起焚香，跪诵一遍。仆妇夜见许多狐魅乘夜色遁去。从此家宅安静，事事顺利。邻友皆称敬奉《关帝宝训》必得好报。（清刻本《关帝宝训像注》）

奉关羽、岳飞，关平、周仓、张保、王甫从祀。民间传说，岳飞本是关羽转世，故称双关帝。西单安福胡同有座倒座关帝庙，按照封建礼制，享有帝王之尊的关羽，其庙可用黄琉璃瓦并应面南背北，而此庙却坐南朝北，故称倒座庙。雍和宫内有座关帝殿。雍和宫，是北京最大的喇嘛庙，始建于清康熙三十三年(1694年)，宫里有一座雅曼达嘎楼，为护法神殿，供奉红脸关公，两边侍立关平、周仓。在北京的东南房山区南尚乐乡有座关夫子庙，庙中供奉关公，有"风雨竹诗"碑两块。北京还有许多关帝庙被人们用口语赋予了更为通俗的名称，譬如西城区太平桥的"鸭子庙"、自新路的"万寿西宫"①、前门外珠市口的"高庙"、安定门的"红庙"、东直门的"白庙"、东安门城根的"金顶庙"等。关羽与其他神灵合祀的除前面提到的关岳庙外，还有七圣庙、三义庙、五虎庙等多处。昔日北京关帝庙从农历五月初九起，进香者日渐增多，到五月十三达到高潮。其中，广渠门外十里河关帝庙，自十一日起，开庙三日，梨园献戏，岁以为常。

总之，老北京的关帝庙很多，虽然随着城市的发展，许多关帝庙已经被拆除，但许多关公的故事却一直在民间流传着。

河北关帝庙

承德皇家关帝庙

华北地区的关帝庙，如果按照等级(关公祖庙、家庙除外)来说，坐落

---

① 该庙原名护国关帝庙，建于明万历年间。因其东原有正一玄教总廷敕建宏仁万寿宫，故曰万寿西宫。该庙原有山门、关帝殿、吕祖殿及斗姆阁等建筑。新中国成立后，斗姆阁因年久失修而被拆除，现存关帝及吕祖二殿，皆为硬山顶。关帝殿前有明神宗御制碑文。

在承德避暑山庄的关帝庙级别最高，因为它是一座皇家庙宇。

这座关帝庙位于河北省承德市避暑山庄丽正门西侧，是皇家在避暑山庄所修建的寺庙之一。该庙始建于清雍正十年（1732年），乾隆二十五年（1760年）对寺庙后部及两侧跨院进行大规模扩建，乾隆四十三年（1778年）下诏谕重修此庙，并拨银5893两，在主庙区前部两侧增建跨院，并使用象征皇权的红墙和黄色琉璃瓦，使其更加符合皇家寺庙的建筑规模和等级。庙殿落成，乾隆皇帝亲自进庙拈香瞻礼，题御匾"忠义伏魔"，立御碑两座，并定于每年五月十三日祭祀关公，场面盛大威严。从此，这里成为皇帝和朝廷官员祭祀关公、各族首领和外国使节虔诚礼拜之处，也成为朝廷向满、藏、蒙各族民众教化礼仪、传播"忠义"文化、促进国家统一的殿堂。

关帝庙的第一座殿宇是山门殿，山门内两尊神像一左一右相向而立，左为青龙神（亦称孟章神君），右为白虎冲（亦称监兵神君）。二神将高3米有余，身披铠甲，手执兵器，面目凶煞，咄咄逼人。这青龙、白虎两位神将的职责就是守卫道观山门，如同佛寺山门中的哼哈二将一样。

正殿屏风背后有巨幅壁画，人称"千言万语话忠义"。壁画正中是两个1米见方的大字"忠义"，在其底部衬有描金篆字，500个"忠"字，500个"义"字，形态各异，簇拥在周围。

在大殿的左侧是崇文殿，殿内塑有关帝神像。关帝右手捋长髯，左手握《春秋》，端坐在神台正中；关平举灯高照立于左，周仓持刀护卫立于右，组成了一组立体的关羽夜读《春秋》像。后面壁画是一幅青龙图，这

关庙鼓楼

是根据民间传说关公为青龙转世而绘制的。大殿的右侧是圣母殿，殿内供奉关夫人像。

圣母殿中还供奉碧霞元君和后土娘娘。这两位女神在道教中的地位非同小可，碧霞元君主生，滋生万物，在民间有"送子娘娘"的美名。后土娘娘为道教"四御"中的唯一女神，与主宰天界的玉皇大帝相配，合称"天公地母"。她的职能是掌握阴阳生育、万物之美和大地山河之秀。关夫人与这样两位大女神共处一殿，其地位之高，显而易见。

在关帝庙中还有财神殿、忠义殿、三清殿、廉政轩等建筑。

承德关帝庙供奉有道教中最高级别神：三清、后土娘娘及碧霞元君，这在众多关帝庙中极少见，这从一个侧面反映出这座关帝庙的皇家地位。

在承德地区，除这座皇家关帝庙外，据不完全统计，在市区还有10余座，如西大街头道牌楼处的老爷庙，红庙山的隆兴寺，粮市街的宏济寺和后老爷庙，陕西营的三义庙，石洞子沟的忠义庙，钟鼓楼的福山寺，九华山的云峰寺，松树梁顶、红石砬沟、上二道河子的老爷庙等。在区区一个承德市就有如此多的关帝庙，看来是沾了皇家关庙的皇气。不过这些旧时的关帝庙许多都已被毁掉，这不能不说是个遗憾。

河北省丰宁县凤山关帝庙

凤山关帝庙位于河北省丰宁满族自治县凤山镇，占地面积近1700平方米，始建于清雍正十年(1732年)，后经乾隆、嘉庆两代扩建，形成了戏楼、牌楼、山门殿、钟鼓楼、正殿、东西配殿、禅房等一组建筑群。光绪十一年(1885年)，皇家曾颁发"与天地参"匾额悬挂在牌楼中央，它是长城以北较大的皇家庙院。

凤山关帝庙历经270余年风雨沧桑，殿宇遭到严重侵蚀，加之历史人为因素，整个庙宇遭受严重损坏，破败不堪。2006年初，县政府投资数十万元，对该庙进行彻底修复。修复了正殿、配殿、钟鼓二楼，复建了过马殿、院墙，重塑关帝像，并重立旗杆，使古庙恢复了青春。

每年的农历五月十三，这里都要举办庙会，每次历时1个月，全国各地的商户纷纷赶来参加庙会。实际上这里已成为商品

赤兔马（河北涿州三义宫马神殿）

交易的集散地，长期以来，这里的庙会成为塞北的一大盛事。

东北关帝庙

黑龙江省虎头山关帝庙

在黑龙江省乌苏里江南岸50米处有一座关帝庙，它是中国境内地理位置最靠北的一座关帝庙，也是中国东北部中俄边境上唯一的一处古代建筑，因此被当地誉为"东方第一庙"。该庙地处黑龙江省虎林县虎头镇，依山傍水，始建于清雍正年间（1723～1735年），嘉庆十四年（1809年）重修，1927年大修。

早在清雍正年间，黑龙江盛产人参就在关内传得沸沸扬扬。因此，许多内地人，如山东、河北、山西等地的穷苦人为谋生路纷纷出关，不远千里来到乌苏里江地区寻参觅宝。人参俗称棒槌，又叫宝，生于深山老林中，采挖十分艰辛，常有人因野兽或迷路而送掉了性命。因此每次进山都是三五结伴，且"三四月间往，九十月间归"。这些人以江口为汇集之地，进行人参贸易。经过长时间的艰苦奋斗，这些内地商人获利颇丰，有的甚至发了大财，于是大家合议捐资建一座财神庙，地点就选在乌苏里江畔虎头山峭壁之间。庙建成后，庙中供奉的是武财神关公。这些商人认为，在这深山幽谷之中能够佑护大家发财、保佑大家平安者唯有关公，因此，人们虔诚地祭拜关公，感激他的佑护之功。

这座关帝庙依山而建，占地160平方米，建筑面积只有80余平方米，由前殿、正殿两部分组成，是一座名副其实的小庙。庙宇虽小，建筑却十分讲究。庙门是垂花门形制，屋脊饰以精美砖雕，红色大门上的金色乳钉闪闪发亮，整座小庙以红墙围护。正殿内供奉三尊塑像，正中是关羽，周仓、关平侍立两旁。殿内置有彩屏，上面彩绘多幅颂扬关公的故事以及"青松白鹤"等吉祥图案。庙院虽小，但树木繁盛，殿宇掩映其中，古色古香。

如今这座"东方第一庙"青春焕发，红墙飞檐，雕梁画栋，古木葱郁。每当冬季来临之时，在白雪皑皑的掩映之中，在湛蓝的天幕之下，这座红墙灰瓦的小庙偶尔飘出的阵阵香烟，使人油然而生一种远离红尘的感觉。

黑龙江省齐齐哈尔关帝庙

始建于乾隆年间的齐齐哈尔的关公庙由四进组成，分别是山门殿、前殿、正殿和后殿。前殿又称灵官殿，殿内供奉护庙之神王灵官。王灵官在道教中被奉为"先天主将"，司天上、人间纠察之职。其作用与佛寺天王殿中的护法神韦驮菩萨相同，也担当着宗教圣地的保卫工作。王灵官红脸虬须，口露獠牙，三目怒视，金甲红袍，左手持风火轮，右手举鞭，一

关公道场居士们在诵经（《苗栗玉清宫沿革志》）

副凶神恶煞之状。正殿又称"忠义恒天"殿，殿堂中央有三尊高大塑像，关羽居中，周仓和关平分列左右；墙上绘有以关公传奇故事为题材的重彩壁画。后殿为老君殿，供奉道教创始人老子。这座关公庙具有浓重的道观特色，其殿堂配置足以说明这一点。

辽宁省朝阳关帝庙

庙中主体建筑有戏楼、棂星门、牌楼、神马殿、仪仗殿、关帝殿、药王殿、财神殿、东西配殿等，组成了一处完整的古建筑群。

从牌楼往北，便是坐落在一条中轴线的三进院落，第一进院落为神马殿，第二进院落为仪仗殿，殿内摆放各种仪仗。第三进院落正面筑有高约半米的石砌月台，月台之上建有三座大殿，正中为关帝殿，两侧分别是药王殿和财神殿。关帝殿正中悬有横匾，上书"万世人极"，为清嘉庆皇帝的御笔。殿内正中塑有关羽坐像，两侧分别侍立着关平、王甫，周仓、赵累，立像高2米有余，如真人一般。

这座关帝庙的古建筑群保存完好，对研究清代古建筑有很好的参考价值。

吉林省北山关帝庙

吉林省北山风景区位于北国江城吉林市城区腹地，占地面积1.31平方千米。北山历史悠久，古庙成群，素以民俗庙会而闻名，清代即有"千山寺庙甲东北，北山庙会盛千山"的美誉。这里主要建有玉皇阁、药王庙、坎离宫和关帝庙。其中关帝庙在北山建立最早，创建于清康熙四十年（1701年）。后经不断增建、修缮，终成规模。

热闹的庙会

主要建筑有正殿、戏台、钟鼓楼、观渡楼等。在正殿月台上，有康熙年间铸造的重达82公斤的紫铜"青龙偃月刀"一柄。1942年铸造的"醒世钟"一口，月台下有雍正九年、同治八年修庙碑记各一通。

正殿内供奉关羽塑像，左侧配祀周仓及龙王、水将，右侧配祀关平及火神、火将。大殿两侧的壁画彩绘关公忠义故事。乾隆十九年(1754)高宗弘历巡狩吉林，曾进山祭祀关公，御书"灵著幽岐"4个大字，制匾悬于殿额，只可惜现已不存。大殿内有楹联道：

兄玄德，弟翼德，德兄德弟；

师卧龙，友子龙，龙师龙友。

西北关帝庙

陕西省孝义关帝庙

在陕西省韩城新城招商区的孝义村有一座关帝庙，坐北朝南，大殿面阔三间，雄伟高大。当地老百姓都称它为孝义关帝庙。该庙始建于元大德七年(1303年)，但因年久失修，庙宇已大部残破。为恢复该庙之古代风貌，当地政府于1988年对其开展了修缮工作。如今，这座占地面积2100平方米的古庙焕然一新，修复工作本着修旧如旧的原则，整体建筑结构保留元代风格，是一处不可多见的元代建筑。

宁夏回族自治区固原关帝庙

庙院占地面积约5000平方米，这还不包括路东的戏楼。这座关帝庙香火旺盛，朝拜者甚多。每年农历五月十三日和九月十三日两次关帝庙会，总要唱三至五天大戏，城内商贾及附近小商贩都来北门大路两边设摊叫卖做生意。十里八乡农工商学各界人士汇聚于此，上香还愿，看戏会友，熙熙攘攘，十分热闹。届时，山门前戏台附近张灯结彩，悬挂横幛，铁旗杆上高悬三角镶边龙旗，一派节日气氛。琴声、磬声、乐声、戏声、商贩叫卖声、顽童嬉戏声汇成一片，犹如一支热烈的节日交响曲。

平时，关帝庙也是香客游人往来不断。当地俗信，生下孩子就抱去关帝庙焚香烧表，虔诚祷告之后，在关老爷的枣红大马肚子下面穿过，叫"过关"，以求吉利平安。据说这样可以驱病避邪，使孩子健壮成长。谁家若有病人，求医买药缺钱或久治不愈，便去关帝庙烧香化表，叩拜祈祷，求神保佑，在马肚子下面的井里取些清澈冰凉的泉水拿回去，或冲香灰喝，或擦洗患处，或煎药服用，企盼神效。日久天长，许愿者所赠匾额、锦幛挂满殿堂，蔚为壮观，更有人用绸缎制成斗篷披于关公塑像身上，以表虔诚。

甘肃省嘉峪关关帝庙

嘉峪关关帝庙位于甘肃省嘉峪关市西南嘉峪关东瓮城西墙外。据

《重修玄帝庙碑记》记载，该庙原在关城内城中，名玄帝庙，明正德元年（1506年）修建嘉峪关东西两楼时，移建于此，改称关帝庙。庙院坐北面南，现在主要建筑有大殿、配殿及牌楼等，庙前有一戏楼，为明代所建。戏楼具有道教风格，前台两侧有壁画，并有砖砌八字形屏风。

山西关帝庙

太原关帝庙

山西是关羽的老家，在其死后，特别是成神之后，家乡父老纷纷立庙祭祀。无论通州大邑，还是穷乡僻壤，在三晋大地，处处关庙林立。清道光年间，山西首府太原，有关庙27座，清徐县的城关镇有6座，徐沟镇也有4座。这些关庙称谓不同，名目繁多，有关王庙、关帝庙、关圣庙、关圣帝庙、大帝庙、伏魔庙等。太原城乡统称关羽为老爷。老为长者之意，爷为尊人之称，庙称老爷庙，显得情同一家。

城内关庙中较具特色的有建庙最早的古关帝庙，规模最大的大关帝庙，铁狮子关帝庙、勒马关帝庙、黑琉璃瓦

关羽帝装像

关公像（山西太原晋祠）

关帝庙以及无梁殿关帝庙等。城外另有以祭关羽为主的合祭庙宇，如武庙、关岳庙是与岳飞合祭的，三义庙则是为纪念刘、关、张桃园三结义的。还有与其他神祇合祭的，如院道寺、十王庙、黄花洞等庙宇，都有关羽的一席之地。这种形式多见于穷僻山乡，是用诸神共祀的办法来进行祭祀。总之，三晋大地关庙之多，居寺庙之冠；信仰者之众，也是全国之首；香火之盛，远远超过其他神祇，称得上是"庙祀无垠"、"关庙香火与天地同不朽"。

据有关部门统计，现今太原城乡专门祭祀关羽的庙宇共有70余座，不足原来的1/3。太原城内现存5处，不足清道光年间的二成。关羽塑像仅存晋祠、天龙山和城内二府巷关庙3处，大量石碑仅存31通，壁画残存27处。在太原山村，常见在村的入口处建二层楼阁，下建拱门，为村之通道；上层楼阁塑关羽像，称老爷阁，祈求保境安民。

现存关庙中，最古老的是位于太原城内校尉营街的古关帝庙。相传建于宋代，从建筑结构看为明代仿宋手法，部分结构保留宋金风格。布局为前后两院，前院由山门、钟鼓楼、配殿及大殿组成，后殿为寝宫。正殿面阔五间，悬山顶，上覆绿色琉璃瓦。明次间勾连搭卷棚抱厦三间，使得古庙更加深幽肃穆。殿内原有关羽坐像，上个世纪50年代初被拆除。后院寝宫有关羽夫妻坐像（也已被毁掉），旁有12尊尚乐侍女，手执笙、笛、管、鼓、钹、三弦、琵琶等乐器，另有2尊塑像，虽不持乐器，但看上去一人颇似乐队指挥，另一人则像是管理者。这组塑像，面部丰满，比例匀称，高1.5米，宋人装束，衣纹深邃重叠，飘带左右盘旋，系元代作品。上个世纪60年代初，移入晋祠，暂作叔虞的侍者。

现存关庙中，规模最大的是庙前街的大关帝庙，为明代所建。大庙坐北朝南，中轴线有山门、崇宁殿、春秋楼，两侧围以钟鼓楼、厢房、围楼及东西别院，占地面积3500平方米。前院十分宽大，北向有崇宁殿，下承丹墀，面阔三间，悬山式殿顶勾连搭歇山式抱厦，琉璃装饰，富丽堂皇。殿内有关羽坐像和关平、周仓诸将。其建筑和设施均属一流，是旧时省城各级官吏祭祀关羽的场所。每岁仲春、仲秋和五月十三诞辰日大祭，自五更起，烧香求福者，抵暮不绝。当时流传这样的民谣："行商坐贾求利市，赶考秀才望功名，平民百姓盼福寿，习武兵丁祈安宁。"社会各色人等纷纷前来祭拜，人流如潮，盛况空前。

大同关帝庙

关帝庙俗称大庙，坐落在大同市内鼓楼东街，从建筑手法和特色看，当为元代遗物，是大同唯一的一处元代建筑。

关帝庙主要建筑沿中轴线排列有致，渐次有山门、过殿、东西廊房、大殿、后殿。正门之上悬有万字边大牌匾一块，上书"大义参天"。门前立有雄伟壮观的木构牌坊，牌坊前左右竖立着高耸入云的旗杆一对，两尊威武凶猛的铁狮分立两旁。山门对面有造型别致、镌刻精美的元代戏台一座。大殿前有石桥、伴池、雕栏柱头，富丽堂皇。大殿建在宽阔的石台基之上，面阔三间，进深三间，单檐歇山顶，上覆孔雀蓝色琉璃瓦，正脊有黄、绿、蓝三色琉璃脊饰，两端鸱吻造型生动，翼角翘扬，颇为壮观。从脊饰吻兽形制以及琉璃色彩看，元代风格显著。檐下斗拱十一踩，排列密集，装饰瑰丽，为清代遗构。殿内的天花藻井上绘有龙形图案，神采飞扬，为清代增置。大殿内有雕刻精美的木质神龛两座，结构均为重檐，为古建筑小木作中的上乘之作。

大同关帝庙，虽仅存大殿建筑，但仍可看出原建筑规模宏大，布列有序，结构严谨，虽大殿明、清屡有修茸，但结构手法、建筑风格仍继承了元代风貌，是人们欣赏元代建筑的一个好去处。

阳泉关王庙

阳泉关王庙，位于阳泉市东北郊5公里的白泉乡林里村南玉泉山间。这里树木浓郁，环境清幽，古刹隐于其间。庙宇坐西南朝东北，背山面阜，随山势而建，占地面积近7000多平方米。

现存建筑尤以正殿历史最早，重建于宋宣和四年（1122年），为宋代原构原

关公像（明代）

貌。大殿面阔三间，进深三间，单檐歇山顶，前檐设廊，显得深幽肃静。歇山式殿顶举折平缓，檐角升起显著。宋代齿纹式滴水瓦与荷花枝叶勾头瓦四檐沿用。九脊十兽四套头，装饰精美，溢彩流光。殿前无月台，中间辟门，两次间设破子棂窗，惜已残缺不全。廊下及檐下斗拱、殿内梁架等皆为典型宋代风格。在殿内檩枋上有墨书题记："维南誉竦

山西关公像

祖大宋国河东路太原府平定军平定县升中郡白泉村于宣和四年壬寅岁三月庚申朔丙子日重修建记。"提供了建殿的确切年代。整座建筑用材肥硕，平稳严密，层次分明，制作规整，显得气势磅礴，雄伟壮观。殿内中央有关公塑像，面贴赤金，威风凛凛。关平英姿矫健，风度翩翩。周仓气势逼人，不怒自威。其他塑像造型生动，栩栩如生。

据有关资料证实，阳泉关王庙建于北宋年间，是全国现存最早的关老爷庙，已有近900年的历史。古老绚丽的关王庙，风貌依旧，古风犹存，为研究宋代古建筑提供了宝贵的实证，也展现出关帝文化的源远流长。

定襄关王庙

位于定襄县北关。创建于金泰和八年(1208年)，元、明、清三朝都有修葺。庙内关王殿为金代原构，较为珍贵。殿内三国故事壁画为嘉庆八年(1803年)所绘，十分精美。庙内金、元、明、清碑刻对关羽封号及其修建经过记述甚详，有一定的历史价值。

平遥武庙

在平遥县城书院街宣化坊北。始建年代不详，清乾隆、道光、同治年间多有修葺，主要建筑有戏楼、钟鼓楼、献殿、中殿、后殿等，屋顶均为琉璃瓦兽装饰，气势非凡。

平遥关帝庙

在平遥县段村镇七洞村，创建于清，重修于道光九年(1829年)。占地2000余平方米，坐北朝南，主要建筑有戏台、山门、献殿、正殿、碑楼、配房等，庙内塑关羽和关平、周仓像。

华中关帝庙

湖南省湘潭关圣殿

湘潭关圣殿位于现湘潭市平政路。清初由在湘潭的山西商人共同兴建，奉祀三国蜀汉名将关羽。乾隆三十九年(1774年)修大殿，重建午楼、韦陀堂、禅房等。据清乾隆四十五年(1780年)《重建春秋阁碑记》载："(殿)创自国初，越年以来，时加修葺，乾隆三十九年修大殿，重建午楼，以及韦陀堂、墙垣、禅房，皆焕然壮观。"现存建筑有大殿、春秋阁、钟楼和鼓楼等。大殿为重檐歇山顶，建于花岗石台基上，高约16米，长24米，宽14米，气势雄伟，结构复杂，雕饰繁多，雄伟壮观。藻井上饰有金龙，殿内四狮座石柱透雕蟠龙，石栏板上花卉山水以及隔扇木雕，都非常精致。殿后围墙上有石碑10余块，铭文记录了湘潭开市以来商业繁荣的城市景况。

湖北省荆州关帝庙

荆州古城，是三国时期蜀汉大将关羽镇守之所，城南关帝庙相传是当年关羽的府邸。关羽去世后，荆州人民为了纪念他就把他的府邸改建成用来祭拜他的庙宇——关帝庙。关帝庙始建于明洪武二十九年(1396年)，建

宏伟的关帝庙

关公像

筑规模宏大，气势雄伟，清朝的三位皇帝雍正、乾隆、同治都曾题过匾额。荆州关庙后毁于侵华日军的战火，御匾也荡然无存，重修庙宇时得以复制。1985年国家旅游局等部门拨款在原址重建，曾改称关公纪念馆。修复后的关帝庙仍保持原有风格，占地约4500平方米，仪门、正殿与新增添的陈列馆前后呼应，浑然一体。红墙灰瓦，雕梁画栋，飞檐翘角，气势雄伟，独具魅力。

　　正殿门首上方为清同治皇帝御赐匾额"威震华夏"。匾额两旁有一副楹联，上联是"威勇著功勋，华夏名传，敢与文宣争一席"，下联是"义忠许蜀汉，荆州骄失，纵称武圣费三思"。关公一生功勋卓著，名传天下，成为与孔子齐名的武圣，他的忠义精神名垂千古，但他也并非完人，痛失荆州的历史教训成为后人的前车之鉴。

　　走入正殿，殿内塑有关羽夜读《春秋》像，周仓、关平侍立两旁。爱将周仓手持大刀居左，儿子关平手捧帅印居右。关公塑像高3米有余，身披重铠，神情凝重，在专注地阅读《春秋》。周仓、关平二将则是粗犷威猛，气势逼人。正上方悬挂清雍正御赐的"乾坤正气"匾额。

正殿后的庭院内有两株参天古银杏树，为元末明初所植，距今已有650余年的历史。另有清代碑刻一块。后院有三义殿，殿内塑有刘备、关羽、张飞三结义坐像。

湖北省玉泉山关帝庙

关公在玉泉山皈依佛门后，常常在玉泉山显圣护民。当地老百姓为感谢他的护佑之恩，集资在覆船山顶修了一座显圣祠，以便乡民四时祭祀，从此在中国大地上有了这座历史上最早的关庙。南北朝天嘉三年（562年），陈文帝敕修显圣祠，并把它移到对面昆烈山山腰。

当时显烈祠颇具规模，沿中轴线分别建有山门、大殿、三义殿等，两侧建有僧房，已成为一座名副其实的庙宇。可惜，这座历史上最古老的关庙在1960年时被拆毁，现在的小关庙是由台湾台北佛教居士捐资17万元重新修建的，1000多年的古庙又重新焕发了青春。

现在，玉泉山下仍矗立着"汉云长显圣处"、"最先显圣之地"等巨石碑刻。在玉泉山东麓坐落着"天下丛林四绝"之一的华中古刹玉泉寺。在玉泉寺大雄宝殿前的东堂，是护法神殿，殿内塑关公、关平、周仓三尊佛像。关公塑像气宇轩昂，神态自若，是关公佛像中的精品。

河南省周口关帝庙

位于周口市川汇区富强街，是河南省现存最大的关帝庙，它又称山陕会馆，是由来周口做生意的山西新绛、长治，陕西蒲州、大荔、澄城等地商人集资营建的一座富丽堂皇而又具有鲜明地方风格的古建筑群。

周口关帝庙坐北面南，始建于清代康熙三十二年（1693年），经雍正、

关公像

乾隆、嘉庆、道光年间扩建、重修，于咸丰二年(1852年)基本完成，建庙过程漫漫，历时159年。整个庙宇为三进院落，占地一万多平方米，现存楼廊殿阁140余间。青墙碧瓦，美轮美奂。

关帝庙为仿宫殿式古建筑，布局严谨，装饰富丽，工艺精湛，巍峨壮观。沿中轴线由南向北依次建有照壁、山门、铁旗杆、石牌坊、碑亭、享殿、大殿、河伯殿、炎帝殿、戏楼、拜殿、春秋阁等；钟楼、鼓楼、药王殿、灶君殿、财神殿、酒仙殿、老君殿、马王殿、瘟神殿及东西看楼、东西庑殿、东西廊房、东西马房等，左右对称，分列两侧，与中轴线建筑交相辉映。

山门建于清雍正十三年(1735年)，面阔五间，进深三间，单檐歇山顶，屋面覆绿色琉璃脊饰瓦件。五彩斗拱，青阶朱户，三门道，朱漆大门镶嵌着金色乳钉，檐下悬"关帝庙"金字匾额。一对石狮雄踞山门左右，造型生动，雕琢精细。

过山门迎面伫立着一杆高耸云天的巨大铁旗杆。它是清嘉庆二年(1797年)由陕西同州府大荔、朝邑、澄城天平会众商人敬献修建的。高22米，重达15吨，直径28公分。六角青石浮雕底座，青石座上为六角须弥式铸铁座。铸铁座上每面铸有铭文图案、山水花卉、龙凤鸟兽，造型别致，工艺精湛。杆身饰有莲花、蟠龙、飞凤、日徽月徽、寿宁如意方斗，顶端铸有"大义"、"参天"4字，象征关羽一生忠义，与日月同辉。铁旗杆以其高大、工艺精美而名声远扬，成为关帝庙的一大标志。

铁旗杆北筑有月台。台上建有石牌坊、碑亭，四周有石雕栏板围护。

大殿是整个关帝庙建造最早的殿堂。始建于清康熙三十二年(1693年)。面阔五间，进深三间，悬山殿顶。五彩斗拱，六抹格扇，覆黄色琉璃瓦件。三彩高浮雕龙凤牡丹脊饰，形象生动，色泽艳丽，虽历经300余年风雨，却依然光彩夺目。正脊上的16条行龙，曲折翻转，姿态各异，鳞甲细密，蜿蜒生动，奔腾于海涛云气之间。仙人武士，神态庄重，矫健勇武，衣带摇曳，飘然欲飞，能工巧匠之高超技艺，历历在目。殿内梁枋斗拱彩绘富丽，雕刻精美。旧时，大殿为谒拜关羽的主要场所。

大殿两侧，各有一殿，东为河伯殿，西为炎帝殿，均建于清康熙五十二年(1713年)。悬山殿顶，面阔三间，进深三间。覆灰色瓦件，高浮雕龙凤脊饰，两端置龙凤正吻，中置日月狮子麒麟宝瓶，四角立罗成、韩信、庞涓、子都四神将。五彩斗拱，六抹格扇。梁枋斗拱沥粉彩画，富丽堂皇。旧时是祭祀河伯、火神的殿堂。

戏楼背靠大殿，坐南朝北而立，清道光十七年(1837年)修建。面阔五间，进深三间，重檐歇山顶，屋面覆绿色琉璃瓦件，高浮雕龙凤牡丹脊饰。龙凤正吻，中置狮子绣球宝瓶。五彩斗拱，平板枋下镶蓝底金字"声震灵霄"匾，匾下精雕龙凤牡丹及戏剧人物故事。戏楼玲珑精巧，装饰艳丽，旧时为演戏酬神之用。

拜殿是旧时祭祀朝拜关羽的殿堂，始建于清咸丰年间。面阔五间，进深三间，单檐卷棚式。屋面覆灰色瓦件，四周围以石雕栏杆，檐下施五彩斗拱，并透雕"二龙戏珠"、"凤凰牡丹"、"福禄博古"等，构图巧妙，刀法娴熟。殿内木雕彩画，琳琅满目。柱础上雕有"王祥卧冰"、

"张良进履"、"刘海戏金蟾"、"白状元祭塔"、"鲤鱼跳龙门"、"喜鹊闹梅"、"狸猫戏蝶"、"马上蜂猴（封侯）"等传说故事，以及珍禽异兽、花卉人物。

春秋阁建于清嘉庆五年(1800年)，为关帝庙的主体建筑，面阔五间，进深三间，四周回廊，重檐歇山顶，是庙中级别最高的建筑。屋面覆孔雀蓝色琉璃瓦件，高浮雕龙凤牡丹脊饰，两端置1.7米高的龙凤正吻，中置五层琉璃牌楼，檐下施五彩斗拱，耍头饰龙、凤、猴、象等，雕刻精细，彩绘艳丽。正檐下透雕"二龙戏珠"、"凤凰牡丹"，刀法秀美，玲珑剔透。24根青石方柱擎托阁檐，使春秋阁显得更加雄伟高大。每当夕阳西下，在彩霞的映照之下，春秋阁愈发显得金碧辉煌，雄伟壮观，故有"阁翠映霞"之美誉，成为周口颍河八景之一。

关公像（河南中岳庙）

关帝庙古柏参天，庭院清幽，碑碣林立，整座建筑群凝聚了我国古代劳动人民的才能与智慧。其布局精巧，殿堂宏伟，雕刻瑰丽，素以巧夺天工的艺术装饰著称于世。它集民间建筑艺术之大成，在建筑构件上巧妙地运用木雕、石雕、砖雕、琉璃、彩绘和铸铁等工艺，融合了圆雕、高浮雕、镂雕、阴刻等不同技法，使件件作品形象传神，臻于完美。木雕、石雕、砖雕数量之多，内容之丰富，工艺之精湛，居当时中原之冠，突出反映了清代中晚期追求精雕细琢、装饰华丽的社会风尚。这里几乎是无木不雕，无石不刻，堪称木石雕刻之大全。建筑装饰的题材中大量采用了"二龙戏珠"、"凤凰牡丹"、"五福捧寿"、"加官晋爵"、"金玉满堂"等各种吉祥如意图案纹饰，具象地反映出封建社会的世俗观念。同时，这里也为研究清代中原商业贸易、文化交流、行业神崇拜以及商品经济提供了丰富的数据和重要的物证。

河南省灞陵桥关帝庙

在许昌市城西4公里的石梁河上，有一座青石砌成的石桥，叫做灞陵桥。桥头竖有"汉关帝挑袍处"古碑，为明代总兵左良玉墨迹。还有一尊近年新立的关羽巨型雕像，这尊"关公勒马挺风"巨像，为青石堆雕而成，通高9米，高大伟岸，英姿勃勃，给人以凌空立马、虎视中原之势，令人望而起敬。

灞陵桥东，许昌城遥遥在望；桥西，有一片古色古香的建筑群落——灞陵桥关帝庙。据《许昌县志》载，自三国以来，关羽忠义故事千古流传，后人推崇其"忠、义、仁、勇"的高尚品格，追念其功德，于清康熙二十八年（1689年）由当地义士王宏道捐地30亩，经多方资助在桥西建成此庙。

灞陵桥，原名八里桥，"灞陵"和"八里"谐音，以讹传讹，时间久了，便成了灞陵桥。相传这里是三国名将关羽辞曹挑袍处，灞陵桥从此名扬天下。原桥高于水面3米许，为三孔青石桥。桥面宽能并行车两辆，桥长90米，两岸杨柳成行，风景宜人。

东汉建安五年(200年)下邳之战，曹操俘获关羽及刘备妻妾甘、糜两位夫人回到许昌。曹操对关羽加官晋爵，"礼之甚厚"，然而，关羽不忘旧主，当得知刘备下落后，遂挂印封金，保护二位"皇嫂"一行，斩关西去。行至灞陵桥时，曹操亲自率领部将赶到桥头给关羽赠袍送金，为其饯行。而关羽恐其有诈，便立马于桥上，用刀尖挑锦袍披挂身上，并勒马回头称谢："蒙丞相赐袍，来日更得相会。"遂辞曹西行，开始了过五关斩六将、千里走单骑的壮举。灞陵桥即为"汉关帝挑袍处"。

另有一通石碑为辞曹图，保存完好。清康熙、雍正、乾隆年间，又立了四通石碑，文字清晰，碑文记述了关羽对曹操辞其金而挑其袍的事迹，歌颂他"依曹已久仍归汉，留得英风在颍州"。说他视高官厚禄如粪土，"情深义重垂千秋"，才有了"士民争拜汉云长"。清道光年间，傅梓之《许州记》中引用甄汝舟怀古诗句："野水四堤浸柳条，道边残碣记前朝。长髯勒马横刀处，万古英风八里桥。"

在漫长的历史演变中，灞陵桥时毁时修，原始形态早已改变，今天人们所见到的这座石桥是1990年重新修建的。据对原桥遗址的挖掘清理，桥基为元代构件，上部为明、清建筑。原桥青石灰砖结构，三孔，通长17米，高2.88米。桥上遗留构件有石雕栏板、戏水龙头、望柱、石狮、石猴等，现已存放于关帝庙内。

灞陵桥关帝庙是为纪念关羽灞陵桥挑袍而建的，是全国与关羽踪迹有关的八大关庙之一。

　　该庙建于清康熙年间，这里也曾是岳飞"颖昌大捷"的古战场。关帝庙三进院落，南北相连，次第增高。殿宇宏伟，古朴典雅，保存完好。庙中匾额、楹联、碑碣荟萃，书法精湛，寓意深刻。天下关庙对曹操都采取否定态度，这里却发现了曹操的闪光点，认为曹操得知关羽挂印封金、不辞而别后，并未派人去追杀，反而亲赴灞陵桥赠袍送金，为关羽饯行，表现了曹操的爱才之心。另一方面，赤壁大战，曹操惨败，恰逢关羽伏兵华容道，为报昔日之恩，放了曹操一条生路，表现了关羽的重义之情。因此，在这座关帝庙中，不仅有关羽的塑像，而且还有曹操的塑像，形成了独有的文化现象。

　　关帝庙的第一座建筑为山门殿，面阔五间，进深三间，上方书"关帝庙"3个金色大字。山门两侧各有一匹石马，都是关羽的坐骑，一匹叫白兔马，为关羽降曹前所用；一匹叫赤兔马，为关羽在许都时曹操所赠。

　　殿内有两尊塑像，左为武将廖化，右为谋士马良。殿东侧墙上嵌有清同治十年(1871年)的"移集呈稿"石方。此石方揭示了关公文化对商业领域的深刻影响，商人以关羽的"仁义"为本，买卖公平，信誉第一，承诺经营，童叟无欺，才使得集市兴隆，贸易昌盛。而市场的兴旺发达则在于市场的规范运作和严格管理，这块石方为研究清代的税收制度和市场管理提供了翔实可靠的资料。同时，也揭示出商界奉关羽为"武财神"的内在原因。

　　过山门殿是仪门，也就是礼仪之门。通过仪门，来到中院，这里有拜殿和大殿。拜殿东、西山墙分别彩绘民间传说，讲述关羽的青龙宝剑和青龙偃月刀的来历。大殿为关帝庙的主体建筑。殿内神台上关羽横刀立马，生动地再现了当年关羽辞别曹操的情景。关帝庙大殿的关公像一般来说都是坐像，关公正襟危坐，一副帝王之相。而这里的关公却是横刀立马，与众不同，突出了灞陵桥关帝庙的特殊之处。

关帝庙东邻为"桃园"，建有金兰亭、结义堂。结义堂塑有刘备、关羽、张飞桃园三结义塑像。春日来临，桃花如霞，游人如燕，情趣盎然。

河南省许昌春秋楼

许昌城内，有一座纪念关羽的春秋楼，始建于元延祐元年（1314年），到了明代，以春秋楼为中心，建成宫殿式建筑群，称许昌关帝庙。这里，相传是当年关羽夜读《春秋》的地方。春秋楼山门为明代早期建筑，山门之上的"关宅"匾额，令人备觉亲切。春秋楼建筑在高台之上，楼高15米，通体雕梁画栋，五彩缤纷，飞檐翘角，金碧辉煌。春秋楼内，关公手抚美髯，在烛光下静读《春秋》。大殿东西两壁，一边彩绘《曹操赠马图》，一边重彩浓墨《关羽辞曹图》。春秋楼后的关圣殿，上个世纪90年代在原址重修，建筑

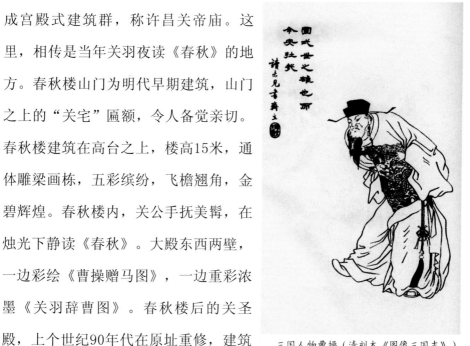

三国人物曹操（清刻本《图像三国志》）

面积1900多平方米，通高33米，气势恢弘。殿内正中塑关公坐像，高13米，卧蚕眉，丹凤眼，五绺美髯行云流水，俯视芸芸众生。关圣殿内东墙壁画为"关公受封图"，因关公斩颜良，解曹操白马之危，曹操上表献帝，封关羽"汉寿亭侯"。殿内西墙壁画为"关帝显圣图"。

华东关帝庙

山东省泰山关帝庙

关帝庙位于泰山南麓，岱宗坊北，盘山道西侧，原名关帝祠，又称山西会馆。相传山西商客建祠祀关羽，创建年代无考，明清拓修而成。庙依山层层叠起，错落有致，红墙青瓦，掩映在绿林丛中。建筑群分为东南、东北、西南三部分。

东南部分由影壁、南山门(戏楼)、戏台、配殿、拜棚、正殿等组成。

山门，为上下两层，拱形门洞，两侧各为方窗，洞后与戏台下端券洞相连。两层通高9.5米，进深7.8米。戏台接山门，下层砖石砌就，门拱形，四面相通；上层是四柱方亭式卷棚歇山顶，四翼角飞起，西侧有台阶相通，为旧时祭神赛会的演戏场所。

拜棚北为正殿，面阔三间，五脊硬山顶，前后设廊。正殿是这组建筑中规模最大的殿宇，其地势最高，因此显得愈发雄伟高大。正殿中原祀关羽像，已毁。院中有汉柏一株，树冠覆荫60余平方米，堪称一绝。

东北部分由东门、憩厅、东厢房、过厅、西厢房组成。

西南部分原称山西会馆，占整个建筑群的1/2，大部分已改造，今存南山门、正殿和左右配殿。

南山门，单间，砖砌角柱，卷棚歇山顶。正殿面阔五间，五脊硬山顶。东西配殿在正殿前两侧，均面阔三间，单脊仰瓦灰埂硬山顶。

安徽省亳州大关帝庙

大关帝庙坐落在安徽省亳州市咸宁街西段。据清乾隆三十二年(1767年)《重建大关帝庙碑记》称：亳州大关帝庙，建于清顺治十三年(1656年)，由山西、陕西两地药材商人集资修建，为山陕会馆所在地。大关帝庙坐北面南，建筑面积近3200平方米，庙内以大殿为主体，辅以戏楼、钟楼、鼓楼、座楼等建筑，形成了一组规模宏大的古代建筑群。因其建筑物上镶满了砖雕、木雕和彩绘作品，富丽堂皇，精美华丽，当地人习惯称之为"花戏楼"。

庙门外有高大石狮一对，守护在大门两侧。两石狮外侧，有铁旗杆一对，高16米。大关帝庙正门为三间四柱五楼仿木砖雕牌坊，以青砖拱门承之。正面门上石横额刻有正楷题字"大关帝庙"。砖雕牌坊工程浩大，大磨砖墙镶满立体透刻徽派砖雕，高低映衬，气势磅礴。砖雕内容有名人轶事、珍禽异兽、风物景色、吉祥文字、图形纹样、流行戏文等，种类达70余种，可谓琳琅满目，五花八门。整座牌坊构图饱满，形象生动，雕工细腻，具有很高的艺术价值，是中国保留最古老、最完整的砖雕艺术杰作。尤为可贵的是，在大门砖雕中刻有整出戏文6个之多，其中有一些是已失传的剧目，为研究古代戏剧史提供了宝贵的资料。

戏楼坐南面北，舞台前伸，平面呈"凸"字形，四方翼角高翘，加之屋面琉璃铺饰，金碧辉煌。底层兼作庙门和通道。舞台用6根抱柱顶立，檐角之下立方柱6根，柱础雕有故事图案。舞台正中屏风透雕二龙戏珠，上悬匾额"清歌妙舞"，中间上下场门有二额"想当然"、"莫须有"。柱间有大枋，大枋与悬枋之间，悬有棚券，柱头悬狮垂鱼。枋之外面皆镶大木透雕，共有

关平、王甫像

三国戏18出。戏中人物、车马及风物景色，雕刻精细，栩栩如生，给人以真实感。另外还有各种花卉、奇禽异兽，均雕刻得精美绝伦，赏心悦目。在藻井、梁枋之间布满彩绘，有戏文、人物、花鸟、山水以及各种图案。整座花戏楼的建筑秀丽精美，雕刻玲珑剔透，彩绘富丽堂皇，为大清盛世遗留下来的古建筑之代表作，对研究我国戏剧的发展及雕饰彩绘艺术都具有极为重要的价值。

戏楼两侧为钟鼓楼，钟鼓楼外侧各有楼房3间，为山陕商贾之居所。由此可见，大关帝庙不仅具有宗教（关帝殿）、娱乐（戏楼）之功能，还兼有商务（会馆）功能。这是许多由商贾建造的关帝庙的共同特征。

大殿里整日香烟袅袅，是尊奉关羽之所。大殿左右各有一深邃小院，

东为财神殿，竹影摇窗；西为禅堂，榴花似火。两院布局曲径通幽，清雅宜人。整座关帝庙风格独特，贴近人性，深受百姓爱戴。

福建关帝庙

东山关帝庙

东山关帝庙，亦称武庙，位于福建省东山县铜陵镇岵嵝山东麓。始建于明洪武二十年(1387年)，后又经历代多次修缮，距今已有600多年的历史。该庙依山傍海，面向烟波浩渺的东山湾。整座庙宇，建筑面积680平方米，依地势逐级递升，层层而起，飞檐斗拱，雕梁画栋，富有明清建筑风格。后人赞誉此庙选址精妙，结构精巧，工艺精湛。

早在唐朝，陈政、陈元光父子率领58姓将士开拓闽南，建置漳州，部分将士也到东山岛开发建村，并从祖籍带来关公信仰。明洪武二十年八月五日江夏侯周德兴亲临东山建铜山城，以防倭寇，建关王祠，"刻像祀之，以护官兵，官兵赖之"（《鼎建成铜城关王庙记》）。从此，驻守

福建东山关帝庙

官兵、当地民众经常前往膜拜，香火鼎盛。但祠庙规模太小，容量有限，已不能满足大量信徒前来祭拜的需求。正德三年（1508年），云霄吴子约及铜山善士等9人募集资金进行扩建，经过4年建设落成，改名关王庙。庙之规模较前有了很大的改观，殿宇雕梁画栋，飞檐高翘，石雕木雕，琳琅满目，整座庙宇雄伟壮观，居八闽之冠，香火日益鼎盛。正德年间寺庙住持僧月堂在《鼎建成铜城关王庙记》中对寺庙有较详细的描述：关帝庙不仅巍峨壮观，而且十分贴近人性，有很浓厚的人文色彩，是一个能让人流连忘返的好去处，故有"不上关帝庙，枉游东山岛"之说。

崇祯八年（1635年）十月，武英殿大学士黄道周为关帝庙撰写了一副长联：

数定三分，扶炎汉平吴削魏，辛苦倍常，未了一生事业；

志存一统，佐熙明降魔伏虏，威灵丕振，只完当日精忠。

对联充分表达了对关帝的敬重与爱戴之情。郑成功驻铜山时，也到关帝庙进香，传说他在清顺治十八年（1661年）收复台湾之前曾到东山关帝庙抽签，正好抽到了一个上上签，签上写"韩信战霸王"。这支签说明郑成功征战台湾就像韩信战霸王一样，定会成功。郑成功马上把这件事告诉将领们，使大家备受鼓舞，士气大增。这更坚定了将士们驱逐荷兰殖民者、收复台湾的决心。其时，有500多名铜山青壮年跟随郑成功赴台湾。这些铜山人为求得外出平安，还不忘把关帝香火带在身上。康熙二十二年（1683年），施琅将军在从铜山出师统一台湾前，也曾多次亲临关帝庙祈签择日。

东山关帝庙自建庙之后，就带上浓重的政治与军事色彩，后来它还成为台湾众多关帝庙的香缘祖庙。其地位不亚于山西解州关公祖庙、常平关公家庙、河南洛阳关林、湖北当阳关陵。虽然其规模远不及以上四大关庙，但其名声却远播四方，尤其是在台湾地区，更是家喻户晓，备受瞩目。明清时期，武庙香火随着东山人进入台湾。在台湾许多地方，都有从东山关帝分香的关帝庙。而且，其中许多关帝庙也挂着黄道周写的楹联。1990年7月，台湾李炳南教授等到东山考察后，认为"台湾关帝信仰文化正源于此"。台湾各地关帝庙由此认祖归宗，谒祖进香者接踵而来。

庙前广场十分宽敞，广场中央有一个很大的圆形池塘，被称作莲花池。一阵微风吹过，池中泛起粼粼碧波，池边环绕的汉白玉石雕栏杆，使莲花池更显秀美。由广场步入庙门，必须经过三层台基，每一层台基都设有汉白玉石雕栏杆，使人还未进入庙宇，就产生一种庄严肃穆的感觉。庙前的每层台基还立有明清时期雕刻的四对小石狮，活泼可爱，神态喜人。

关帝庙的庙门是一座牌楼式建筑，庙门上方，悬有竖匾，周边雕有金色纹饰，红底金字，"武圣殿"3个大字，雄浑有力。庙门横梁为石质，正面镌刻有"嘉靖壬寅五月吉日前都劝缘子孙重修"字样。横梁背面镌刻着当年集资建庙的吴子约与

东山关帝庙明代石狮

其他9位铜山善士的名字。建造这座牌楼式庙门时，特意将左右两边石柱都向中间的柱子倾斜，这样刚好构成了一个稳定的受力结构，即使上面还承托着数百个纵横交错的斗

东山关帝庙内景

拱，拱架上还承载着一座宫殿式的大屋顶，也是稳如泰山。数百年来，历经无数次的地震、台风的侵袭，至今巍然耸立，安然无恙。

庙门屋顶上塑有各种造型，是用瓷片剪黏而成，带有浓厚的闽南地方特色。剪黏是一种南方特有的传统工艺，制作方法是根据不同的人物或动物造型，先用泥土制成胎，再运用瓷碗上的颜色以及瓷碗的弧度，剪成适宜造型的各种瓷片，黏接到塑造的形体上去。所用的瓷碗和泥土都是特制的。瓷碗要根据需要烧制成不同尺寸和各种颜色，以备剪瓷之用。泥土是用石灰、糯米加上糖水，经过长时间的捣碎，有时用蜂蜜来做黏着剂，捣碎工作一般要花费10个小时以上，直至稀烂而有黏性，再用其塑造出各种形态，然后将剪好的碗片黏接在塑造的形体上，再将这些半成品放入窑内高温烧制成型。剪黏工艺复杂而独特，需要制作者具备高超的手艺。剪黏造型有两个特点：一是不会褪色，由于造型是用彩瓷组成的，因此可以长时间保持色彩艳丽；二是在阳光照射下闪闪发光，流光溢彩，炫人眼目，有一种金碧辉煌的感觉。

屋顶上的造型五花八门，正面有"八仙过海"和"百兽图"，除塑有八仙外，还塑有麒麟、象、狮、虎、鹿、羊、骡、豸等动物。背面造型是唐宋故事中的120个人物，其中有"李世民登基"、"樊梨花征西"、"岳母刺字"、"穆桂英挂帅"等，造型生动，千姿百态。在大殿、前殿屋脊也都塑有剪黏造型，主要有"双龙抢珠"和"凤凰飞舞"。

关帝庙大殿正中悬挂清咸丰皇帝御笔"万世人极"匾额，寓意关帝品格乃千秋万世为人之本，这是对关帝的最高评价。大殿内供奉着两尊关帝神像。一尊称为"镇庙神"，是按照《三国演义》中关公的形象塑成：面如重枣，眉似卧蚕，长髯飘逸，气宇轩昂，令人肃然起敬。另外一尊坐在轿子里，是可以随轿子移动的，每逢关帝寿诞期间，轿子里的关帝君就会被抬出来，在东山的大街小巷巡游，以示恩泽百姓。1995年这尊神像还被请到台湾，在台湾巡游长达半年之久。在关帝两边塑有四员大将，他们是周仓、关平、王甫和赵累。在关帝右边的神龛里，供奉的是周仓的坐像，上有一匾额"在帝之右"，而且其相貌也不同于立像周仓，是白脸长须，这在全国关帝庙宇中是绝无仅有的。大殿东侧悬挂一口高1.2米、底长2.15米、重400多斤的铜钟，清道光年间铸造，轻轻敲击，就会发

明代募捐刻石

东山岛奇特的风动石

出洪亮的声音。大殿内的石柱上还镌刻着"大明正德吴子约敬送"的字样，再次佐证了大殿建造的年代。

　　东山关帝庙与台湾关系密切。明嘉靖年间（1522～1566年），关帝香火已传到台湾，由东山分灵到台湾的关帝庙，至今已近200多座。庙内有一块清同治九年（1870年）镌刻的石碑，上面记载了台湾安下、沪尾、鹿港、澎湖等地军、政、商、渔等各界人士40多人捐资修建武庙的名单和金额。1988年11月，高雄市30多位台胞专程前来铜陵关帝庙，送上匾额"追源谒祖"，现悬挂于庙内。1995年1月，东山关帝庙神像从福建东山港乘船出巡台湾，受到30多万台湾信徒的争相膜拜，轰动全岛。随后的10多年间，台湾300多座关帝庙的15万信徒先后来到东山关帝庙朝圣进香。

东山关帝庙是集瓷雕、木雕、石雕为一体的闽南民间艺术博物馆，以其古老的历史和精湛的建筑艺术，成为史学家和建筑学家研究的对象。更以深远的关帝文化传承，在海峡两岸架起一座桥梁，如一道彩虹，横贯海峡上空，祥云流彩，灵光普照。

泉州通淮关帝庙

泉州是一座历史悠久的文化古城，古代受中原文化的影响，人文荟萃，有"海滨邹鲁"之称，民间信仰文化丰富，被称为"泉南佛国"。在泉州街头不时会看到一座座庄严古朴的寺庙，开元寺、承天寺、天后宫、清真寺和关帝庙等等。虽历经千百年的风雨，这些神庙依然矗立在泉州街头，见证了泉州古城的历史变迁，成为泉州人最值得骄傲的文化名胜古迹。

泉州是民间信仰最集中的地方，在众多民间信仰中，通淮关帝庙香火最为兴旺，影响最为广泛。这座庙位于泉州市繁华的涂门街，庙中主祀关圣帝君，附祀岳王。始建于宋代，庙宇占地2亩多，由主庙和左右的三义庙、崇先殿三座并列，各有前殿、大殿，皆进深三间，后又新建仿古楼房一幢。这是一座有上千年历史的古庙，但最初供奉的是水神。闽南自古面临大海，很多闽南商人出海做生意，水神就成了他们心中的保护神。明朝郑和七下西洋，多次在泉州起航。明太祖朱元璋崇奉关羽，下令泉州七个城门要建七座关帝庙。当时泉州刚经历改朝换代，经济处于恢复期，要同时建造七座庙宇，财力实在吃紧，于是将这座水神庙改作关帝庙。这样，通淮关帝庙从明初到现在已有600年的历史，现为泉州市道教文化研究会所在地，信徒远及东南亚及台湾。

600年来，泉州7个城门的7座关帝庙香火兴盛。由于当地人非常信仰关帝，除了这7座庙外，

泉州通淮关帝庙

各处街巷也都建了一些小型关帝庙。到了清末，泉州城的关帝庙竟达到了100多座。随着时代的变迁，现今仅剩下了几座，而香火最盛的依然是这座通淮庙。

华南及港澳关帝庙

广西壮族自治区武庙

广西壮族自治区武庙，又称关帝庙，位于恭城瑶族自治县城印山，始建于明万历三十一年(1603年)，清康熙、同治年间重修。坐北朝南，四进院落，砖木石结构建筑，占地面积2000余平方米，现存戏台、前殿、正殿、后殿、东西厢房等，布局对称严整，颇为壮观。

香港特别行政区文武庙

香港只有内地半个县大小，却有10多座关帝庙。商店、住宅、酒肆、

社团甚至警署都供奉关帝神像。

位于维多利亚峰北麓的荷李活道，建于清道光三十年(1850年)冬，供奉武帝关圣和文帝文昌君，香客主要是香港商界和金融界人士。建筑青砖绿瓦，朱门金字，为香港历史最为悠久的关帝庙。

进殿迎面是一堵巨大木雕屏风，屏首金匾书"神威普佑"4个大字，为光绪墨宝，下有光绪年间镌刻匾额"帝德同沾"。

正殿内置四进香案，两侧有四尊文武大臣像，精巧的青龙偃月刀立于刀架之上，十分显眼。神龛金碧辉煌，并排供奉着关圣帝君和文昌帝君，二位帝君正襟危坐，接受信众的祭拜。香客金榜，落落大方地悬于大殿两侧，香客多则敬献万元以上，少则两三百元。文昌帝君，西晋时生于四川省梓潼县七曲山，现七曲山大庙仍雄峙于川东大巴山群峰之上，蔚为壮观。相传文昌帝君专掌人间功名禄籍，自有科考制以来，深受读书人敬重。

关帝庙一角（梁希毅摄）

澳门特别行政区关帝庙

澳门关帝庙位于玫瑰圣母堂附近，建于1750年，庙宇规模较小，内供奉关帝，塑像雕刻精巧。每逢关帝圣诞农历五月十三日及六月二十四日①，澳门关帝庙都举行神功戏及祭祀仪式。关帝在中国民间有广泛的影响，即使在西方文化熏陶多年的澳门地区，也有许多信仰者。因此，澳门建有多座关帝庙，譬如在议事厅前附近的三街会馆，那里有离市中心最近的关帝庙。另外，普济禅院(即观音堂)以及路环九澳村三圣庙等，也都供奉关帝神像。

西南关帝庙

四川省资中武庙

又称关帝庙，在资中县城北重龙山下，始建于明嘉靖年间(1522～1566年)，清同治年间两次重修。为坐北朝南的四合院式建筑。占地面积2100余平方米，现存朝贡殿、钟鼓楼、正殿、三义祠、武星殿、启圣宫、左右厢房、长廊等建筑，布局严谨，雕刻细致，装饰精美，是一处很有历史价值的古建筑群。

云南省西山关帝庙

地处南疆的云南省为少数民族聚集地区，在昆明滇池岸边的西山峭壁之巅，却有一座奇特的关帝庙。说它奇特，是因为它只是一座石窟，石窟内雕有一尊关公像，是依山石雕凿而成，雕像与石窟连成一体，酷似佛教的石窟寺。关老爷面向东方，每当黎明来临时，关老爷第一个迎来滇池的朝霞，沐浴在万顷霞波之中，享受着南国各民族善男信女的拜祭，别有一番风情。

①关羽诞辰至今仍无定论。历史上有不同的说法，一说"五月十三日"，一说"六月二十四日"。因此各地关庙祭祀关公圣诞日期亦有所不同，也有把"五月十三日"定为关公的成仙吉日。

西藏关帝庙

西藏高原被誉为世界屋脊，远离中原地区，但这里也建有关帝庙，信奉喇嘛教的广大藏民，也崇奉关圣大帝。在日喀则喇嘛庙扎什伦布寺，立有一块"关帝显圣碑"，记述了清乾隆五十七年（1792年）关羽显灵帮助清军打退入侵西藏的廓尔喀军队一事。旧时，西藏日喀则、江孜、拉萨、定日和贡布江达等地都建有关帝庙，建筑融藏汉风格于一体，现只存拉萨关帝庙一处。

拉萨关帝庙

关帝庙藏族称格萨尔殿，位于拉萨市布达拉宫西南帕玛日小山上，由于这座小山形似磨盘，当年清朝驻藏官兵称其为磨盘山。乾隆五十七年（1792年）大将军福康安等在此修建关帝庙一座，翌年落成，称为磨盘山关帝庙。寺庙建筑面积800平方米，属典型的汉式建筑。

整个建筑坐北朝南，依山而建。庙前有长石铺成的台阶，拾级而上，便可步入大门。庙内有一方形小庭院，庭院东西两侧建有二层楼房，楼房底层是僧舍，上层是接待、办公用房。庭院中左边一侧还立有一方3米高的石

拉萨市景（黄加法摄）

碑，即关帝庙落成碑。碑文详细叙述了清朝军队打败入侵西藏的廓尔喀军队之过程及修建此庙的缘由。

庭院北边为关帝庙主殿和文殊殿。主殿宽12.5米，进深9.7米，硬山顶，上覆红琉璃瓦，四角及屋脊两端装有红陶鸱尾。文殊殿的建筑风格与大殿基本相同。建筑材料也颇为讲究，使用了大板瓦、筒瓦、平瓦等。瓦当的装饰图案也是典型的汉式风格，屋檐板瓦带有角形滴水，滴水周边饰有卷云纹，中部有一篆体"寿"字。屋檐筒瓦的瓦当带有云纹和旋涡纹装饰，平瓦上则饰有花草图案。这些造型基本上延续了中原的传统。原先大殿内供奉有红脸关公塑像，手持大刀，骑枣红马。还有50多块悬挂在殿内颂扬关羽的金字匾额，书法刚劲有力，刻工尽善尽美。但这些匾额大部分已经遗失，据说只有13块被文物部门收藏。

关帝庙从筹建到竣工前后用了半年多的时间，主要是供驻守西藏的清朝官兵进香朝拜。

清乾隆年间，廓尔喀（今尼泊尔）人犯扰西藏边境。1788年，廓尔喀人假借商人的税收问题，出兵西藏，占领了济咙、夏拉木、宗喀三个地方。由于清朝派往西藏查办此事的巴忠等人"将就了事，贪图邀赏"，致使廓尔喀人借口讨要赔偿银两，于乾隆五十六年（1791年）再次武装窜扰西藏，占据了夏拉木、济咙，抓走了噶伦丹津班珠尔，八月攻入西藏首府日喀则，大肆抢掠扎什伦布寺的金银、法器、珠宝、粮食和西藏地区的大批牛羊，藏民的经济损失惨重。

乾隆皇帝听说后，查处了办事不力的朝廷官员和地方政府的官员，任

关帝庙中精美的雕刻

命福康安为大将军，统率大军进藏，征讨廓尔喀人。福康安率军出征前，曾到一座小关帝庙祭拜战神关羽，以保佑战事顺利，凯旋而归。为了"缅神御灾捍患，所以佑我朝者"，福康安命人在磨盘山破土动工修建一座规模更大的关帝庙，为其击溃廓尔喀人而祈祷祝福。这便是磨盘山关帝庙创建的缘由。

待关帝庙破土动工后，福康安便率领内地和西藏的两支大军出发了。由于福康安善于用兵打仗，手下将士英勇杀敌，大军到处，所向披靡。但是，有一次他的军队遭到敌人伏击，兵马损失惨重。正当危急之际，据说众将士忽见一员大将，手提大刀，跨马自天而降，冲入敌阵，把敌人杀得望风而逃。大家见此情景，也勇气倍增，杀向敌阵，重创敌军，生擒敌酋。大军一路追杀，势如破竹，直逼廓尔喀都城阳布（今加德满都）。廓尔喀的国王不得不出城请降，交出抢劫的财物后，福康安才接受其降书，凯旋而归。

大军返抵拉萨时，正值磨盘山关帝庙落成之日。众将士进庙朝拜时，看到关帝像与阵前杀敌的骑马将军一模一样。于是，这座庙便名声大振。内地人都知道庙里供奉的是关帝像，而当地人则以为这是传统史诗《格萨尔王传》中的格萨尔。所以有些当地人把关帝庙称为"格萨尔神殿"。但是，更多的人都知道这座庙里供奉的是"关老爷"。

当时的拉萨人，并不了解关羽是何许人也。当这座关帝庙竣工后，藏族人才开始逐渐了解到一些关羽的故事，而在藏族百姓的观念中，则常常把这个汉族的关羽看成是藏族英雄格萨尔王的化身。

拉萨关帝庙修建以来，香火很旺，长期居住拉萨的朝廷官兵和内地商贾逢年过节都要到关帝庙敬奉关公。受中原文化的影响，到关帝庙朝拜的藏族人也越来越多，后来"关帝签"上的汉文也被改成藏文，关帝庙也移交给喇嘛看管。每逢皇帝寿辰，达赖和西藏的地方官员也会到关帝庙朝奉，并向着北京的方向叩首，向皇帝请安。

如今，当年由福康安撰写的《磨盘山新建关帝庙碑》，历经了多年的风雨沧桑，已变得有些模糊不清。碑首的阴文篆刻"万世不朽"已随着历史光阴的流逝，被侵蚀得模糊不清。

从早期的建筑格局来看，关公庙既供奉汉族英雄关羽，也供奉佛菩萨。只是后来随着清朝的灭亡，这座著名的关帝庙，逐渐改成了供奉格萨尔的寺庙。关帝庙的演变是汉藏文化交流、融合的典型实例。寺庙的建筑虽然是完全的内地风格，但如今寺庙内所供佛像却是纯粹的藏族风格。有趣的是当地许多藏民只习惯称之为格萨尔神殿，而当地汉族则认为那是地道的关帝庙。但有一点基本相同，就是格萨尔和关帝都是战神和民间保护神，他们同样受到本民族人民的热爱。

2007年3月，在拉萨市政府与相关部门的主持下，自治区斥资300多万元，对拉萨关帝庙进行全面修复。将对山门、庭院、僧舍、主殿、文殊菩萨殿及耳房等进行较全面修缮，维修面积达800多平方米。本着修旧如旧的原则，按历史原貌对建筑及殿内设置进行整体恢复，同时将尽可能找回散失的牌匾、大钟等文物，复位修补关帝庙落成碑，按历史原貌重塑关帝像。

拉萨关帝庙反映了西藏与祖国的关系，体现了民族团结和祖国统一的历史，是清王朝在西藏行使主权、汉满藏蒙共同抵御外侮、保卫国家领土完整的历史见证。它是一处有特殊意义的文物建筑，也是重要的爱国主义教育基地。

台湾关帝庙

在台湾，关帝信仰有很深的民众基础。台湾的关帝信仰是仅次于妈祖信仰的第二大民间信仰。台湾与东山岛隔海相望，香火鼎盛的东山关帝庙便成为向台湾传播关帝信仰的大本营。明清时期，东山关帝香火通过垦荒移民，军队戍台、澎，商贸往来等多种途径不断地传入台湾。现在澎湖、台北、高雄、基隆等地，都有从东山关帝分香的关帝庙，数量多达200座，其建筑风格大同小异，其中有几座还是专聘东山工匠，按照东山关帝庙建筑样式兴建的。许多庙宇也挂有黄道周写的楹联。随着东山关帝庙分灵到台湾，庙宇文化也相继传入台湾。台湾的关帝庙风俗习惯，都遵循东山古礼，二月抬关帝出巡，五月十三、六月二十四为关帝祝寿，搭台唱戏酬神，礼仪都按东山铜陵关帝庙体例进行。

宜兰礁溪协天庙

宜兰县礁溪协天庙，东临浩瀚的太平洋，西倚苍翠的五峰山，创建于嘉庆九年（1804年），是台湾历史悠久的关帝庙之一。庙虽不大，但由于日殖民时期关帝像未受损坏，光复以后其他重建关庙纷纷于此分香续灵，成为台湾最有影响的关庙之一。其分灵庙宇遍及台湾北部及东部各地。

在宜兰开拓之初，大陆移民面临种种天灾人祸的威胁，迫切需要震慑邪魔的神明来庇护，而伏魔降妖、驱邪避祸的关公正是他们最信赖的保护神。

清嘉庆年间，福建漳州府平和县先贤林枫为讼事进京，搭船途经铜山县东城，听说关帝庙关圣帝君威灵显赫，于是进庙恳求神佑，进京后果然奇应胜诉，其冤得雪。林枫为感神恩，于归途再度进庙叩谢，同时在神前卜筊，蒙准奉炉丹分灵返乡，春秋致祭。后来，林枫子孙林应麟等人渡台，行前到东山祖庙求得圣帝金身护佑，即经厦门过海入噶玛兰（今宜兰），安然进抵礁溪，发现此地依五峰旗山，正是"黄蜂出巢"的灵穴，遂卜居礁溪，于嘉庆九年（1804年）建庙奉祀关圣帝君，成为台湾北部最早的关帝庙，供民众膜拜。建庙之初，只有茅屋三间，至清咸丰七年(1857年)改为土墙瓦顶。相传庙建起之后，当地瘟疫便不再猖獗，百姓都相信这是关老爷的庇佑之德。因宜兰、基隆一带的漳州人习惯称关公为"协天大帝"，故宜兰的关帝庙被称为协天庙。此后，不断有信徒从台湾东、北部来分香建庙，播撒弥远。

清同治六年(1867年)，镇台提督刘明灯带兵驻扎在协天庙后，因下属误砍青枫当柴烧，触怒了神灵，使得全体官兵染上疾病。刘明灯为除病患，到庙内跪拜祈求，全体官兵果然痊愈。于是奏请朝廷颁敕庙匾。如今这块金光灿灿的匾额"敕建协天庙"，就悬挂于大牌楼的檐下。

大殿内供奉一尊蚕丝关公像，据说是先以竹片或木片制成模型，蚕儿在模型上吐丝后，再涂上涂料而成，制作细密、层次分明，神韵栩栩如生，堪称鬼斧神工之作。这种雕塑工艺十分奇特，实属罕见，成为协天庙的一大奇观。

每年农历正月十三日为春祭，是关圣帝君成仙飞升吉日，按照惯例，庙方膜拜神恩，便由附近八大庄乡民每户供奉10斤糯米，加糖蒸制成两只大寿龟。以龟祭仪礼乞求平安顺利，酬谢神明护佑之恩，谓之"乞龟"。这项乞龟活动每年都吸引了成千上万的信徒，规模盛大，使得礁溪街道人潮涌动，为之拥塞。农历六月二十四日为秋祭，是关圣帝君的圣诞，由此分灵到各地的神像都要回来进香，由于分灵关庙众多，每一尊神像进殿时便马上编号入座，此时大殿内供满了关帝圣君神像。殿内香烟缭绕，钟磬齐鸣，众多关帝神像齐聚一堂，场面壮观。当地香客纷至沓来，瞻礼祭拜；各地信徒也纷纷拥来，参拜、进香，人们争先恐后，都想亲眼目睹关帝圣像聚集一堂的盛况。

普天宫

新竹市位于台湾西北，这里有一座古奇峰，普天宫就建在这座山上。普天宫创建于1967年。

这是一座相当特别的庙宇，它一反庙宇的传统格

关帝木雕（刘宽宽摄）

局，建成了九层大楼。每一层楼都有不同的主题陈设，第一层为正殿，沿着阶梯而上，分别是武圣关公历史馆、各种佛像馆、二十四孝堂，中为古董楼、日殖民时期台湾风景展示、古代木眠床展示、四面佛及玉皇大帝奉祀，最顶楼则安设八卦。

在古奇峰立有一尊高达50米的关帝塑像，有十几层楼房高。关公面如重枣，眉似卧蚕，长髯飘拂，身着绣龙刺凤战袍，气宇轩昂，端坐在太师椅上。他一手握卷，一手竖起拇指，神情专注。高大的塑像在蓝天白云的映衬之下，犹如坐在天庭之中，给人以神圣之感。这尊极具规模的关公塑像，被当地人称为"恩主公大神像"，它将秀丽的古奇峰装点得神气十足，成为古奇峰最显著的标志。

台北行天宫

行天宫始建于1943年初夏，主祀关圣帝君。行天宫又俗称"恩主公庙"，"恩主"就是救世主的意思，恩主公庙以弘

于右任书"行天宫"

扬圣教、阐扬五伦八德、促进社会祥和为宗旨。由于关圣帝君除了担当武神之外，还是商业保护神，行天宫地处商业繁华的台北市，因而香火特别兴旺，每天香客来来往往，络绎不绝。

行天宫坐北朝南，庙宇四周筑起一道古色古香的围墙，苍松翠柏，将喧嚣繁华阻隔在外。整座建筑呈四合院格局，分前殿、正殿及左右护室。正殿大门高悬于右任所书"行天宫"庙额。

殿前的天公炉造型独特，两旁有飞腾龙形提耳，四端犹如伸展的龙头蓄势待发。行天宫以灵验著称，香客众多，邻近的地下商场也因此而生意兴隆。

庙门两侧路边，有许多贩卖香纸、玉兰花、油饭、炒冬粉的小贩。进入地下街道，沿途除了卖祭拜用品的商家外，还有不少的命相馆，形成了行天宫的独特景观。

为引导良好的朝圣之风，行天宫劝止焚化金纸及演戏酬神、叩谢金牌等，为戒杀生，废止了供奉牲醴之礼，所有供品均用清香茶果、鲜花素品。庙内不设功德箱，还免费供应祭拜香烛，首开传统宗教界素心之风。

台北夜景（蔡登辉摄）

台中圣寿宫

坐落于台中市北屯区的飞鹰山风景如画，层峦叠嶂，圣寿宫就建在这山峦之中。殿堂宏丽壮观，橘黄色琉璃瓦掩映在浓郁的绿林之中，使人备觉温馨宁静。宫殿分前殿、后殿、两厢、钟鼓楼，正殿迎圣阁供奉关圣帝君，左右侍关平太子及周仓将军。关羽像用纯铜铸造，重约2吨。飞鹰山"鹰头"两侧，有两条登山步道，左为虎道，道侧奉立关羽骑马持青龙偃月刀雕像；右为龙道，奉立孔夫子圣像。这文武二圣同处一山，象征中华的文治武功辉煌灿烂，传统文化源远流长。

台南武庙

位于台南市永福路的关帝庙，被称为祀典武庙，是全台唯一的官建武庙，也是"武圣"的信仰中心。台湾全境有许多关帝庙，台南的这一座是其中的佼佼者，建造历史较长，规模较大，为了与其他同类庙宇相区别，又称大关帝庙。

武庙的历史，可追溯到郑成功收复台湾之时。康熙元年（1662年），郑成功率师东征，匡复台湾，建承天府署于普罗民遮城。四年后，郑经（郑成功之子）在承天府署正南方建关帝庙、佛祖厅，即现在的武庙。这里还供奉着关帝始祖，清雍正三年（1725年），敕封关帝三代公爵，武庙特制神牌供奉于

富丽堂皇的寺庙建筑雕刻（台湾）

后殿，每年春秋及五月三次大祭，后殿定名为三代厅。雍正年间，武庙被定为全台湾祀典关帝的庙宇，故此又称"祀典武庙"。

现存建筑为清康熙二十九年（1690年）重修之遗构。庙宇分为三进。第一进为门厅，石柱、柱础、石鼓等都是用青鸟石（闽称青草石）精雕细琢而成。第二进为正殿，重檐庑廊式殿宇，高大雄伟，所有木材都是当年由福建运去的。殿中供奉关帝，左右陪祀周仓、关平。第三进为三代厅，供奉关羽的父亲、祖父、曾祖父三代的神像。侧殿是"观音厅"，奉祀观音菩萨、十八罗汉等。

武庙历史悠久，故庙内题匾甚多，譬如"大丈夫"、"至圣至神"、"文武圣人"、"人伦之至"、"正气经天"、"日星河岳"、"万世人

极"等等，其中一匾额题"亘古一人"，是宁靖王朱术桂①的手笔，非常珍贵。台南武庙与台南孔庙并称为台湾地区保存最完整的古庙，同属台湾地区一级古迹。

日月潭文武庙

日月潭文武庙位于日月潭北麓，坐北朝南，建筑壮丽，气象宏大。这里群山叠翠，四季花开，日月潭碧波千顷，映照日月，风景宜人。

早在清道光年间，这里就建有供奉关公和孔子的"益化堂"、"龙凤宫"。1932年，日月潭建坝储水，将漫淹两座古庙，虔诚的乡民决议迁庙。在地方人士的奔走下，1934年觅得现址，将两庙合一，创建文武庙，1938年完工。1969年，文武庙开始大规模扩建，重建的文武庙，气势宏伟，华丽无比，威镇于日月潭北山，堪称日月潭圣地。文武庙主祀文圣孔子、武圣关公，庙内所有神像，皆用铜铸。登上文武庙后殿山坡，可以眺望日月潭全景，开阔的观野，令人神清气爽。

文武庙的正门是雄伟的"三川牌楼"，后面有一宏大的庙前广场。穿过广场拾阶而上，便可进入庙宇。文武庙的格局是"三进三殿，两厢两廊"。前后共有三殿，依次为拜殿、武圣殿、大成殿。殿宇布局疏落有致，结构谨严有序，黄瓦红柱的殿堂，衬以秀美的园林景色，既庄严又闲雅。

庙前广场宽敞宏阔，是举行各种活动和庆典的地方。庙埕左右有两

---

① 宁靖王朱术桂为明太祖九世孙，明永历十八年(1664年)，受郑成功之子郑经之邀，以"监军"的身份从金门来台定居，成为明代王室在台香火的象征。康熙二十二年(1683年)，清军攻台，明军溃败，郑克塽(郑氏后裔)见大势已去，遂奉表归降。朱术桂决心以身殉社稷，随侍他的姬妾与婢女，袁氏、王氏、秀姑、梅姐、荷姐五人闻讯，相继自缢以全节，宁靖王将她们合葬于南门外的魁斗山，翌日择别故旧从容自缢，南明灭亡。

只巨大的石狮，为有经济实力的信徒无偿赠送。如此巨大的石狮在全台湾仅有三处，这里是其中最大者。

第一进为拜殿，亦称前殿，殿宇巍峨，气象宏大。两侧有钟鼓楼。

拜祭关公道场设置的褒忠亭莲龛（《苗栗玉清宫沿革志》）

从庙前看拜殿二楼，有一圣旨牌形直匾，上题"水云宫"。"水云宫"里供奉着开基神祇，即清末及日殖民时期的"益化堂"和"龙凤宫"的神明。当时的信众认为神明相当灵验，遇有生活困惑，便请求"签诗"解惑，患病时即开"药签"治病。拜殿为五开门，正门雕有中国第一门神"秦叔宝"与"尉迟恭"，另外几门则雕刻老少太监手捧众物形象，寓意"招财进宝"、"祈求吉庆"、"吉祥如意"、"加冠晋爵"、"富贵长春"。这些雕刻形象逼真，雕工细腻，南派手法十分明显。第二进为武圣殿，殿宇建于高大宽广的基台之上，宏伟壮观。殿前有"丹墀"，为进行祭拜之重要场所。

殿内华贵庄严的神龛，祀关圣帝君、岳武穆王。关圣帝君法相威武庄严，赤面美髯，目光炯炯，正气凛然，镇坐于左。岳武穆王刚毅沉稳，满腹韬略，英武不屈，镇坐于右。二位武圣合祀，忠义勇武精神千秋称颂，万古流芳。陪祀的为关平和周仓，左龛奉祀城隍爷，右龛奉祀福德神。诸神威仪赫赫，保境安民，构成武圣殿的崇高地位，成为民众的信仰中心。

第三进为大成殿，主祀至圣先师孔子与四圣。正龛安奉孔子，神像复制于北京国子监，温良恭让，俨然雅正，大有万世师表之风范。左龛供奉复圣颜子、述圣子思，右龛供奉宗圣曾子、亚圣孟子。颜子、曾子、子思与孟子被公认为孔子的四大得意门生，他们对继承和弘扬儒家思想作出了重大贡献。左右壁上还刻立72位贤弟子，以及历代弘扬道统之贤哲。

每逢关圣帝君、岳武穆王圣诞之时，或学子来庙叩求孔圣开启睿智之际，大批信徒纷纷拥来，云集于此，人声鼎沸，热闹非凡。

彭化关帝庙

彰化关帝庙，为清雍正十三年(1735年)彰化知县秦士望所创建，原址在县治南门内。乾隆五十一年(1786年)，林爽文率众抗清，城内寺庙官署多毁

台湾台中圣德宝宫正殿内供奉的关帝像（朱正明《中国关帝文化寻踪》）

于战火，及至动乱平定之后，嘉庆五年(1800年)，在知县胡应魁的倡导之下，贡生郑士模、吴东升等人积极响应，遂重建于现今地址。此庙殿堂气派，神像硕大，古匾、古碑比比皆是。庙之格局与台南、新竹、

关公道场供奉的酬恩金榜(采自《苗栗玉清宫沿革志》)

新庄之武庙大同小异，足以代表清代台湾武庙之建筑形式。在台湾的关帝庙中坐西朝东者较少，此亦其特色。正殿供奉关帝，配祀关太子、周将军及赤兔马等，后殿供奉文昌帝君，殿内悬有嘉庆年间古匾，上书"威镇海邦"四个大字。殿宇木构风格简朴爽朗，雕饰简洁，更显古朴之美。

据有关资料统计，台湾现在有大小关帝庙近900座，其中台北234座，高雄118座，台南67座，云林65座，台中61座，宜兰58座，苗栗50座，基隆47座，南投41座，桃园35座，屏东24座，嘉义23座，花莲19座，新竹18座，澎湖16座，台东15座。如果算上以关公陪祀的庙宇宫观，那就更是不可胜数了。每逢关帝诞日，台湾各地关帝庙香火缭绕，抬神轿、演社戏、上阵头，鞭炮轰鸣，鼓乐喧天，场面宏大，热闹异常，整座岛屿都沉浸在一种神圣的宗教节日气氛之中。

海外关帝庙

海外华人聚居的地方，都能寻觅到关公文化的踪迹。目前，美国纽

约、旧金山，日本神户、横滨、长崎、函馆等地；新加坡、马来西亚、泰国、越南、缅甸、印度尼西亚、澳大利亚等国，都建有富丽堂皇的关帝庙。

日本关帝庙

关帝信仰形成于唐，至宋广为流播，历经元、明、清各代，备受推崇，深受民众信奉。宋、元之际，大量的中国僧人和商人往返于中日之间，关帝信仰遂东传日本。伴随着长崎中日贸易的发展和移民的东渡迁徙，关帝信仰迅速流入长崎并传播各地，不仅在当地华人中极为繁盛，而且还对日本的民间信仰产生了巨大影响。

神户关帝庙建于明治二十五年(1892年)。庙堂中立有石碑一块，镌刻《关圣帝君圣德略记》，铭文曰：

圣帝忠贞不贰，义薄云天，后世尊为表率，尊称武圣。生时忠义仁勇，殁后为神明：于儒为淑世圣贤，于佛为护法伽蓝，英风播于万方，大义凛乎千古，而使顽夫廉，懦夫立，大有功于名教。后经唐宋元明清各代之尊重，封为财帛星君，甚至于全中国各省各市各县均有圣帝之庙宇，以至于日本各大都市皆备矣。如横滨关帝庙，长崎、大阪、函馆等。

寥寥数语，反映出关帝的强大教化作用，道出了日本民众对关公的无比崇敬与无限信仰。

横滨关帝庙是日本颇具影响力的关帝庙，始建于明治六年(1876年)，比神户关帝庙稍早些。此庙后来连遭两次厄运：1923年日本关东大地震和1945年二战美机大空袭。但每次损毁后，都又重新修复。不幸的是在1986

年关帝庙又遭受一次大火而全部烧毁。奇怪的是大火过后，人们惊奇地发现庙中的一切几乎全都化为灰烬，唯独关公神像安然无恙，完好如初，仅仅有些被烟熏黑的痕迹而已。人们认为这是关公"显灵"的结果，于是关公信仰更加深入人心，令人坚信不疑。翌年7月，信众组建了横滨关帝庙建设委员会，广泛动员当地的华侨、华人，以及华侨社团、企业和金融机关，大力捐助，着手进行再建工作，并得到日本各地华侨的支持。

经过三年的团结努力，1990年8月屹立于中华街的关帝庙建成。新庙为闽南庙宇式样，正殿高16米，面积近290平方米，庙宇的汉白玉栏杆、石阶、屋顶的琉璃瓦及饰件等工程均由北京古代建筑工程公司承建，正殿及牌楼的木雕、室内装饰则由台湾挥华石材有限公司施工，这也体现了两岸炎黄子孙团结协作的精神。这组凝聚了中国传统建筑精粹的建筑群，荣获神奈川建筑竞赛优秀奖，向世界展示了中国传统建筑的无穷魅力。

新加坡关帝庙

地处东南亚最南端的新加坡，有个美丽的名字"花园之国"。新加坡位于印度洋和太平洋的航运要冲，是世界天然良港。国土只有600多平方公里，人口已达300多万，国内大部分为华人，约占80%。因此，这里积淀了浓郁的中国传统文化，关帝信仰自然成为其中的一大亮点。

新加坡面积不大，只相当中国的一个小县，却有30多座大大小小的关帝庙。其中比较著名的关帝庙当地人称作忠义馆。每逢关帝盛典，各地信众纷纷前来祭拜，馆内外摆满了香客为关圣帝君供奉的祭品，色彩绚丽的糕点、水果、三牲等，琳琅满目，展示出"花园之国"独有的南

关公道场诵经（《苗栗玉清宫沿革志》）

国风情。信众手持一束束香火，排成一个个方阵，在关帝像前顶礼膜拜。关帝像的背景，是一条巨大的金龙，腾云驾雾，颇有气势，忠义馆门前的石柱，也都雕刻着五彩飞龙，向人们显示出华夏子孙是龙的传人这一亘古不变的情怀。

越南关帝庙

越南首府河内的关圣殿，坐落在还剑湖的湖心岛上。还剑湖水面0.12平方千米，清澈平静。湖岸四周，种植着多种南国树木，除婆娑的常青树外，最引人注目的是凤凰树，飘逸舒展的凤凰花，红如流火，似漫天云霞。步入关圣殿，大红大绿的色调，金碧辉煌的装饰，凸显中国中原文化之特色。大殿供奉着诸多神像，多得让人难以一个个道出名姓。高约1米的铜铸彩绘关公，位于前排正中，在香烟红烛中显得神采奕奕。关公两侧，有周仓、关平侍卫。平日这里香烟缭绕，香客不断。每逢关帝盛典，这里更是人头攒动，摩肩接踵，人流如潮。

韩国关帝庙

韩国首尔关帝庙，被韩国政府定为"韩国宝物142号"。山门内的介

关羽（张彤、耿默《中国民间吉祥艺术博览》）

绍文字，有英、汉、韩、日多种，其中写道："这是供奉中国蜀汉时期的名将关羽的牌位并对他进行祭祀的祠堂。韩国和明朝军队为抗击倭寇共同作战，好几次都是关羽的神灵出现帮助了他们。"

据记载，早在李朝年间汉阳（今首尔）在东、西、南、北四大门之外各有一座关帝庙，另外在市中心设中庙。在城关建关帝庙，很有些像中国古都北京的做法。从韩国的这种做法明显看出中国的关帝信仰在韩国产生的影响之大。五庙当中东庙和南庙规模比较大。日本在殖民统治期间故意拆毁了中庙、西庙和北庙，南庙也在朝鲜战争期间被战火烧毁，所以目前只剩下东庙。

美国关帝庙

1994年2月，在纽约华埠坚尼街94号的关帝庙，各界华人举行了隆重的"关帝圣像开光盛典"。关公塑像高达5.9英尺，背临金黄屏风，身着龙袍，端坐于神龛之中。"义节千秋"金匾高悬神龛之上，两侧垂挂七色彩灯，庄严而华贵。这一年的农历六月二十四日，纽约各地华人在这里举行了隆重的纪念关帝诞辰的仪式。自此，关帝庙活动不断，香火日趋旺盛。

纽约曼哈顿，有一片中国文化味很浓的中国城，宾馆、餐厅、民宅，随处可见关公像。1993年，以冯德鑫先生为主席的美国关帝庙筹委会，拟定了建庙宗旨："弘扬以关帝为表率的、儒释道三教融合的中华传统文化，净化人心，教化社会。提倡助人为善，广结善缘，积极参与社会慈善事业，服务侨社新老移民。"使得关帝文化在异域他乡生根发芽，弘扬光大。

第十章
关帝庙庙会与大祭

　　旧时，许多关帝庙都举办庙会，成为祭祀关帝的一种形式。山西解州关帝庙是全国关庙之最，庙会的历史悠久，至今已有1000多年的历史，其形成初期可追溯到隋唐时代。过去，每年的农历四月初八，解州关帝庙都要举办盛大庙会，把祭祀关帝、商贸活动、物资交流、文化娱乐融为一体。庙会期间，十里八乡的百姓纷纷拥来，商贾小贩也汇聚于此，人山人海，熙熙攘攘，热闹非凡。

关庙庙会（朱正明《中国关帝文化寻踪》）

一连数日，关帝庙内香火不断，祭拜人流络绎不绝。农历四月临近麦收季节，人们祈祷关帝能赐予好的收成，并在庙会上购置农具和其他物品，为开镰收割做好准备。直至民国时期亦是这种情况。新中国成立后，由于种种历史原因，解州农历四月初八祭祀关帝的庙会只是一种纯经贸活动，禁止人们进关帝庙搞祭拜。

关公（蔚县剪纸）

改革开放后，伴随着民族传统文化的复兴，海内外炎黄子孙崇拜关帝的风气再度兴起，当地政府把这种属于信仰范畴的文化活动与促进经济发展结合起来，提出了"关公牵线，旅游搭台，经贸结亲"的关公文化新概念，依托关羽的声望提高运城地区的知名度。在关帝故里运城市举办规模盛大的集旅游、文化、民俗、经贸于一体的大型国际性商旅活动——关公庙会。

首届关公庙会于1990年10月26日在运城黄河大厦前举行开幕式，庙会的宗旨是"利用传统的历史文化优势，加强本区同全国各地联系，振兴河东经济"。庙会在运城市区设立八个专业市场和一个展览馆，有名吃市场、旅游市场、外贸市场、物资市场、农副产品市场、商业供销市场、粮油市场及河东博物馆的黄河书画展览。庙会历时半月，八个专业市场总成交额达3043万元，接待外地游客4万多人次。

次年10月16日至29日，第二届关公庙会如期举办，开幕式在运城市河东广场举行。山西省、运城地区的有关领导及日本、美国、英国、丹麦、新西兰等国和香港、台湾地区的来宾100多人及外省、外地来客共700多人出席了开幕式。开幕式鸣放礼炮，放飞信鸽，各种民间文艺表演近2个小时。本次庙会总成交额达到1.03亿元，经济效益可观。

1992年10月5日，关公庙会组织委员会首次举办大型"仿古祭祀关帝乐舞表演"，亦称"金秋大祭"，在解州关公祖庙、常平关公家庙和关帝祖茔进行拜谒、祭礼。这次仿古祭祀表演是模仿明代祭典的规制，结合运城地区民间祭祀传统，对祭典进行了精心编排，祀典程序繁缛，依次进行鸣鼓、迎神、行礼、奠玉帛、上香、进俎、行初献礼、读祝文、行终献礼、饮福酒、送神、望燎、献艺、礼毕等。祭品用古祭最高的太牢规格，使用整只的猪、牛、羊。祭祀礼乐十分讲究，乐器就有10多种，如编磬、笛、管、埙、笙、琵琶、筝、锣、鼓等，所奏曲牌依明代所用"中和、宁和、寿和、豫和、熙和、安乐"六和之曲谱。所献舞蹈

关帝群像

庙会上民间花会表演

亦仿效明代"文德之舞"和"武功之舞"。整个祭祀活动规模宏大，庄严肃穆，气氛热烈，使参加祭拜的海外客商和游人大饱眼福。从此，"金秋大祭"成为关公庙会中十分抢眼的一项活动，它吸引了大量的游客前来观瞻，也成为庙会的一个保留项目，此项活动一直延续至今。

解州关公庙会，至今已举办了17届，每届都有新的亮点，一届比一届红火。譬如2004年举办的第15届关公庙会，从9月25日至9月30日历时6天。开幕式上演出了大型歌舞《吉祥颂》、古筝齐奏《滚滚长江东逝水》、武术表演《关公武风》、蒲剧联唱《关公精神代代传》以及社火表演《高台雄狮》等节目。在其后的几天里，还推出了"仿古祭祀"表演、"关公门前耍大刀"武术表演、戏剧调演以及青年歌手大奖赛。庙会期间，还举行了"百万市民诚信大签名"启动仪式、海内外华人"关公故里游"等活动。最后一天晚上，举行了盛大的焰火晚会。广场上人山人海，天空中火树银花，五彩缤纷的焰火令人眼花缭乱，人们沉浸在无限的喜悦之中，关公庙会达到了高潮。

关公庙会为关公文化的展现提供了广阔的平台：关公锣鼓、关公戏剧、关公文物展览、关公电视剧、关公古迹游览，好戏连台。慕名而来的海内外人士逐年增加，关公文化得到极大的弘扬。

如今在大陆，每逢关帝圣诞，湖北、河南、山西、福建、河北等地都要举办盛大的关帝庙会。到了九月、十月间，山西、河南、湖北等地又接连举办隆重的金秋大典。虽然各地关庙的祀典各有千秋，不尽相同，但场面都很宏大，气氛相当热烈。

东山关帝庙祭祀大典及迎神巡游

前面提到，东山关帝庙是众多台湾关庙的香缘祖庙，因此每逢大典，前来参加盛典的台湾同胞人数众多，情绪热烈，使得典祀更加隆重，盛况空前。

大型的祭祀活动主要在每年农历五月十三和六月廿四。但平时也可以进行，遇到有成批从台湾或海外而来的关帝信徒，在进香朝圣之际，一般都举行祭祀仪式。祭祀仪式隆重、庄严而肃穆。

参加祭祀活动的有长辈(俗称序大辈)、族长、官员、台湾同胞、海外侨胞，一般为男性。旧时，除当地各界人士外，铜山的文武官员也要参加。参加祭

东山关帝庙精美的石柱雕刻

祀的人都必须虔诚地斋戒沐浴，清心寡欲，至诚参拜（一般家遇丧事之人不便参加）。

祭拜的地点在关帝庙的大殿和拜殿。仪式非常隆重，备有丰盛的牲礼果品、纸金、香烛等。参加祭祀的人胸前佩戴红色绶带，写上敬贺关帝之辞，或注明祭拜者来自何方。在司仪主持下，祭祀仪式开始。参加祭祀的人在司仪的指挥下，依次进行上香、一叩首、二叩首、三叩首的膜拜仪式。之后进行读祝，诵念祝词，朗读歌颂关帝的祭文。然后鸣钟、击鼓、奏乐、唱颂歌。因参拜者人数众多，上香膜拜仪式要反复进行多次。人员虽多，但多而不乱，排列有序，逐项进行。其间，金纸焚烧，香烟萦绕，钟磬齐鸣，洋溢着两岸同胞虔诚敬祖、共庆关帝生日的热烈气氛。

在东山还有一种古老的民俗——迎神，即抬着关帝神像沿街巡游，为

东山关帝庙精美的雕刻

此东山关帝庙的大殿中有一尊关帝像被供奉在轿子里，就是为关帝巡游时准备的。当地百姓认为，巡游这种方式可以造福人民，消灾避祸，可使风调雨顺，五谷

拜祭关公（关公祖庙）

丰登，百姓安居。关帝巡游，首先是选择吉日。每年农历正月或二月，由乡里父老推选出一位德高望重的长者，身穿马褂，头戴帽盔，到关帝庙向关帝虔诚地投筊问卜，定出巡游的日期。其次是鸣锣报街。在巡游的前三天，派人按照巡游路线沿街鸣锣，通知各家各户打扫卫生，为迎接关帝做准备。巡游当天，大批信徒组成一支浩浩荡荡的游神队。游神队伍由大铜锣开道，后面跟随的是成双成对的"肃静"、"回避"牌，彩色横幅上书写"山西夫子"，犹如古代官吏巡查。紧跟其后的是锣鼓班、响器班、兵器班，最后是龙旗组成的队伍。周仓的黑色龙旗为保驾旗，走在最前面，接着是黄龙旗、红龙旗，龙旗为长方形，周边镶有江水牙，随风飘动，飒飒作响，煞是好看。一对大红灯笼在神轿前引路，关帝神像端坐于神轿之中，其后是护驾的周仓坐像，以马代步。浓妆艳抹的孩子们身穿新衣，手捧鲜花和时令水果；年长者身穿马褂，手捧铜炉；善男信女手持香

炷，毕恭毕敬，簇拥着神轿前行。巡游队伍无论走到哪里，老百姓都要摆出香案迎接，焚香跪拜，燃放鞭炮。鞭炮声震耳欲聋，响成一片，烟雾腾腾，弥漫天空，如同过节一般。

台湾宜兰礁溪协天庙春秋祭典

台湾协天庙的春秋祭典中，佾舞①是一大特色。协天庙的佾舞是祭祀大夫的四佾舞，由当地16名小学童装扮成关家军，左手持"关"字样盾牌，右手持长柄大斧，随着铿锵的舞乐，强劲的节奏，不断地做出开、合、俯、仰各种动作，庄严肃穆之中又掩饰不住几分童真。另有两位舞生持剑，站在阵前左右，负责监督佾舞进行，并不随乐起舞。

在阵阵鼓声中，祭典正式开始，舞生于三献礼时起舞，仪式完全遵循古代礼仪，历时90分钟。在撤馔后，庙方给观礼者发送平安饼干，进香膜拜者也得到庙方赠送的寿面。

协天庙另一个重要祭典是"乞龟"，于农历正月十三至十六日举行。在宜兰拓荒初期，人们为了感谢关帝君的庇佑，在关帝飞升日以大寿龟祭祀。每年的炉主必须事先用大米和糖制好象征平安如意的大寿龟，从

关公（剪纸）

---

①佾舞，排列成行，纵横人数相同的古代舞蹈。按西周奴隶制等级规定，天子用八佾，84人；诸侯用六佾，36人。佾生，亦称佾舞生、乐舞生。清代孔庙中担任祭祀乐舞的人员，文者执羽龠，武者执干戚。

正月十三日起，接受信徒叩谢、祈求，到十六日才杀龟，凡是对神有所请求并取得"龟肉"的信徒，在第二年应验后必须加倍偿还"寿龟"，更有虔诚者还要演戏酬神。如果所求之事未能如愿，或是家有白事，可以等到应验后再奉还。由于信徒太多，每年"乞龟"时，庙前供奉的"寿龟"数量大得惊人，各地赶来的大批信徒也使得协天庙一带人头攒动，车辆拥堵，道路不畅，但人们依然兴高采烈，喜气洋洋，毫无怨言，犹如过节一般。

第十一章
关公文化

关公戏剧

据《大业拾遗记》载，隋代即有三国戏。唐玄宗时，三国故事的剧目逐渐增多。北宋时的皮影戏，也有关羽形象的出现。《明道杂志》中记载，宋代时人好看影戏，为关公事迹所感动。元人陶宗仪所著《南村辍耕录》中称，金院本有《赤壁鏖兵》、《襄阳会》等三国戏，关羽是剧目中的主要人物。元杂剧中，三国戏成为重要剧目，如《单刀会》、《三英战吕布》、《千里走单骑》、《桃园结义》、《古城会》等。

明、清时代随着对关羽不断地加官晋爵，关羽戏越编越多，称谓也随之而改称关圣、关帝了。乾隆时期(1735～1795年)，特命庄格亲王、张德德等人系统地辑录和整理了供内廷演出的三国联合大戏《鼎峙春秋》共239出，其中关羽戏占了很大的比重。这部巨制长剧的情节大部分来自

虎牢关三英战吕布（年画）

《三国演义》，少部分是吸收了《三国志平话》、《关帝外记》等书和民间的传说故事。这样庞大的剧本，可惜只限于宫廷演出，以致影响不广。

清代中叶，产生了新的剧种——京剧。起初剧目中就有155出三国戏，而以关羽为主角的则占到1/5，并逐步形成了以饰演关羽为主的"红生"行当。著名的京剧艺人王鸿寿编演了连台本关羽戏，由关羽出世的《斩熊虎》，演至其死后的《雪地斩越吉》共36出。王鸿寿的弟子李洪春又增编了《走范阳》、《阅军教刀》、《收姚斌》、《破羌兵》、《教子观鱼》，使关羽戏连台本成为41出。1962年，上海文艺出版社出版的李洪春演出的《关羽戏集》只选录了其中的27出，包括《桃园结义》、《造刀投军》、《斩华雄》、《赠袍赠马》、《灞桥挑袍》、《过五关》、《古城会》、《华容道》、《单刀会》、《刮骨疗毒》、《走麦城》等。

清末，四大徽班之一的三庆班班主程长庚与卢胜奎等人，参考《鼎峙春秋》等剧目，编演了从《马跳檀溪》至《取南郡》的36出联台本三国戏。

在演出"关公戏"时，不同剧种还有许多不同的清规和讲究。比如蒲州梆子演"关公戏"时，每当开场关羽登台亮相时，戏班的拉场要在出将口燃一张黄表纸，表示祈愿、吉利，希望演出顺利和成功。而关羽登场演出时，演员总要闭着眼睛，据说关公只要一睁眼就要杀人。这种讲究和规矩，长期沿袭，剧团、演员都自觉地、虔诚地恪守沿袭，不敢破规。在其他一些剧种，也有一些讲究。扮演关公者必须品貌端正，演关戏前，或一月或半月不得行房事，且要斋素；演出前夕，扮演关公的演员必须沐浴；

华容道（山东年画）

登台之前，所有演员必须焚香齐拜关帝；演出之时，"关公"的一招一式，均不得有失君子圣人风范。对于观看关公戏的观众，也有诸多规矩。据说，清廷皇宫演戏时，每临关公出场，帝、后、妃都得离座站立片刻，然后才能坐下看戏，就连不可一世的"老佛爷"慈禧太后也不例外。

关公（木雕）

关公诗词

关公因其在封建社会中的崇高地位，而受到敬仰与颂扬，历代文人墨客不惜笔墨，大加称颂，为后人留下了许多诗篇。这些诗词到底有多少，很难说得清，仅《关圣帝君圣迹图志》中收录的就多达160余首，《关帝志》中收录的也有120多首，这还不算散集在各地方志和个人文集中的诗文。一个历史人物，受到历朝历代这么多文人的颂扬，是不多见的，而这些诗词的基本倾向都是赞扬关羽的忠、义、神、勇精神，威震华夏、功勋卓著的业绩，哀伤其中道败亡的不幸。

早在唐代，诗人郎君胄就写了一首五言古诗《壮穆侯庙别友人》：

将军秉天资，义勇冠今昔。

走马百战场，一剑万人敌。

谁为感恩者，竟是思归客。

流落荆巫间，徘徊故乡隔。

离宴对祠宇，洒酒暮天碧。

去去勿复言，衔悲响陈迹。

宋代的张商英曾做到尚书之位，写有《咏辞曹事》诗一首，颂扬关羽当年辞别曹操追随刘备之事。

月缺不改光，剑折不改铓。

月缺白易满，剑折尚带霜。

趋利寻常事，难屈志士肠。

男儿有死节，可杀不可量。

元代的火鲁忽达在拜谒解州关帝庙后，也赋诗一首《谒解州庙》：

来谒崇宁庙，遗容古貌寒。

奋戈扶汉祚，斩将报曹瞒。

刘备、孔明与关张赵马黄五虎上将（木偶，《云林县台湾寺庙艺术馆文物概览》）

关公战黄忠（刺绣，《云林县台湾寺庙艺术馆文物概览》）

忠烈条山并，英灵解土安。

未能并吴魏，长使后人叹。

文徵明，明代书画家、文学家，吴中四才子之一，曾任翰林院待诏。
他写有一首《题圣像》，诗义如下：

有文无武不威如，有武无文不丈夫。

谁似将军威而武，战袍不脱夜观书。

清代，关公崇拜达到顶峰，因此歌颂关羽的诗文更多，如乔寿恺写有
《谒帝庙》一首。

条山毓秀古河东，绝伦超群孰与同。

心契麟经昭大义，志维汉鼎矢孤忠。

明威远镇云山外，灵爽常凭渤澥中。

盛世追崇同阙里，至今千载仰雄风。

以上诗文不过是沧海一粟，但仅此就足以看到人们对关羽的景仰之情，关羽的忠义精神和高尚气节被描写得淋漓尽致，不禁使人由衷敬佩。

关公庙宇楹联

关帝庙之多居庙宇之首，关庙楹联自然也就数不胜数。不仅文人题联颇多，就是帝王也加入其中。

明神宗朱翊钧题联一副：

五夜何人能秉烛；

九州无处不焚香。

乾隆帝向来以文笔功夫见长，他曾为关帝庙题过多副对联，其中有一副题北京正阳门关帝庙联：

汉封侯、晋封王、大明封帝，圣天子可谓厚矣；

内有奸、外有敌、中原有贼，大将军何以待之。

至于其他关帝庙的楹联更是不胜枚举：

夫子孰能当，孺妇知名，继文宣于千秋尔后；

精忠庸有几，馨香终古，唯武穆可一龛而居。

（天津关帝庙）

北斗在当头，帘箔卷起应挂斗；

南山来对面，春秋阅罢且看山。

（山西解州关帝庙春秋楼上层）

力扶汉鼎、首闻麟经，秉忠义伐魏拒吴，统南北东西，四海咸钦帝君仙佛；

气禀乾坤、心同日月，显威灵伏魔荡寇，合古今中外，万民共仰文武圣神。

（山西解州关帝庙）

先武穆而神，大汉千古，大宋千古；

后文宣而圣，山东一人，山西一人。

（山西省蒲州关帝庙）

三人三姓三结义，

一君一臣一圣人。

（江苏省镇江三义阁）

拜斯人便思学斯人，莫混账磕了头去；

入此山须要出此山，当仔细扪着心来。

（宁夏固原县关庙）

这类劝世警世楹联，在各地关庙并不少见。这类楹联，通俗易懂，不用典，不隐喻，一看就明白。此联意在警示人们应该光明磊落，为人正直。如果你做不到，你入庙拜神，不是对关圣大帝的亵渎吗？如果你心怀不轨，头磕得再响，香烧得再多，也掩盖不住自己的龌龊。下面再介绍一副警世联。

诡诈奸刁，到庙倾城何益；

公平正直，入山不拜何妨。

（福建省泉州关帝庙）

这副楹联快人快语，十分直白地痛斥那些狡诈之徒。上联是说为人狡诈，即使到庙里大摆阔气，大上香火宝烛，也得不到神灵的保佑。下联是说正直善良之人，只要心中牢记关帝精神，身体力行，即使入庙不下跪，不燃香祈祷，也会好人有好报，得到神灵庇佑。

与天地、与日月、与鬼神争光，千古无二；
是君臣、是兄弟、是朋友大义，五伦有三。
（山东省昌乐关帝庙）

兄玄德、弟翼德、仇孟德，力战庞德；
生解州、出许州、战荆州，威震九州。
（河南省许昌关帝庙）

生蒲州，辅豫州，保荆州，鼎峙西南，掌底江山归统驭；
主玄德，友翼德，仇孟德，威镇华夏，眼中汉贼最分明。
（江苏省宜兴荆溪关帝庙）

草庐三顾，鼎足三分，不朽当年三义；
君臣一德，兄弟一心，无双后汉一人。
（洛阳关陵正殿）

山别东西，前夫子后夫子；
圣分文武，著春秋读春秋。
（白崇禧撰，悬台湾新竹关帝庙）

觉世真经明道义
光绪拾弍年

关公庙联举不胜举，有些联语的产生还有一段故事。清初，江南文风极盛，考取进士状元的人很多。江北临桂人陈继昌以三元及第任江苏主考。临桂文风素称不振，江南举子对陈继昌多有微词，大为不恭。考试前正逢苏州关帝庙落成，陈继昌遂题一联：

匹马斩颜良，河北英雄齐丧胆；

单刀会鲁肃，江南名士尽低头。

下联不但一吐心中闷气，且一语双关，抑挫江南考生傲气，妙不可言。

关公（年画）

第十二章
关帝灵签

到关庙抽签、问卜，也是一种广泛存在的关公崇拜现象。关庙遍天下，大凡关庙都有"关帝签"。到关庙的朝拜者、旅游者，许多人都愿抽一支签，以预知自己的命运或运气，其中有虔诚的关公信徒，让关帝老爷裁决自己的命运，也不乏以此作为娱乐者。

关帝签为竹制，长短大小一样，长1尺左右，漆着相同的颜色，每根代表一签，上面标有不

涿州三义宫关帝殿内关帝灵签

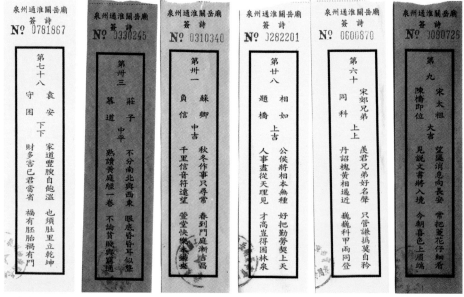

福建泉州通淮关岳庙的签诗

同的号码，这些号码是唯一的，不能重复，号码代表所占卜的"签"。求签时，求者要在关帝像前恭恭敬敬地点燃一炷香，然后作揖、跪拜，还要微闭双眼，口中喃喃自语。默祷毕，从装有竹签的红色长筒里抽出一支，即所谓"抽签"。

关帝签分上吉、大吉、中吉、上上、中平、下下等类别，不同的类别预示着不同的前途命运。譬如《关圣帝君圣迹图志全集·圣签考》所载的"关帝签"就多达101支，每签皆由四句诗组成，对诗的内容还有专门的解释。如第一签的签诗为：

击壤高歌作息时，岂知帝力密扶持。

源源福禄如川至，黄气朝来又上眉。

其解曰："有贵相，资福禄，所助有喜大吉，可进可图。此卦天下太平之象，凡事营谋大利。"显然，这是一个所谓的"吉卦"，预示着"好运"。

由于千百年来抽关帝签活动的存在和演化，"关帝签"这一带有浓厚封建迷信色彩的文化现象，也得到长足的发展。"关帝签"的数量越来越多，内容也越来越广泛，与人们生存、发展息息相关的内容几乎无所不包。内容涉及农桑耕织、买卖生意、生老病死、出行安危、婚丧嫁娶、功名利禄、生儿育女、科举仕途、纷争诉讼、建房造屋等。

民间传说关帝签最灵验。因此，大凡香火鼎盛的关帝庙，到那里求签的人一定很多，可以说，关帝签在某种程度上带动了关帝庙的红火。清代《都门竹枝词》说："灵签第一推关庙，更去前门洞里求。"说的是北京正阳门月城内的关庙签很灵验，因此那里的香火也很旺盛。

第十三章
关公传说故事

关公出世传说

　　一般说来，西南、西北地区认为关公是火神(火德星君、火龙)下凡；而东部地区，特别是沿海一带，则认为关公是神龙转世。此外，还有第三种说法即其他天神下凡的传说。不管何种传说，都是以关公的诞生寄托了人民对英雄的崇拜与渴求。

天神下凡，勇得青龙宝剑

　　传说，关公原是天宫里的赤帝，因为给人间做好事，免除灾难，得罪了天帝，被贬到了凡间。他到人间后，变成一个婴儿，被蒲州府普救寺的方丈捡到了。

　　当时，普救寺正在修葺，老方丈看河东解梁常平村来的常铁匠，为人厚道，手艺高超，便把这孩子托付给常铁匠了。他对常铁匠说："你要好生抚养这孩子，将来长大必定是国家的栋梁之才啊。"常铁匠两口子无儿无女，自然十分高兴，他俩给孩子起了个名字叫常生。

关公故事壁画

常生从小聪明懂事，力气过人，小小年纪，就抡起铁锤帮助爹爹打铁了。常铁匠夫妻特别疼爱常生，他们想，这孩子来历不凡，日后还要为国家为百姓干大事，光打铁不识字怎么能行？于是两口子省吃俭用，打铁攒钱送常生到学堂读书。谁想常生拿起书本一看就懂，过目不忘，一部《春秋》背得滚瓜烂熟，连教书先生都很惊奇。他有空还和小伙伴们打拳舞棒，布兵摆阵，两膀练有千斤之力。有一次，他学伍子胥单臂举鼎，竟把祠堂门前的石狮子举过了头顶。

一天下了学，常生一脸怒气回到家里。常铁匠忙问："谁欺负你啦？"常生说："今晚我要睡在学堂，一定要抓住偷油贼！"原来，学堂里有盏供学生夜晚读书的油灯，一次能添三斤油，三天添一次，由学生轮流从家里拿油。可是近几天，当天添的油第二天就光了，天天如此。有钱的孩子便说："常生家里穷，一定是常生偷去了。"常生气坏了，一心要抓住偷油贼，为自己辩白。

　　到了半夜三更，他藏在学堂书桌下，瞪着两眼一眨不眨地盯着灯盏。三更过了，没动静；四更响，还是没声音。时近五鼓，他迷迷糊糊正想入睡，只见窗外冷咕叮吹过一阵阴风，刮得油灯直摇晃，吹得他浑身发抖，头发直竖。他慌忙睁开双眼，好家伙！一个张牙舞爪的青龙头伸进窗口，偷喝灯油。只见青龙两只眼睛，绿光闪闪，寒气逼人；一双龙角，足有三尺。常生心里说："好哇，原来是你偷了油，让我背黑锅！"便纵身窜上前去，一手扭住一只龙角，拼命往下按。青龙大吃一惊，拼命挣扎。只听"咔嚓"声，龙角齐根掰断了，青龙抽身回首，腾空而去。

　　常生低头一看，哈！手里抓的龙角竟变成了两柄寒光闪闪的宝剑。上刻青龙花纹，正好雌雄一对。常生高兴得直跳，给它们起名叫"青龙宝剑"。他把剑拿回家去让爹爹看，全家人惊喜万分。可是，这剑没有鞘，往那儿插呢？常铁匠说："不妨事，爹爹给你打个剑鞘。"谁知铁匠一连打了七八个，不是长短不够，就是宽窄不合，急得巧手铁匠也没了办法。

　　转眼到了清明节，常生带上青龙剑同伙伴们到解州城去游春。路过城隍庙，只见庙前站着一位白胡子老汉在叫卖剑鞘。常生喜出望外，忙上前施礼问安，选了一把雕着云龙图样、镶着七彩宝石的剑鞘。他一试，不长不短，不窄不宽，正合适，便问道："老公公，这剑鞘卖多少银子？"老汉捋着胡子笑道："遇见识货的，能为民除害的，分文不要！"说罢，转身进了庙。常生忙掏出钱追到庙里，老人头也不回，径直往里走去。常生边喊边追，进庙后连个人影也没找到。他想，这大概是神仙特地来送我剑鞘的吧，我一定要练好武艺，为乡亲们办好事。

后来，关公跟随刘备战吕布、破黄巾，过五关、斩六将，用的就是青龙宝剑。

关公是南海龙王转世

山西河东解池面大水深，直通南海。池旁有座寺院，住持方丈是个善下棋的老僧，他棋艺高超，从没输过。这一年，解州地界一连数月滴雨未落，禾苗枯黄，老百姓十分焦急。

这一天，突然来了个红脸大汉要与老僧对弈，两人一连下了几局，也没有分出个高低。大汉要求再战，老僧说自己心绪烦乱，坐不住。大汉问他原因，老僧叹息道："解州地方数月滴雨未下，庄稼将要旱死，百姓们可怎么活呢！"大汉听后即坦诚相告："我就是南海龙王，因玉帝不准向这一方行雨，上意不可违抗。我此番下界一是察看灾情，也是散心解闷。"

老僧见龙王爷就在当面，立即跪倒在地，恳求其施恩行好，布云降雨，普救众生。大汉为难地说："若降雨必犯天条获罪，后果严重。"老僧跪地不起，苦苦哀求，大汉终于应允。他交代老僧说："雨过后盐湖水面将冒出一股红水，请方丈接了此水并妥为保管。"老僧满口答应。说话之间，但见阴云四起，电闪雷鸣，大雨倾盆而下。老僧惊

龙王头像（明代壁画，河北正定毗卢寺）

喜之余，转身寻找大汉，却再也不见踪影。大雨整整下了一天一夜，旱象解除，百姓得救。

雨停之后，老僧来到湖边，果然有一股红水从湖底升起。老僧急忙接来装入桶内，严严实实盖好放在僧房。100天后，老僧打开桶盖观看，只见一个红脸男孩从桶里跳了出来。此人便是日后的关羽。

龙王（明代绘画）

关羽是火龙降生

天上的火龙星是位善良正直的天神。一次玉帝命他到人间放火烧毁万户村，他见那里的百姓朴实忠厚，辛勤耕耘，一连三次都不忍心放火。最后只烧了村里一户作恶多端的财主回去交差。

玉帝见火龙星屡屡违抗天命，欺哄上天，下令将他捉拿归案问斩。火龙星在临赴刑场时托梦给他的棋场老友——仙山寺住持老僧，嘱托他在六月十七日午时用铜盆接住从天庭断头台滴下的血水，密封存放七天七夜，他就可以转世凡间为人。

老僧同情朋友的不平遭遇，遵嘱而行，把接得的血水用寺内一口大钟严严实实地盖了起来。转眼六天过去了，寺内的几个小和尚等待不及，趁住持不在时抬开大钟，看到盆内血水已凝结成一个血球，有碗口般大小。

小和尚们正在惊奇之时，突然一团红云腾起，血球变成了一个小儿。因为还差一天到期限，血球的血气尚未消完，故而孩子脸色赤红，如同重枣。此儿就是日后的关羽。

关公是天地爷转世

关羽在天上是天地爷。民间传说，很久以前，晋南人不信佛，把佛头像用线缝在鞋底上，人一走路，脚印里正好印出一个佛头像。这件事让玉皇大帝知道了，勃然大怒，便命令天地爷下凡火烧晋南。玉帝还要亲自在南门外观火。

天地爷下凡后，变成一老人，想看看晋南人到底有多坏。他见到一个妇女，领着两个孩子，大的背着，小的走着，小的走不动，一直哭。妇人却一直打小的，叫他快走。天地爷一看晋南人不光不信佛，而且为人处世也不好，于是上前询问缘故。妇人说："你老不知，我背的大的，是我前房姐姐所生，小的是我亲生的，我如果弃大惯小，别人会说我不贤，我良心上也对不起死去的前房姐姐。"天

关公故事壁画

地爷听她如此一说，深为感动，多么善良而贤惠的晋南人，怎么忍心把他们活活烧死？

天地爷想了个

两全其美的办法，对妇人说："我是天上的天地爷，玉皇命我正月十五火烧你们晋南人，你们都是好人我不忍心。但玉皇还要在正月十五南天门观火，你快去让人们这一天放焰火，挂红灯，玉帝一看，以为是着火了。"

妇人回去之后，一传十，十传百，顷刻传遍了晋南地方，到了正月十五那一天，家家大放焰火。这个习俗后来也流传到了全国各地。

再说天地爷救了晋南人之后刚刚交差，却被灶神多嘴多舌走漏了消息，玉帝知道后大怒，把天地爷推出南天门斩首。

关公像（北京居庸关关帝庙）

天地爷被杀后，鲜血流到凡间晋南解池南一带，聚在一片菜叶上。有个卖豆腐的老人夜里得天地爷托梦，第二天找着那菜叶，用棉花包好，放在炕旮旯，不久传出婴儿哭声，打开棉花一看，是个男孩子。老人知道上天有灵，感慨万分，将孩子抚养成人，让他学得一身武艺。孩子好打抱不平，为救一民间女子，杀了一个当地恶霸，逃出常平城。

他过关口时，鼻子流

血，发现面皮由原来的白脸成了红脸，守关的
人见是一红脸大汉问他姓什么，他指关为姓。
从此天地爷姓关，单名羽字。

在桃园，刘、关、张三结义，与家将周仓、
义子关平为刘备夺取天下立下汗马功劳。

关公的脸膛和胡须

关羽年轻时候，是个白皮嫩肉的后生。他臂
力过人，为人正直，爱打抱不平。

有一天，关羽出外春游，走到一个山坳里，
忽听到女人呼救的喊声。他急忙寻声跑去，只见
一个纨绔公子，骑着高头大马，领着一伙人强抢
一个姑娘。有个老汉拼命扑上去解救，被他们当
头一棒，倒地而死。

关羽见了，怒从心头起，拔出宝剑，左右劈
杀，把那伙人打得死的死，伤的伤。那纨绔公子
见势不妙，急忙回马逃命，被关羽一剑砍断了马
腿，滚落在地；关平上前一剑杀了他。关羽回头
再看那姑娘，发现她早已吓痴在地上了。关羽再
三劝慰，女子才告诉他："刚才那个恶贼，是县
官的儿子，要抢我为妾，可怜我父亲被他们打死
了。"说完，号啕大哭起来。关羽掏出一些银子

关平像（北京居庸关关帝庙）

周仓像（北京居庸关关帝庙）

放在地上，便默默地走了。

县官听说儿子被杀，岂肯罢休，便四处张贴告示，悬赏捉拿那个后生。一天，关羽的行踪被他们知道了，一大群人跟踪而来，紧追不放。关羽跑到山洼里，见有一户人家，屋内有位女子正在纺纱。关羽请求暂躲一躲。那女子见慌里慌张进来个后生，先是一愣，后来指着一张床铺说："你不用慌，就装病睡在床上吧。"关羽说："官兵来了，会连累你的。"

那女子说："我自有办法。"说完，她杀了一只鸭子，把鸭血涂在关羽脸上，又从自己头上剪下一把长长的头发，粘在关羽的下巴上，叫他放心躺下。

不一会儿，官兵追来了，闯进女子的家中，恶狠狠地喊道："臭婆娘，快交出逃犯！"那女子不慌不忙地说："我在屋里纺纱，没有看见什么逃犯。"官兵指指床上说："那床上睡的是什么人？""是我丈夫，得了伤寒病，正发烧呢。"

那领头的说："好个丈夫！我看他蒙头大睡，一定是那个逃犯。"过去猛地揭开被子，一看是个髯须到胸的红脸大汉。官兵们面面相觑，便垂头丧气地走了。

估计他们走远了，关羽一骨碌翻身下床，向女子连声道谢。那女子说："该谢的应该是我，我就是你救的那个女子呀。"

从此，关羽的脸膛就红红的，再也不是白脸了；脸上的假胡须也拉不下来，变成一位"美髯公"了。

刘、关、张的传说

桃园三结义的传说

中国有句俗话叫做"不打不相识"。刘备、关羽、张飞之所以能结拜为异姓兄弟，正是应了这话。

关羽为民除害，怒杀恶豪，逃到涿郡以后，在城里以卖豆类杂粮为生，整天推辆独轮小车走街串巷。涿郡城里还有两个商贩，一个是卖草鞋的刘备，一个是杀猪卖肉的屠户张飞。这张飞身高八尺，腰圆膀阔，豹头环眼，燕颔虎须，脸色黝黑，而且力大无穷，武艺精通，活像一尊凶神。他卖肉有个习惯，每天总把卖不完的肉存放在店铺前的一口井内，盖一块千斤巨石，上写两行大字："谁能揭开大石头，便可任取井中肉。"张飞认为天下除他之外，没人能搬动这块巨石。

这一天，关羽推车路过这儿，看到井上巨石上的两行字，二话没说将巨石搬起搁置一边，尽取内存之肉分给众人，然后扬长而去。张飞得知此情急忙追上关羽。他见关羽车上放的绿豆，随意抓起一把使劲一握，一把绿豆尽成粉末，他故意找碴儿说："你怎么将豆粉充作豆粒来卖？"关羽见来人长相不

护法伽蓝菩萨关羽（五台山）

张飞古井。传说当年张飞买肉时存放猪肉的井（河北涿州张飞庙）

凡，很有些功力，又不怀好意，便不示弱地争辩道："我这袋里装的尽是上等绿豆，明明是你弄坏我的豆粒，却反诬我骗人，是想欺我外地人怎的？"

二人言来语去，各不相让，越吵越凶，不由得动起拳脚打斗起来。张飞力大勇猛，关羽武艺精湛，二人你来我往，尽出绝招，围观者看得惊奇，不但无人劝阻，反而不住地喝彩助威。这时卖草鞋的刘备正好路经此处，看到好端端的集市被两个壮汉闹得天翻地覆，便高声相劝："二位壮士住手，有话尽可坐下来慢慢商量，何须反目成仇。"张飞、关羽正打得起劲，哪里会听，依然打斗不止。

刘备见劝说无效，便飞步跳起落在二人中间，一手拉住一个往两边一分，张飞、关羽如着魔力一般，再用劲手脚也动弹不得。二人眼见刘备虽然身材不高，体质单薄，却也眉目清秀，天庭饱满，两耳垂肩，哪里来的这般神力？不禁暗自叹服敬佩。

后来在刘备的说合下，三人来到张飞后宅桃园，摆香设案，结拜为异姓兄弟。以后刘备当了皇帝，登位龙廷，关羽、张飞各为虎将，这就叫做"一龙联二虎，共同打江山"。

刘备用计服关、张

早年间，河间府有个桃樱集，市面繁荣，四通八达。每日有集市，来赶集的人很多。有三个小贩，身材魁梧高大，也落在了这块宝地。三人肤色不同，白脸大耳朵的，卖草鞋，叫刘备；红脸长须的，卖豆腐，叫关羽；黑脸络腮胡子的，卖猪肉，叫张飞。张飞就是本地人，是个"坐地虎"，刘、关两位是外来的"游龙"。

每天早上起集，三人都要会面。常言说，一回生，二回熟，日子一长，就成了朋友。每天，关羽留板豆腐，张飞留刀肉，下集后便一同喝酒聊天。刘备卖草鞋，只能饱肚子，一遇到他俩吃肉喝酒，就止不住流口水，也不管他俩请与不请，凑上去，拿筷就吃，端杯就饮，毫不客气。吃了喝了，嘴一抹就走，非但一个子儿不掏，竟连句客气话也没有。日子一长，关、张二人就不愿意啦！

这一天，张飞对关羽说："这家伙老吃白食，脸皮真厚。明儿咱俩躲起来吃。"

刘关张桃园三结义（掸瓶）

　　关羽点点头。可躲到哪里去呢？集市只有这么大，小贩哪条街巷不串呢？商量来，商量去，末了还是关羽提出：弄条船，到河面上去喝酒。张飞一拍大腿说："对，对，这是刘白脸做梦也想不到的。"

　　第二天，他俩就这么办了。下集后，刘备背着卖剩的草鞋，找遍了大街小巷，不见关、张影子。最后找到河边，手搭凉棚一望，就看到水面上有一条小船，关、张对坐，正在吃肉饮酒。刘备心里暗暗骂道："这两个小子，真够小气，想避开我。嘿，没那么容易！"

　　怎么才能上船呢？说来巧得很，刚好河边有只大木箱，刘备就把箱子放到水上，自己钻进去，盘腿坐着，合上盖子，顺水漂流。关羽、张飞正在船上，见木箱漂近，忙弯起腰来，用船桨把它钩到船上，揭开盖儿一

泥塑刘关张（河北涿州三义宫藏）

桃园义聚（清刻本《关圣帝君圣迹图志》）

看，原来刘备端坐在里面。只见他钻出木箱，坐到席上，将剩下的酒肉一扫而光。吃完，也不说声"谢谢"，跳上岸就走了。

张飞气得七窍冒烟，肚子里直骂娘。关羽说："得想个法子治治他。"

张飞狠了心，把嘴凑到关羽耳边，如此这般一说。关羽点点头："不怪我们无情，只怪刘白脸太不识相啦！"

第二天，关、张二人也不上集市啦，就在张飞家里屋后一棵大桃树下布置起来。他俩把桌子抬到屋后树边，桌头对着井放下，又拿张席子，把井口盖住，在席子上放只凳子。看看快到下集时间，两人把酒肉摆上桌子，对面坐着，把席子上那只凳子空着。不一会，刘白脸果然来了。张飞站起来说："你来啦，坐吧。躲不掉，只得把位子给你留着。"说罢，指指席子上那凳子。刘备笑笑说："这还像个有情谊之人。"说罢，不管三七二十一，一屁股就坐到凳子上，抓起酒杯就喝。关、张见刘备坐着纹丝不动，凳子也不往井里掉，惊异极了。关羽比较刁，故意把筷子落到地上，趁拾筷子时，掀起席角看看，不看还好，一看吓得满头大汗：原来井里烟雾滚滚，一条白龙，用四只爪子托着四只凳子腿。怪不得他坐得那么稳呢。

关羽拾起筷子，就说："我憋得慌，到院子外面转转。"

张飞跟着说："我也要……"

刘备正吃得津津有味，随口答道："二位请便。"

两人来到僻静处。关羽对张飞说："黑老张，你可知道，他怎么不会掉落到井里？原来他是位贵人，井里有条白龙，用爪子托着凳子呢！"

张飞说："啊，是这样！怪不得我们暗算不了他。这如何是好？"关羽说："他今天吃了我们白食，往后，我们还得沾他的光呢。拣日不如撞日，干脆今天我们三人结拜兄弟如何？"

张飞说："好，好！"

于是俩人回到桌边，同声说："刘白脸，我们一起吃喝，已有两个春秋，今天……"

刘备以为他俩要算账，急道："该咋办，你俩说吧！"

"我俩想……想与你结拜为兄弟，这样，以后往来就名正言顺了。"

刘备这才明白他俩的意思，高兴地说："行！"于是三人便在桃园里撮土为香，结为兄弟。

那么井里出现白龙是怎么回事呢？原来刘备早已察觉到关、张的诡计，他一见那张席子，就知道席子下边是井。于是偷偷将一袋点燃了的旱烟丢入井中。烟袋是狗皮做的，一时不会沉，那烟雾便灌满全井，上下翻滚，宛如白龙一般。而且刘备也学过轻身之术，坐在席上，稳如泰山，所以关、张二人，被蒙得莫名其妙。

由此看来，刘备智谋在关、张之上，怪不得做了他俩的"大哥"。

关羽三请刘备、张飞

关羽镇守荆州后，三次宴请过刘备、张飞，次次奇特，不同寻常。

进城后第三年，关羽第一次请刘备、张飞到家里做客，没割肉，没买鱼，没打酒，也没做饭。他扛来一筐又红又大又鲜的桃子，正经八百地对刘备和张飞说："贵客到，请吃桃，别人来了想不到。快吃吧！"张飞听了，蹙起眉头，努起嘴巴，心里头不大高兴。刘备劝他说："三弟，俗话说'宁吃鲜桃一口，不吃烂橘一篓'嘛，你看这桃子多鲜！"

张飞勉强地吃了起来，他刚啃一口，就觉得从嘴里甜到了心里，越嚼越有味。随后越吃越想吃，便忍不住问道："二哥，味道这样好，这是什么地方的桃？"

关羽笑着说："荆州的地上长的呀！"

张飞不信，连连摆头："你骗我，荆州的桃子没有这么甜，这桃子的味道像我们家乡的桃子。"

关羽点头称是，闹得刘备、张飞摸不着头脑。

关羽告诉他们：当年兄弟三人，在张

泥塑关羽

刘关张古城重会
（清刻本《图像三国志》）

刘关张古城重会
（清刻本《关圣帝君圣迹图志》）

飞家的桃园吃桃，他捡起桃核随身带着，到了荆州，在城内西南角开垦了一片桃园，种下了桃核。桃树今年开了花，结了果。张飞听得忘记了吃桃。刘备听了，感慨地说："二弟不论走到哪里，都不忘桃园结义，真是一个讲情义的好兄弟！"

第四年，关羽第二次请刘备、张飞做客。这次请客，根本不在家里，比上一次还要奇特。

关羽备了三匹马，刘、关、张三人骑着马，由关羽领头，跑到大北门外30多里的地方，在一个茅草屋里坐下了。关羽拿了根长竹篙，飞快跑上冈坡，片刻就提回一篮桑枣，说："请哥哥弟弟再尝一尝家乡的风味。"刘备和张飞看了看桑枣的样儿，尝了尝桑枣的味儿，心里全明白了：这桑枣种一定又是关羽从北方带到荆州来的。原来，刘备家住在北方涿州一个名叫桑树村的地方，他家屋旁有一棵又高又大的桑枣树，他们三人桃园结义后，同吃过这棵桑枣树上的枣。

不用说，这一餐，三个吃得同样满意。吃过桑枣后，关羽领着刘备、张飞到他摘桑枣的冈上去游玩，只见那儿桑树成林，一棵棵又高又大，叶儿稠密如云，累累桑枣，和刘备家的桑树模样无二。后来，这个土冈就名叫"枣林冈"了。

在回家的路上，张飞十分高兴，问关羽："二哥，你请我们吃了桃子、枣子，下次看再请我们吃什么'子'？"

关羽打趣地说："请你们吃豆子。"

一句话，把刘备和张飞逗得哈哈大笑。

三人回到关羽家里，关羽端出了三碗嫩豆腐，里面放上了蜂蜜，吃起来甜美可口。

张飞故意挑刺儿，问："二哥，在路上说的话，怎么变了卦，你不是说请我们吃豆子吗？"

关羽说："是呀，豆腐正是豆子做的嘛！"张飞无言可对了。

刘备带点责备的口气问关羽："二弟，做豆腐是你的拿手好戏，随时

刘关张古城重会（陶艺，《云林县台湾寺庙艺术馆文物概览》）

可做，一到荆州，你就应该请我们吃豆腐，怎么拖到现在呢？"

张飞也插话说："为什么等吃过了桃子、枣子，才请我们吃豆腐呢？"

关羽笑着解释说："嫩豆腐要吃甜的，但放糖不如放蜜。桃树三年才开花，桑树四年才开花，如果一进城就请你们吃嫩豆腐，哪来家乡的桃花蜜、桑花蜜呢？"

关羽一席话说得刘备、张飞哈哈大笑，连连称是。

关公和周仓的传说

关公智收周仓

迁西县喜峰口乡有一座山，名叫杏花山。杏花山下有一个大沟，沟门又窄又深，沟里面却十分宽敞，整个沟的形状跟个葫芦差不多。据说三国时的周仓曾在这里占山为王，拦路劫财，因此，人们管这个大沟叫"周仓洞"。周仓洞的前面，有一条12里长的沙石路。这条路，本来就不好走，可从前路上还有一块锅台大的石头，据说那是当年周仓为了劫道儿方便，放的"拦路石"，有了这块石头，走马行车自然就更不方便了。传说，当年关公也就是从这里路过时把周仓收服的。

有一天，关公有事从此路过，周仓在山上知道了，便带着一群喽啰冲下山来。他将关公拦住，大喝道："留下买路钱，再放你过去！"关公见状一笑，心想，还有人敢来劫我？于是，他用青龙偃月刀一指，喝道：

"什么人胆大包天，敢在此劫道儿？""本大王姓周名仓！"周仓是个有名的山大王，他以为一报名，准得把来人吓瘫了。可是，出乎周仓的意料，关公听了，哈哈大笑："噢，原来是周将军，久闻大名，听许多人说你力大无穷，可我总不以为然，说不定，你还不如我一只脚力气大呢！"关公早闻周仓有勇无谋，力大憨直，有心将他收服，便生出一计。

周仓像（青岛天后宫财神殿）

周仓听关公如此一说，气坏了，大声吼道："你敢跟我比试比试吗？"关公说："当然敢喽，要是我输了，我情愿拜你为师。要是你输了呢？""那我也拜你为师，终身伺候你！""好，一言为定！那咱们就比试比试吧。你说你力气大，能把山脚那个大碌碡扛到杏花山顶上去吗？"周仓一拍胸脯："能！"二话没说，扛起大碌碡就往山上走。杏花山山陡路险，人空手走都很困难。尽管周仓力气大，可他把碌碡扛到山顶上时也累得浑身冒汗，直喘粗气。

关公此时空着手跟到了山顶，他见周仓喘气，便说："扛一个小小的碌碡就累成这个样子！周仓，你看我的。"嘴说着，关公伸出右脚只一

周仓擒庞德（关庙壁画）

蹬，那碌碡便"扑通、扑通"地滚下了山。半路上，这个碌碡被黄蒿荆苙卡住了几次，到第三天才滚到了山底。这一下，真把周仓给镇住了。他怎么也想不透：我费那么大劲弄上山，他咋一蹬就下去了呢？最后，他只好对关公说："你比我力大，我愿给你当个马童，终生伺候你！"关公说："好，那就跟在我马后走吧。"就这样，周仓烧了山寨，赶散喽啰，当了关公的马童。

周仓扛着关公的大刀跟在马后，越走心里越不是滋味。他想：我赫赫有名的周仓，怎能伺候别人呢？关羽虽然比我力气大，如果把他杀了还不是我力大吗？反正他在前边看不见我，我在后面给他一刀！想到这儿，周仓举起刀来，可他刚要朝关公砍去，就听关公大声喝道："周仓，你要干什么？"这一声喊，把周仓吓了一跳，他手里的刀"当"地掉在了地上。关公回过头来，冷冷一笑说："我会算，你心里想啥，我早就算到了，别跟我玩儿鬼画符！"周仓想，关公是个神仙吧，要不在前面怎么知道我要杀他呢？这一下，周仓彻底服了。他一心一意地给关公当了马童，保关公了。

其实，关公哪里会算？他是从日头照在地上的影子，发现了周仓的举动，可有勇无谋的周仓根本不知道是怎么回事。周仓虽然跟关公走了，可是周仓洞的传说却流传到了今天。当地流传着一段儿顺口溜："周仓洞，杏花山，一个碌碡滚三天，拦路虎头石，十里长沙坎。"说的就是当年关公智收周仓的故事。

周仓服关公

话说关公死后，摇身一变成为关帝庙的主人，每天都有无数的人前来进香朝拜。再说，那扛大刀的周仓，也如富家小姐出嫁携带的随身丫头一般，堂而皇之地跟进了关帝庙。所不同的是，周仓依然是个跟班。但不管怎么说，能够进关帝庙也是前身造化，若不是有那段扛大刀的光荣历史，他周仓想进关帝庙谈何容易。

不久，关公打坐关帝庙的消息很快传到玉皇大帝那里。起初，玉皇大帝想下旨召回关公治罪，理由是关公是个尚未收编的野神，在没有大臣举荐，也没有相关奏章的情况下，竟敢随随便便住进关帝庙，那还了得？可又一想，既然人间的百姓离不开关云长，并为他建好了庙，我何不做个顺水人情，让他分管些人间琐事也好嘛。另外，这样一来还缓解了中上层领导不愿下基层的问题，只是那个周仓实在是没大能耐。算了，就这样吧，反正是在你关公手下当差，出了差错我再治你的罪也不迟。于是，玉皇大帝正式下旨收编关公和周仓统管人间琐事，重新任命关公为关帝庙庙主，周仓为关帝庙保卫干事兼通讯员。

关公和周仓由野神转为正神后，关帝庙的香火更旺了，整天来许愿和还愿的人们络绎不绝。不过，人们总是给关公叩头，却不把周仓放在眼里，似乎他周仓成了可有可无的闲神。时间一长，那周仓可就有些受不了了。一天，外面下起了小雨，关帝庙也变得清静了许多，只有周仓在自言自语地发牢骚："你大哥多风光呀，人们来了都是先给你叩头，却没人瞧得起我。若是没有我，你能坐得这么安稳吗？"正在闭目养神的关公听周仓这么一说，忍不住哈哈大笑起来："兄弟，你是不是不服呀？我和你说过的，这活儿你干不了。""我才不信呢。"周仓显得很不服气。"那好吧，明天咱们换一下位置，你来坐着试试，我站着行吧？"关公的话音刚落，周仓就抢着说："好好好，就一天，我就是想过把官儿瘾，其实没什么别的想法。"

第二天，人们进了关帝庙一看，觉得有些纳闷，这关老爷怎么退居二线了，该不是犯什么错误了吧？可人们谁也不相信关老爷会犯什么错误。前来进香许愿的人们一边跪着叫周老爷，一边拿眼睛去观察关公的表情。周仓呢，只顾着过官儿瘾，根本不在乎人们的眼睛往哪里看。一会儿，周仓看到有个财主模样的人说话了，他心里顿时觉得有了一种从来没有过的感触。财主说让周老爷奏明天宫明天不要再下雨了，以保证他儿子的婚礼能够如期举行。周仓想，可以嘛，这再好办不过了。可又有一农民模样的人说，现在已是春播季节，这雨还没下透地，明天无论如何也要接着再下一天。周仓皱皱眉头，心想，真他妈的麻烦。就在周仓琢磨着怎么安排时，又看到有个渔民跪在地上说，他们的船在海边搁浅了，请周老爷奏明天宫安排明天刮大风，他们的船好借着潮水靠岸。渔民的话还没说完又见一果农抢着说，不行呵周老爷，现在正是果树开花的时节，如果刮大风，他们这一年收成就没指望了。

　　周仓听着听着就站起来了，不过，他喘了口粗气又坐下了，一直坚持到下班时间。下班后，周仓问关公说："大哥，你看这奏章如何写好？他们有的要下雨，有的不要下，有的要刮风，有的不要刮。我是真没辙了，要不这样吧，明天起我还是站在你旁边吧。"关公说："其实这很简单呀，你就写：晚上下雨，白天晴，大风沿着海边行。这样报上去不就什么问题都解决了？"周仓似懂非懂地点点头，再没说什么。

　　据说从那以后，关公和周仓二人在关帝庙搭档至今，再没有因为工作上的事闹过别扭。不过，他们二人的职务也一直没动。关公是庙主，周仓也还是保卫干事兼通讯员。

周仓无智，扛刀一世

　　周仓力大，武艺也高，可就是心眼儿少点儿。刘备分派他给关公扛刀，他心里老大不高兴。这点儿，关公早看透了，就想办法降服他。

　　有一回，正刮着大西北风，那风把挺粗的树吹得直摇晃。关公把周仓叫到院里问："咱俩谁的劲儿大？"

　　周仓说："我呀！"

　　关公说："吹牛不顶用，你敢跟我比比吗？"

　　周仓一拍胸脯说："敢！咋比都成。"

　　关公说："你看那捆干草和地上的鸡毛哪个重？"

　　周仓说："当然草重。"

　　关公说："好，我把这捆干草扔过西墙，你捡根鸡毛也扔过去，扔不过去的认输。"

关公说完，抓起一捆干草，"嗖"地一下扔过了墙。

周仓觉得自个儿劲大，扔根鸡毛是闹着玩儿一样。可他捡一根鸡毛，用力扔了半天，都让风顶回来了，只得认输。

又一回，关公和周仓来到野外打猎。关公说："这回咱俩比射箭，看谁射得远。上回我先来的，这回你先来。"

周仓心里挺高兴，为啥？自个儿弓大箭长，肯定会赢，他从背上取下铁弓，搭上箭，一拉倍儿圆，"嗖"地一下射出老远老远。

关公骑马把箭给他捡回来，说："你这点本事还跟我较量？瞧我给你来个小招数：背后开弓。箭快得让你瞅不着影儿，远得让你找不着。"说着，取弓搭箭，叫道："周仓看箭！"周仓只听得背后一声弓弦响，两眼瞪得溜圆，可啥也没看到。关公不等他回头，又大声说："快去找箭，不然越飞越远。"

周仓跑了挺远，找半天啥也没找着。原来，关公在开弓前，把箭扔在脚下，只拉了一下空弦。这会儿，早把箭捡起来，装到箭壶里了。

周仓输了两回，心说："怨不得让我扛刀，敢情他比我劲大，本事也比我高。要不宰了他，不然我咋能成天下第一的英雄呢？"

一个响晴的上午，关公骑马出了城西，让周仓扛着青龙偃月刀跟在后头。往常出门，关公总要离周仓远点，这回他让周仓紧跟在自个儿背后。周仓心里挺高兴，心说："这回该你没命啦！"他瞅准机会，把手里的大刀往上一举。

　　"周仓，把刀放下！"关公没回头，却在前面大吼一声。

　　周仓吓得一激灵，连忙把刀收回来。后来，他又举了两三回刀，可每回关公都没回头就把他喝住了。周仓心里挺纳闷。这时，关公下马，把大刀要过来说："周仓，你的心思我早看透了！想杀我！知道为啥你背后举刀，我不回头就看见了？告诉你，我长着后眼哩！看在往日你给我扛刀的份上，今天饶过你。往后，你心里一动邪念，我就杀了你！"

　　其实，走路那会儿，太阳在东，影子往西倒，关公没回头，看的是周仓的影子。这个周仓咋会知道？他认为关公是神仙下凡，连忙跪下求饶。从此他再也不敢生二心了。

　　后来人们编出两句话来：周仓无智，扛刀一世。

关羽水淹七军，周仓生擒庞德（清刻本《图像三国志》）

关羽水淹七军，生擒庞德（清刻本《关圣帝君圣迹图志》）

关公与貂蝉、曹阿娇、关娘娘的传说

关公的脸为啥是红的

戏文里面关公的脸都是通红通红的。为啥？说起来还大有原因呢。

王允设美人计灭了董卓，貂蝉归了吕布。后来吕布白门楼丧命，曹操掠走了貂蝉，为了笼络关公，就把她给了关二爷。关公一看貂蝉那个美，心里乐得没法说，但他又一想，不行！董卓不就是死在她手里吗？吕布为了她把干爹都杀啦。这貂蝉日后跟了我，还不知要生出多少麻烦呢？

谁知貂蝉人长得美，心眼也多，一看关公的样子就知道他心里想的啥。但她心里还想着关公是个英雄，有义气。如果自己把终身托付给这样一个人，有了依靠也就心满意足了。便把自己如何甘心情愿献身除掉董卓的事详细说了一遍，并发誓自己一定跟随关公一辈子，绝不有二心。关公一听很佩服貂蝉，便收了貂蝉。身边有个美人，心思也不是"身在曹营心在汉"了。时刻想着有机会开小差，领着貂蝉找个地方隐蔽地过一辈子。

一天，关公去看望两家皇嫂，拉家常说起了桃园三结义的事，一下子触动了他的心思，晚上回到自己房中，怎么也睡不着，心想：自己为啥想开小差，丢下皇嫂，落个不义之名？还不是因为貂蝉吗？美人真是祸水！关公不怨自己，反怨起貂蝉来。心里盘算着怎么办，放她走？不行！她已是我的人了，哪能再让别人得去！杀了她？多日的恩情于心不忍。咋办？关公最后还是牙一咬，下了床，拿起剑来向正在熟睡的貂蝉刺去……

这一剑正刺在貂蝉的胸膛上，貂蝉睁眼一看，杀她的原来是关公，心里难过极了，骂了声："我原认为你是个大英雄，谁知你是个假仁假义的假英雄。"一口鲜血喷出，愤然而死。

谁知这口鲜血正喷在关公的脸上，说也奇怪，关公无论怎么洗也洗不掉那血，反而越洗越多，搞得满脸通红，从此，关公便成了个大红脸。

关公杀貂蝉

在小说《三国演义》里，貂蝉是怎么死的，没有交代，只说她后来又落到曹操那里。貂蝉是怎么死的呢？传说，当年曹操被刘备打败。赵云追到曹营，一看人都逃走了，正要回去，忽听帐后轻轻的响动，忙命士兵搜查。一会儿，士兵们押着一个人走出来，赵云一看，是个眉清目秀的书生，一没吼他，二没打他，叫人把他带回去。没走多远，士兵禀报："这书生走不动路，说他腿脚不方便。"赵云就叫人扶着他走，哪晓得，他死活不肯让人扶，硬要一个人走，士兵只得又来禀报。赵云火了，喝道："军务紧急，哪有工夫与他啰嗦，脱去衣服，重打五十军棍，看他还敢耍刁吗？"兵士就去剥衣服，那书生连忙跪下，大喊饶命。赵云一听，是年轻女子的声音，问道："你是何人？是男是女？还不快快说来！"

原来这是貂蝉女扮男装。貂蝉晓得赵云是个英雄好汉，就讲了实话。赵云也晓得貂蝉不是一般女流，就亲自送她回营，问刘备和诸葛亮怎么处置她？诸葛亮说："请出二弟和三弟，问问他们的意见吧？"

关羽、张飞进帐后，刘备把这事向他二人说了一遍。关羽说："依我看，一是杀，二是放，反正这女流不能留，以免日后为她惹祸！"张飞说："人家一个弱女子，只因与董卓、吕布有家仇，才舍身报仇，她与你

周仓护卫关羽单刀赴会
（清刻本《图像三国志》）

周仓护卫关羽单刀赴会
（清刻本《关圣帝君圣迹图志》）

我兄弟一无仇，二无冤，留下她能惹什么祸？你们怕惹祸，就把她交给我，我收她做个压寨夫人，也好成个家。"刘备说："三弟有意，为兄本应成全，可你二哥关羽也没妻室，先兄后弟，本是正理呀。"张飞一听，只好不做声。刘备又说："我看这样吧，让你嫂子先问问貂蝉，看她愿意跟哪个就给哪个。"

刘备回到后帐和夫人一商量，派人叫来了貂蝉。夫人把这事讲了一遍，问貂蝉："二弟关羽，三弟张飞，你愿意许配哪一位？"貂蝉说："多谢夫人好意，如能为关将军铺床叠被，小女子三生有幸。"

刘备把关羽找来，要他和貂蝉成亲，哪晓得，关羽死活不肯。刘备又和诸葛亮、张飞一齐劝说，关羽无奈，才勉强答应了。

成亲的那天晚上，关公就想把貂蝉杀死，哪知一看貂蝉果然美貌，又不忍心下手。等到大半夜，只好把心一横，想我关羽在百万军中，取上将首级如探囊取物，今日怎能败在一个弱女子手里？趁貂蝉不备，就是一刀。哪晓得貂蝉头一偏，杀了个空。貂蝉哭着说："关将军，妾有何罪，为何杀我？"关羽无法，只好放下刀，坐到天亮。

这样，一连过了几天，关公每晚都是坐到天亮。貂蝉就对他说："关将军，我就成全你吧。实话告诉你，我的身子是杀不死的，要杀就杀我的影子吧！"关公不信，想试试这话是真是假，一刀朝貂蝉的影子劈去，果然把她杀死了。

吕布杀董卓（清刻本《图像三国志》）

后来人们说，关公败走麦城，就是因为他杀了貂蝉这个有情有义而又无辜的女子，才得到这种报应。

关公和曹阿娇

山东梆子戏在《辞曹》这出戏里，关公有这么一句戏词："要不是你的女阿娇待我好，临走把你的人头捎。"阿娇是谁？当然是曹操的女儿，可是在《三国》里面你却查不到有这么个阿娇。

这句戏词说的是关公流落曹营十二年，"身在曹营心在汉"。曹操也看出来啦，先是好酒好菜招待关公，后又把倾城倾国的美人貂蝉送给关公，想留住他的心。谁知没多少日子，关公便把貂蝉杀了。曹操实在没办法，可还是想留住关公，只好和自己最疼爱的女儿阿娇商量，让她嫁给关公。这阿娇聪明伶俐，又有智谋，是个奇女子，早就听说关公是个英雄，很佩服他，便同意了。曹阿娇与关公结婚后，她也知道父亲的心思，但她是个懂道理明大义的人，不但不劝说关公归顺曹操，反而劝他不要贪图荣华富贵、美女安乐，要走遍天下找刘备，不要辜负了桃园三结义之情。

貂蝉（清刻本《图像三国志》）

关公听了曹阿娇的话，带领两家皇嫂辞别曹操去找刘备，却千不该万不该走时不带走阿娇。关公走后，曹操大怒："我叫你阿娇笼络关公，你反劝他走了，这还了得，非杀了你不可！"曹操虽然很疼爱阿娇，但他毕竟是个奸雄，说到做到。最后还是把阿娇杀了。

关公听到这件事后，知道自己做错了事，感到内疚，却不感到脸红，因为他错杀貂蝉时已变成个大红脸了。

关公为夫人画风雨竹诗画

相传，关羽逃离家乡后，他妻子胡月带着儿子关平逃到中条山麓躲藏隐居，待关平长大懂事后，关娘娘就教儿子识字练武。关羽在外闯荡多年，威震华夏，声名显赫，关娘娘听说后，就叫儿子关平去荆州投靠父亲，奔个好前程，父子俩也好相互照顾。关平即将上路的时候，关娘娘思索再三，既没有写一封情意绵绵的信，也没有要关平转告关羽什么话，只是在山沟里摘了些杏梅，又折了两段竹枝，嘱咐关平带给父亲。关平来到荆州，关羽看到儿子已经长大成人，非常高兴，又看到妻子带来的东西，马上明白了妻子的一番心意：青梅竹马结连理，忠贞不渝情意长。关羽也是个情深意长的人，多年在外奔波，如今结发妻子仍深深地眷恋着自己，不由得思绪万千，便在荆州府邸挥毫泼墨，画出了千古流传的"风雨竹"。

如今，在以荆州关公府邸为依托修建的荆州关公馆（又称关帝庙）内，一进大门就能看到一通高大的古石碑，碑上的风雨竹，相传就是当年关羽的手迹。

［附］关羽与女色①

在当今大多数人们心目中，关羽绝对是个不近女色的英雄。《三国演义》中不是就可以找出铁证吗？关云长下邳失利，土山约三事降曹之后，曹操欲乱其君臣之礼，便使关羽和两位嫂嫂共处一室，关羽秉烛立于户外，自夜达旦，毫无倦色。曹操又送给他10名美女，他也全部送入内门，

---

①许多学者都探讨过这一问题，此文见于皇甫中行编著的《文化关羽》一书。《文化关羽》，皇甫中行编著，中国华侨出版社2003年版。

去服侍两位嫂嫂。

这就是《三国演义》中的"秉烛达旦"故事。据有人研究，它并非出自罗贯中之手，而是清初毛氏父子评改《三国演义》时加进去的。毛批所根据的又是民间传说。在明代传奇《古城记》和《草庐记》中，都有这一情节。它被吸收进毛批《三国演义》后，变得更加广为人知。后来的京剧中，也有《秉烛达旦》一出，唱的就是这件事。

还有就是关公斩貂蝉的故事（其实貂蝉不过是个子虚乌有的文学人物），这个故事在元代已经出现。试想，连貂蝉这样的绝色女子，都不能使关羽心动，他不是不近女色的伟男子谁又能是呢？

其实并不尽然，请看下面的资料：

《三国志•蜀书•关羽传》注引《蜀记》记载：

曹公与刘备围吕布于下邳，关羽启公，（吕）布使秦宝禄行求救，乞娶其妻，公许之。临破，又屡启于公。公疑其有异色，先遣迎看，因自留之，羽心不自安。

《三国志•魏书•明帝纪》注引的《魏氏春秋》也有如下记载："……（吕）布之被围，关羽屡请于太祖（曹操），求以杜氏（即吕布部下秦宝禄之妻）为妻，太祖疑其有色，及城陷，太祖见之，乃自纳之。"

关羽的愿望没有实现，但是他想得到别人的女人，而且心情还非常迫切，这是明摆着的事。关羽这种想法，在三国时代当然算不上什么道德败坏，那时失败者的女人就是胜利者的战利品。

可是随着宋元以来，关羽一步步走上神坛，他身上再带有这种历史遗留问题就不太合适了。堂堂的关圣大帝，也打女人主意，那成了什么话？所以不但不能打，而且觉悟还要更高，送上门来的绝代佳人都不要，并且为了防止这红颜祸水去害其他人，为普天下的男人着想，还要将貂蝉这样的美人斩于刀下，这才是顶天立地的伟丈夫、大英雄。

为了不被诱惑而妄杀无辜，这就是伟丈夫、大英雄之所为吗？今天，我们一定会做出一个不同于古人的回答了。

关公勇武传说

关公刮骨疗毒

三国时代，魏蜀吴恶战连场。

有一次，关公挥军攻打曹兵时，右臂中了敌人的毒箭。众将请关公班师回荆州调治，关公不允，说："我不能因小小创伤，而误了军国大事。"

众人只好四方访寻名医。一天，来了一个自称华佗的医生，他说听到关公中了毒箭，特来医治。这时，关公的右臂痛得厉害，正和马良下棋来分散注意力，以免自己露出痛苦的表情而乱了军心。

华佗看过关公的箭伤，说："君侯的手臂若再不治理，恐怕便要废了！如果要根治，便得把君侯的手臂牢牢缚在柱上，然后我用刀把皮肉割开至见骨，刮去骨头上的毒，再敷上药，以线缝合，这才治得好，但恐君侯惧怕。"

关公刮骨疗毒（清刻本《图像三国志》）

关公听了，笑说自己不是世间俗子，不怕痛，更不用把臂缚在柱上；并命人先送上食物，说："先生远道而来，请先用酒菜！"

关公陪着华佗吃了饭，便伸出了右臂，说："现在就请动手，我照样下棋吃喝，请先生不要见怪！"

华佗也不再说什么，取出一把尖刀，请人在关公的臂下放上一个盆子，看准了位置，下刀把关公的皮肉割开。关公吃喝如常，华佗气定神闲说："我用刀把君侯骨头上的毒给刮走，这就好了！"

华佗的手法娴熟，话刚说完，手上的刀子已经在关公手臂的骨头上来回刮，还发出悉悉的声音，流出的血也几乎注满了整个盆子。将士见到这情境，也掩面失色，唯独关公仍继续下棋吃喝，面不改色。

华佗把毒全刮走，敷上药，并把伤口缝合。关公要重赏他，华佗婉拒说："因听闻君侯高义，特来医治！"说罢把一帖药留下，拜别走了。

投宿吃煞神

古时候，有个习俗，叫做"接煞"。就是在人死后第三天的夜晚，家人要在门外放上豆腐、米饭，斟上三杯水酒，一个剥了壳的熟鸭蛋，酒杯前摆放一只筷子和一根灯芯。说是人死三天后，鬼魂要回家，阎王爷怕鬼魂跑了，便派个煞神跟着。

这煞神，来时一阵风，去时一阵沙，嘴尖爪利，奇形怪状，人们都很害怕，谁也不敢见它，所以家里人只在门外摆上酒饭，谁也不敢出门，全回避了。

一天，关公因打抱不平，杀了人，官府要缉拿他，他只得往外逃跑。太阳已落山，天黑沉沉的，前不着村，后不着店，关公错过了投宿的集镇，直走到半夜时分，才见路边有灯亮，知是一个小村子。

这灯是从一户人家的屋里射出来的，近前一看，门外摆着酒饭，从门缝往里一瞧，堂前点着蜡烛，三炷清香，桌上竖着一块木主牌位，原来是个灵堂。他本不想叫门，只是别家都没灯亮，所以只好轻轻地敲门，喊道："老乡，开开门！"可里面没有人应。这时天又开始下雨，阵阵寒风吹来，不觉浑身发冷，没办法，只好用力去推。一

华佗（清代绘画）

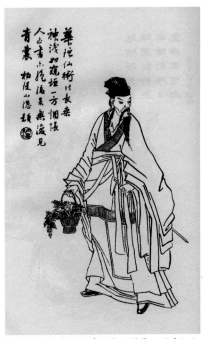

华佗（清刻本《图像三国志》）

推，门是虚掩的。此时，他虽肚子饿，可也没法，一看，堂前旁有一间空房，里面有一张空床，不管三七二十一，先睡一觉再说。

正他迷迷糊糊入睡时，听到有"乒乒乓乓"的响声，还隐隐约约听到有哭声。他抬头一看，门外进来一个东西，不看倒

煞神（清代纸马）

罢，一看，不禁"啊"地大叫一声，汗毛根根直竖起来。他迅速地抽出随身带的宝剑。这怪物头上长角，面孔青紫，两眼如铃，脚生毛，爪如鸡。只听那怪物发出"啊哈"一声尖叫，向关公扑来。关公狠狠一剑，向它胸部刺去。怪物挣扎一下，就瘫倒在地。

关公这时睡意全消，走向中堂借着蜡烛光亮一看，这怪物似鸡非鸡，死在地上。他一想这真是天赐给我的美餐，何不将它煮熟充饥？见大门旁

有个炉灶，他就将它切成三段，放进锅里，点上柴火煮了起来。

不一会儿，东方开始发白，听到里屋有人声。隔了一会儿，只见三五个人，手提木棍哆哆嗦嗦地向他走来。关公马上站起来，拱拱手说："老乡，打扰你们了！"这些人看关公彬彬有礼，其中一个

煞神（清代，高金龙《云南纸马》）

胆子较大的人脱口就问："你是人还是鬼？"

"哈哈，当然是人！"

"你是什么时候来的？"

"我是快半夜时候到的！"

"为什么到这里来？"

关公就将如何错过投宿集镇，如何路过此地时进内住宿杀死怪物，详详细细讲了一遍，并且指着锅里那只似鸡非鸡的东西让大家看。吓得众人连连后退："客官，吃不得，吃不得！"

"为什么？"

"这一定是煞神！"

关公却哈哈大笑道："什么煞神煞鬼的，我就是不信！"

他向房主要了点儿盐，将这怪物用盐蘸蘸，吃个精光。在场的人们吓得直吐舌头。

煞神（皮影，王光普、张莉《北豳神怪皮影》）

说也奇怪，关公吃完之后，只觉面部阵阵发热，浑身有使不完的劲儿，他伸一伸腰，双手来了个左右开弓，只听得咯咯发响。人们朝关公一看，面孔变了，变成了枣红色。

据说，关公的脸就是这

样变红的。这个村庄，从此之后，也就不再搞"接煞"了。他们认为关公是天上的神仙，所以《三国演义》中说关公是伏魔大帝呀！

关公显圣玉泉山

湖北省当阳境内有一座山，名叫玉泉山。东汉建安末年，山上住着一个老和尚，法名普净。普净原来是沂水关镇国寺方丈，后因云游天下，来到此处。看这地方山明水秀，就于山中结草为庵，每天坐禅参道，身边只有一个小和尚，外出化一些斋饭，供养师父。

那天夜里，明月高照，清风凉爽，三更天后，普净还在庵中默坐。忽然听见有人大喊："还我头来！"普净抬头一看，只见空中一人，骑一匹赤兔马，提一口青龙刀，左边一位白脸皮的将军，右边一位长络腮胡子的大汉，紧紧跟随，一起按落云头，在玉泉山顶驰骋大叫。

普净认得那是关羽，于是拿了尘尾大叫："云长你在哪里？"

无头关羽，听见普净叫他的名字，灵魂猛地惊醒，立即下马，乘风来到庵前，拱手问道："老禅师是什么人？愿求法号。"

普净答道："老僧法名普净，以前与将军在沂水关镇国寺中见过面，难道将军忘了？"

原来关羽千里走单骑，沂水关守将卞喜想要害他，幸亏普净相救，才逃脱性命。

关羽连忙施礼，小声答道："承蒙相救，铭感不忘，关某今天遇祸而亡，请示师父慈悲开示，指点迷途。"

普净点头说："昔是今非，一切休论。后果前因，彼此不爽，今天将军被吕蒙所杀，大喊'还我头来'，然而将军生前，诛颜良，杀文丑，过五关，斩六将，那些人的头，又叫谁去还呢？"

关羽听了普净的话，恍然大悟，心悦诚服，于是皈依普净。从此之后，常常在玉泉山显圣护民，当地老百姓感激他的恩情，集资在玉泉山顶，修了一座显圣祠来供奉他。

后来，显圣祠搬到了山脚下，一位文人，为祠堂题了一副对联：

赤面秉丹心，骑赤兔追风，驰驱时无忘赤帝；

青灯观青史，仗青龙偃月，隐微处不愧青天。

普净（清刻本《图像三国志》）

关公战蚩尤

北宋年间，山西解州的盐池突然干枯。经过丞相寇准的一番调查，得知灾难是由蚩尤造成。事情的起因是，当年蚩尤与轩辕黄帝交战涿鹿，蚩尤战败，尸骨撒在盐池。千百年精灵不散，在盐池聚集山精海怪，变化多端，神通广大，成为蚩尤神。

蚩尤与黄帝的深仇没报，又见普天下大修三皇庙，供奉伏羲、神农、黄帝，心中愤愤不平。他认为，盐池日产万贯钱财，黎民百姓都要吃池中之盐，这是我的大功劳，反倒不给我立庙，岂有此理！蚩尤故而怀恨在心，让盐池干枯，使百姓吃不到盐。并扬言如果为他立庙，此难可解。

大臣吕夷简奉命请龙虎山张天师设法解除此难，张天师认为蚩尤神非人力可除，唯神将关羽有此威力。关羽此时为玉泉山土地神，听说此事后义愤填膺，当即应允带神兵去救解州一郡黎民之难。最后，关羽兵到害除，大难得解。于是，宋朝天子在解州为关羽立庙祭祀。

玉泉山关公显圣
（清刻本《图像三国志》）

玉泉山关公显圣
（清刻本《第一才子书》）

关公与民俗风物传说

关公磨刀雨的传说

每年农历五月，如果遇到旱天，人们都会怀着期盼的心情说："五月十二日是下雨汛头，老关爷要下磨刀雨呢！"然而，这场磨刀雨还是关羽从东海龙王那儿借来的呢。这个故事还得从刘备借荆州说起。

当初，刘备的军队驻在公安油江，他想进一步拿下西川，但因中间隔着一个荆州城，打起仗来，来往实在不方便。然而，荆州却由东吴孙权的大将周瑜把守着。刘备因此整日郁郁寡欢，愁眉苦脸，总是带着要哭的面容。诸葛亮看透了他的心事，就说："主公！欲取西川不难，咱想个法子就是了。"刘备问："你有什么法子？"诸葛亮往手心里写了一个"借"字，伸手让他看。刘备又问："怎么个借法呢？"正说着，东吴的鲁肃来了，诸葛亮暗示刘备悲泣痛哭。刘备越哭越痛心，哽噎得说不出话来。鲁肃问诸葛亮："刘皇叔今天是怎么了？"诸葛亮乘机说："主公要攻占西川，怎奈荆州城挡住了去路，欲打不能，眼看主公要愁出病来了，你看——"

"这个——"鲁肃很为难地"这个"一声，诸葛亮趁势向他提出要求："这个不难，主公心想借荆州一用，你意下如何？"

鲁肃感到很为难，想了半天才问道："需要多长时间？"

"今冬借，明冬还。"诸葛亮随口答道。

鲁肃提出需要立个字据，诸葛亮说，那当然。当下写了字据，鲁肃从中做了保人。这时，刘备破涕为笑，双方画押。

然而，刘备进驻西川后，在成都做了皇帝，仍然赖着荆州不肯归还，并把镇守荆州的大权交给了关羽。孙权多次催促他归还荆州，都没有结果。他只好派人到荆州送信，邀请关羽前往陆口赴会，当面提出索还荆州事宜。他打算用软办法不行就来硬的。

不料这年荆州遭遇百日大旱，田里禾苗枯蔫，老百姓正忙着抗旱，听说又要打仗，弄得人心惶惶，无意耕作。

关羽接到鲁肃的来信，感到进退两难。若是去了，明明要上鲁肃的圈套；倘若不去，东吴必定兴师动众前来问罪，打起仗来老百姓又要受战祸之苦。他经过仔细掂量，决定单刀赴会。

关平在一旁劝道："爹爹！赴会不妥，听说鲁肃在陆口埋伏重兵，你单刀赴会，不是往老虎口里钻吗？"

关羽壁画故事（清刻本《关圣帝君圣迹图志》）

"少说话，你娃娃家懂得什么，我是蜀国镇守荆州的大将，倘若不敢赴会，岂不让人笑掉牙吗？"

说着，关羽交代周仓备马扛刀，可是周仓好像没有听见一样，还是一动不动地站着。

关羽问道："快去备马扛刀，听见了没有？"

周仓答道："将军久未打仗，大刀已经生锈了，不好使用呀！"

"快快磨刀去！"

"近遭百日大旱，天河无水，怎能磨刀？"

原来关羽使用的大刀，名叫"青龙偃月刀"。它是青龙变成的宝刀，每次磨刀时，必须天降大雨，青龙喝够了天河水，才能显出威力，锋利无比。然而，关羽陆口赴会，不带大刀怎么能行？他着急地说："难道不能找龙王爷借点水吗？"

周仓说："天河水龙王爷咋能借给凡人呢？"

关羽气得脸更红了，他对天大吼一声："你不借我磨刀雨，我不准你龙晒衣！"

　　谁知关羽这一声大吼，惊动了东海龙王。传说，农历六月初六是龙晒衣的日子。东海龙王听说关羽单刀赴会，是为了荆州百姓免遭战祸，只好借他一场磨刀雨。

　　当夜，荆州地方下了一场透雨，其他地方也连带下了雨，蒙了磨刀雨的福，不仅解除了旱情，又避免了一场战争，老百姓欢欣鼓舞，说关羽办了一场大好事。周仓把宝刀磨得锃光闪亮，跟随关羽陆口赴会。当时鲁肃和他的部将们看到关羽和周仓威风凛凛，满脸杀气，宝刀闪亮，寒光逼人。在宴会上，谁也没敢提出索还荆州的事儿。

　　此后，就出现了"刘备借荆州，一借永不还"的歇后语。还有人说，刘备的江山是哭出来的。

　　传说，龙王爷答应关羽借雨后，一直忘了收回成命，所以每年在这个时候都要照例下一场磨刀雨。这场雨如果下在五月十三前后，那么，六月初六一定是个好天气，是老龙王晒衣的日子。这已成为老百姓观察天气，安排农事活动的一个重要标志。

诸葛亮巧辞鲁肃
（清刻本《第一才子书》）

关公为何成为武财神

　　在民众心目中，关羽是一位义薄云天、堂堂正正，不为金钱美色所动的盖世英豪。后来，他却变成了商人所祀奉的武财神。这是怎么回事呢？

官渡之战前，曹操分兵东进，大败刘备，关羽和刘备的两位夫人被俘。曹操知道关羽武艺超群，想收留下来为自己效力，便派大将张辽劝说关羽投降。关羽提出三个条件：一、我只投降汉朝皇帝，不投降曹操；二、不能侵犯刘备家属，还要负担其生活费用；三、一旦得知刘备下落，我立即就去找他。曹操求将心切，都一一答应了。

曹操为收买关羽，专门给他拨出一处宅院，供居住享受。对关羽以宾客相待，"三日一小宴，五日一大宴"。同时，经常给关羽送上很多金银、宝珠、彩绸等物，关羽把这些礼物都交给刘备的两位夫人收好。曹操还把自己心爱的赤兔马送给了关羽。

后来，关羽打听到刘备的消息，准备马上去找他。

关羽是个讲义气的人，就去丞相府向曹操辞别。谁知曹操早预料关羽有这一着，事先在门口挂上回避牌，不见客人。

屯土山关公约三事
（清刻本《图像三国志》）

屯土山关公约三事
（清刻本《第一才子书》）

第二天，他又去丞相府向曹操告辞，见门上还是悬挂着回避牌。原来，曹操认为对关羽以礼相待，有不杀之恩，只要不与他相见，他不会不辞而别。这样一来，关羽就会留下来不走了。关羽想，你曹操不见我，我就向张辽告别，以免别人说我不讲义气，走时连个招呼都不打。关羽来到张辽家，门卫说张辽突然生病，不能相见。这下子关羽才醒悟过来：这一定是曹操出的鬼点子。让我一次又一次吃"闭门羹"，以达到留人的目的。于是，他立即下定决心："三十六计，走为上计。"

关羽写上一封信，派人送到丞相府去。然后，把曹操封授的"汉寿亭侯大印"，悬挂在大堂上。接着，将曹操赏赐的金银、珠宝、布帛等财物，都一样不少的悉数清点留下。为了不落人口实，他附上了一本依照"原、收、出、存"四个项目记载得一清二楚的账册。这其中的"原"，就是曹操原本送给了关羽多少礼物；"收"就是关羽如实收到了曹操多少件礼物；"出"，就是关羽在这段时间支出了多少件礼物；"存"，就是关羽临走之前还结存多少件礼物。关羽这种简明的记账法，后世的传统商人都照搬照用，被世人称为"商用簿记法"的设计发明者。

如此一来，关羽既有算术头脑，又以信义著称，就顺理成章地被商人尊奉为"武财神"。后来，全国各地商户都供奉着武财神关公的神像，以祈求发财。

酒店供奉关公的缘由

从前，许多酒店都喜欢供奉关公，小酒店大多挂画有关公像的中堂，大酒店供奉关公的白瓷塑像。为什么酒店这样敬重关公呢？

传说关公年轻时，在山西老家以打豆腐为业。他有个酿酒的邻居叫王三，两人很有交情，常常一起出门做生意。后来，关公做了刘备手下的大将，镇守荆州。王三呢，却运气不佳，流浪外乡。他好不容易到了荆州，见着了关公。关公就给他一些银两做本钱，在荆州附近一个镇上，重操旧业，酿酒营生，开了一家酒店。王三曾得过杏花村酒店老师傅传授，酿出的酒特别够劲，价钱也公道，因此生意兴隆。不到几年工夫，就出了名。王三又造新屋，又娶老婆，过上了舒坦日子。

一天，王三出门去了，酒店里突然闯进一伙人来，为首的一人，自称是关公，点名要见王三。王三新娶的妻子杨氏听说恩人来了，连忙迎接。来人说王三当初借过他的银子开店，至今分文未还，今天特来讨取。杨氏赔笑道："今日事不凑巧，他出门去了。所欠银钱，等他回来一定归还。"那为首的不依，说哪有工夫等他，把手一挥，一伙人动起手来，把王三家里打得乱七八糟，钱财衣物洗劫一空。

王三回来以后，问明被抢经过及来人模样，知道是有人冒充关公。他立即把案情报告地方官府。随后，又上荆州城去找关公说了。过了几天，他刚回到家，地方官府派来衙役，立刻将王三五花大绑，连同他的妻子和酒店伙计，全部捉了去。在他的店门上还贴了封条告示，说王三诬告朝廷命官，罪该处死，明日午时正法。

这是怎么回事呢？原来抢劫王三酒店的一伙人，为首的叫李光祖，是个恶霸，一向勾结地方权贵，欺压乡邻。他家也以酿酒为业，嫌王三挤了他的生意，就纠集一伙酒徒地痞，冒充关公抢劫了酒店。他听说官府捉拿了王三，明日就要问斩，不禁大喜，忙唤来同伙饮酒庆贺，还约定到法场去看看。

第二天，李光祖一伙人大摇大摆地来到法场，只见王三被五花大绑地押进刑场来。看热闹的人你拥我挤，都想看看这个忘恩负义、诬告关公的家伙。李光祖一伙就挤在人群里，要看王三的人头落地。谁知就在此时，背后上来几十个士兵，一下把他们捉住了。原来捉拿王三等人是关公想出来的计策，他让酒店伙计都打扮成士兵模样，叫他们在法场上暗暗寻找凶犯。

果不出所料，李光祖等人当场被伙计们认出，捉拿归案。经过审问搜查，人赃俱在，案情大白，关公便把他们惩罚了。

王三夫妇和伙计们高高兴兴回到店里，便大办酒席，还请来了远近同行，将他们的酿酒技艺及酿酒的配方，都传授出去。王三为了报答关公搭救之恩，从此在酒店里供奉了关公的像。荆州各地酒坊，自从学到王三的秘方以后，生意也渐兴隆，所以各家也都纷纷供奉起关公像来了。

关羽像（清刻本《关圣帝君圣迹图志》）

第十四章
当代关公热

　　当代，随着我国改革开放的不断深入，人们开始冷静地思考过去，那些曾经一度受到轻视，甚至于被否定的东西，又被人们重新认识，并还原其本来的历史地位和历史价值。关公信仰在那个特殊的历史年代，曾遭到过不公的待遇，被斥为封建迷信、封建糟粕，许多关帝庙也因失于保护而遭到损毁、破坏。今天，当人们重新审视这些的时候，发现关公信仰不简简单单只是一个民间信仰问题。反观关公信仰形成的过程，可以看到关公已成为一个文化符号、一个道德标签，其所代表的中国传统文化、传统道德具有十分典型的特征，是我们了解和认识中华文明的一个窗口，继承和弘扬中国传统文化的一个载体，联系和凝聚内地与海外华人的一条纽带，很有现实意义。正是基于这样的认识，关公信仰得以复苏，关公文化得到发扬，在全国范围内掀起了一股关公热潮。

三结义铜像

刘关张石雕像

在这场弘扬关公文化的热潮中，四大关庙首当其冲，起到了表率作用。特别是解州关帝庙，自上个世纪90年代初就恢复了关帝庙会，后来又将庙会打造成关公文化节，关公信仰被提升到新的文化层次，其内涵更为丰富。以关帝庙会为依托的关公文化节相继在各地展开。

东山关帝文化节是其中佼佼者，无论从规模，还是从内容，抑或是参会人数，都是首屈一指，至今已举办了16届。2007年举办的关帝文化旅游节，自6月26日至28日在东山岛举行。开幕式场面壮观，气氛热烈，与会的各界人士、旅居海外的乡亲代表团、两岸专家学者、台商协会代表、各地客商、海峡两岸关帝信众以及当地群众共计2万多人。开幕式上，举行了盛大的关帝祭祀大典、广场文艺演出、祈福诵经等活动。东山关帝庙张灯结彩、披红挂绿，被装扮得像节日一般。开幕式上彩絮飞扬，鼓乐喧天。数十条黄色的充气卡通巨龙腾空而起，在会场上引起一片欢呼声。接着是由数十名打扮成古代官人模样的男青年组成的队伍入场。他们两人一组，举着一条条长长的红色横幅，横幅上用金字书写着历代帝王给关羽的封号。每个横幅上面有一个封号，横幅之多令人眼花缭乱。看着这样的队伍在面前走过，不禁使人对关公的神圣与景仰之情油然而生。广场表演更是异彩纷呈。渔家姑娘身穿绿衣、绿裤，脚踩红色绣鞋，手持渔鼓，跳起了欢快的渔家歌舞。在悠扬悦耳的"和平曲"的伴奏声中，一群花枝招展的年轻姑娘跳起了"和平之舞"。舞姿婀娜，轻盈柔美，喜气洋洋，一派祥和盛世景象。在祈福诵经仪式中，两岸信众静静默祷，祝愿两岸人民平安幸福。此次文化旅游节期间还举行了水产品博览会、对台旅游合作签约仪式、焰火晚会、海峡两岸书画展等活动。"海峡两岸关帝文化旅游节"举办以

福建东山关帝庙内景

来，台湾已有数十万人来到这里开展文化交流、朝圣、谒祖等活动。

福建东山岛因东山关帝庙而闻名，当地供奉关帝像蔚然成风。一位林姓老先生收藏有两尊民国年间用海柳雕刻而成的关公"文"、"武"像。由于历史的原因，他长期以来从未将这两件宝物拿出示人。随着关公信仰热潮的到来，

关帝圣诞祭典（吴力民摄）

他再也按捺不住，终于把珍藏了半个多世纪的宝物拿出来让公众欣赏。"武"像为站像，高23厘米，直径18厘米，手执长刀，英勇神武，气宇轩昂；"文"像为坐像，高18厘米，直径11厘米，一手捋长髯，一手握《春秋》，神情专注，泰然自若。两尊雕像用料考究，雕工精湛，关公的神勇、忠义之气度，被刻画得惟妙惟肖。据行家鉴定，所用原材料树龄至少上千年，是难得一见的珍品。

近年来，为了更好地弘扬关公文化，各地政府对当地遭到损坏的关帝庙进行了修缮，修缮本着修旧如旧的原则，无论是殿宇，还是塑像，都参考现有遗物，或根据相关资料，进行修复。古老的关帝庙恢复了历史风貌，以崭新的身姿喜迎八方来客。

随着关公热的不断升温，以关公为主题的文化交流活动风靡海内外。关公文化研究成为热门话题，专家学者齐聚一堂，研讨关公文化现象，进行学术交流，特别是台湾的学者专家更是积极参与。由中国社会科学院学

河北涿州三义宫外景

术交流委员会主办的"中国历史文化中的关羽"学术研讨会于2001年2月8日至11日在河北省涿州市召开，出席会议的有来自海峡两岸和海外的学者与刘、关、张、赵四姓后人。会议从历史、文化、宗教与民间信仰的角度对关羽进行了深入的分析研究，从关羽崇拜的形成、发展与传承展开探讨，并从中引申出崇尚忠义仁勇的中国人文精神与凝聚力，挖掘出其中蕴含的中华文化丰富内涵。这次会议在刘备与张飞的故乡和桃园三结义之地召开，使与会者触景生情，倍感亲切。与会者一致认为，关帝文化是中华民族共同的信仰。两岸同根、同种、同源，两岸亲缘、血缘、神缘共融，是任何强力无法割断的。台湾与海外同仁漂洋过海来到大陆，与大陆学者共同探讨、互相切磋，通过对关公忠义精神的弘扬，增进了台胞与海外华人对祖国传统文化的认知，加强了海峡两岸及海外文化界、学术界、宗教界和民间信仰的交流与合作，增强了民族凝聚力。

为加强海内外特别是海峡两岸的关帝庙和关公文化研究团体之间的交流与合作，海峡文化交流中心、台湾新生报社和闽台新闻交流联谊会联合编纂首卷《世界关帝庙图文全集》大型丛书。这部《世界关帝庙图文全集》全面介绍30多个国家和地区关帝庙的古迹、文物、历史沿革，是一部图文并茂的关公文化研究工具书，具有较高的史料价值、研究价值和实用价值。2004年全集的第一卷已经问世。

最近，山西解州关帝庙的"千年关皇大帝"首度赴台，于2007年7月15日搭机抵达台湾高雄小港机场，揭开了全台湾绕境平安行的序幕。

此次绕境巡游是由台湾高雄县大树乡东照山关帝庙发起、台湾中华两岸公共事务交流协会与中华道教关圣帝君弘道协会协办，活动命名为"关公文化季"。这次活动请来了解州关帝庙的多尊关公神像，供信徒们瞻礼、祭拜。

"关皇大帝"木雕神像，高50厘米，是关公尚未被封为帝君前的神像，属宋朝时期关公被封侯时的相貌，至今有近千年的历史。它是目前已知年代最久远的木雕关公神像，在大陆被奉为最灵验的关公神座。

当日上午，在高雄小港机场举行了隆重的迎圣大典。台湾各界人士和1200多座宫坛堂庙代表前来接驾，参加人数逾5万之多。高雄县长亲临高雄小港机场，从

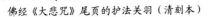

佛经《大悲咒》尾页的护法关羽（清刻本）

飞机上迎下"关皇大帝"神像。来自台南市关帝殿、云林虎尾顺天宫、南投日月潭文武庙等各宫庙请出的各自神庙的主供神像及"神将"，前来行礼迎驾，并伴随"千年关皇大帝"一同绕境。神像被恭奉到神轿后，高大的"神将"在前面开道。绕境途经高雄市前镇区、高雄县凤山市、乌松乡、仁武乡等地，最后回到东照山关帝庙安座。

在巡游的路途中，"关皇大帝"圣驾受到来自台湾各地关帝庙及阵头的热情迎接，道路两旁站满了迎接的信众，人们或双手持香，或双手合十，或焚烧金纸，毕恭毕敬，瞻礼膜拜。一些商家和住户在店门口和家门口设案焚香，翘首企盼"关皇大帝"的到来。

来自各地的各宫庙神像与信徒分别在不同路段逐次加入绕境行列，使巡游队伍不断壮大。一路上，锣鼓喧天，鞭炮齐鸣，震天动地。

途中，每到一处寺庙，信众们都请出主宾神灵互相致礼，由庙中掌事赠送茶水或香烟纸钱聊表心意。龙成宫、镇南宫等规模相对宏大的寺庙还举行隆重的迎接仪式，舞彩狮、鸣礼炮。"关皇大帝"一路上受到热烈欢迎，沿途瞻礼群众达30万之多。下午2时许，在完成了20公里绕境的"关皇大帝"安座于高雄县东照山关帝庙，在三献礼大典祭祀后，前来参加大典的台湾社会各界人士和台湾各地宫观堂庙

台湾道场

的负责人，依次带领各自团队祭典团拜。

神像在全台湾各县市关帝庙巡游、安座，供人瞻仰膜拜。"关公文化季"活动在台湾持续开展两年半之久。早在2006

关、张、赵、马、黄五虎上将（山西荣县后土祠）

年12月，解州关帝庙的关圣帝君复制神像，以及部将周仓、关平，另有宝剑、玉玺、青龙偃月刀等宝物，已提前到达大树乡东照山关帝庙内驻驾。祖庙主神"关圣帝君"将与"千年关皇大帝"一同绕境，为两岸祈求和平、繁荣、进步。在"关公文化季"结束后，"千年关皇大帝"将返回关公祖庙。"关圣帝君"在绕境全台、走遍每一个乡镇后，将在台湾择地建庙，永久留在台湾。

关公热不仅受到宗教界、学术界的关注，也受到全社会的关注。一些仁人志士积极参与到弘扬关公文化的热潮之中。

关英才祖居广东开平，系关公72代孙。他通过奋斗成为"文莱船王"、"东南亚实业巨子"，他为弘扬关公文化，在世界各地修建关帝庙。目前，他已在广东开平修建了两座关帝庙，在湖南修建了一座，在美国也建了一座。他到过海南后，就萌发了要在海口建造关帝庙的想法。当他看到三亚建起观音像后，这种想法更加强烈，他说，要让海南岛南有观音像，北有关公像。他透露将在海口建成的关公像高118米，是目前全国最高的关公像，目前已在紧张筹备中。

关公

2004年首部展现武圣关公传奇一生的28集电视连续剧《关公》在央视频道与观众见面，引起社会轰动，一时成为热门话题。电视剧《关公》，以大制作、大场面全新展示那段风云变幻的历史，展现关公驰骋疆场的勃勃英姿。以关公的个人情感为主线，通过他与兄弟、友人、爱人、儿女之间的感情来展现英雄的另外一面，使人们看到了一个有血有肉活生生的关公。

2005年2月，央视频道在春节期间推出了一档特别专题节目《新搜神记》，为大家介绍在中国民间颇具影响的一些民间神，其中有福禄寿三星、钟馗、妈祖和关羽等。《武圣关羽》用两集的篇幅作了介绍。在喜气洋洋的节日气氛中，这期节目深受观众欢迎，人们感受到中国春节所特有的传统文化氛围，更加深了对传统文化的认知。

2006年2月，在央视戏曲频道播出了一部11集的京剧电视连续剧《忠义千秋关云长》。该剧由北京文化艺术音像出版社、中国京剧院联合摄制，全剧长达500分钟。该剧播出后，社会反响强烈，受到广大观众好评。

当今，网络技术风靡全球，为了弘扬关公文化，以关公命名的网站如雨后春笋般纷纷建立。海内外各大关庙都建有自己的网站，网上关帝庙更是数不胜数，关公文化网也是百花盛开，争奇斗艳。如总部设在香港的"世界关公文化网"就是由世界关公文化促进会创办的。它是一个公益性网站，旨在以"忠义仁勇诚信"的关公精神为纽带，凝聚海内外华人亲情、乡情、友情、商情，促进世界各地关帝文化交流，使关公文化的传播范围更广、更直接、更便捷。

"关公热"方兴未艾，以关公为载体的关公文化定会继续弘扬光大，远播四方。

参考书目

《三国志•蜀书•关羽传》、《三国志•吕蒙传》，晋•陈寿著。

《关王事迹》卷3《显烈庙记》，元•胡琦著。

《元典章》卷57《刑部•诸禁•杂禁》。

《元史•祭祀志六》，明•宋濂著。

《三国演义》，明•罗贯中著。

《帝京景物略》卷3《关帝庙》，明•刘侗著。

《宋史•志五十八•礼八》。

《宛署杂记》卷18"恩泽"、"祀祭"，明•沈榜著。

《明史•志二十六•礼四》。

《盛京典制备考》卷2《庙宇》，清•崇厚著。

《关圣帝君圣迹图志》，清•卢湛著。

《解梁关帝志•谱系考辨》，清刻本。

《归田琐记》，清•梁章钜著。

《卫藏通志》卷6《寺庙》。

《里塘志异》上卷《庙宇》，清·陈登龙著。

《陔余丛考》，清·赵翼著。

《奉使俄罗斯日记》，清·张鹏翮著。

《关圣帝君圣迹图志》，清·卢湛著。

《三教源流搜神大全》，清刻本。

《中华全国风俗志》，胡朴安1923年著，河北人民出版社1986年重印版。

《北平庙宇通检》，许道龄编著，国立北平研究院出版课1936年版。

《北平风俗类征》，李家瑞著，商务印书馆1937年版。

《关羽戏集》，上海文艺出版社1962年版。

《古典戏曲存目汇考》，庄一拂编著，上海古籍出版社1982年版。

《中国民间诸神》，宗力、刘群编著，河北人民出版社1986年版。

《关公的传说》，张志德、王成祖、郭学敏编著，1986年版。

《清稗类钞》，清·徐珂编著，中华书局1986年版。

《道教与中国文化》，葛兆光著，上海人民出版社1987年版。

《明清白莲教研究》，喻松青著，四川人民出版社1987年版。

《中国道教史》第一、二、三、四卷，卿希泰主编，四川人民出版社1988年、1992年、1993年、1995年版。

《刘关张的传说》，史简编著，中国民间文艺出版社1989年版。

《中国行业神崇拜》，李乔著，中国华侨出版社1990年版。

《道教》第一卷、第二卷、第三卷，[日]福井康顺等著，上海古籍出版社1990年、1992年版。

《中国道教史》，任继愈主编，上海人民出版社1990年版。

《中国民间年画史图录》，王树村编著，上海人民出版社1991年版。

《泉州通淮关岳庙志》，内部资料1991年版。

《人神圣关公》，梁志俊主编，山西人民出版社1993年版。

《关林》，陈长安主编，中州古籍出版社1994年版。

《潮汕胜迹•汕头天后宫与关帝庙》，刘平主编，汕头大学出版社1994年版。

《关公信仰》，郑土有著，学苑出版社1994年版。

《忠义春秋——关公崇拜与民族文化心理》，梅铮铮著，四川人民出版社1994年版。

《关公的民间传说》，刘锡诚主编，马昌仪编，花山文艺出版社1995年版。

《道教神仙画集》，张继禹、王宜峨主编，华夏出版社1995年版。

《中国关帝文化寻踪》，朱正明著，今日中国出版社1996年版。

《涿州风物与名人》，桂郁著，中国档案出版社1996年版。

《武圣关羽》，柴继光、柴虹著，山西古籍出版社1996年版。

《〈三国演义〉趣谈与索解》，孙勇进著，春风文艺出版社1997年版。

《常平关帝家庙》，侯学金、李筠霞著，解州文物保管所1998年版。

《结义园》，侯学金、李筠霞著，解州文物保管所1999年版。

《闽台文化》第四期、第五期，泉州民俗学会2000年版。

《关公故里的传说》，庄稼汉著，天马图书有限公司2000年版。

《温陵文史论丛》，刘浩然著，泉南文化杂志社2000年版。

《楼桑三义宫》，杜郁主编，内部资料2001年版。

《关羽崇拜研究》，蔡东洲、文廷海著，巴蜀书社2001年版。

《解州关帝庙》，何秀兰、侯学金、杨明珠编著，山西经济出版社2001年版。

《常平关帝祖祠》，何秀兰等主编，山西经济出版社2001年版。

《关羽、关公和关圣》，卢晓衡主编，社会科学出版社2002年版。

《中国关帝文化》，朱正明著，中国画报出版社2002年版。

《苗栗玉清宫沿革志》，台湾苗栗玉清宫2002年版。

《文化关羽》，皇甫中行编著，中国华侨出版社2003年版。

《关羽评传》，曲游公著，内部资料2003年版。

《道教与神仙信仰》，中国道教协会等编，人民日报出版社2004年版。

《关公的一百张面孔》，吉晓平、王洁等编，香港国际出版社2004年版。

《翰墨英风——文昌帝君与关圣帝君》，刘海燕著，宗教文化出版社2006年版。

《中国道神》，马书田著，团结出版社2006年版。

*本书图片除署名外，均为马书田摄。

图书在版编目（CIP）数据

青龙偃月写春秋：关帝信仰图文演绎 / 马书田著
福州：海风出版社，2011.9
ISBN 978-7-5512-0009-7

Ⅰ.①青… Ⅱ.①马… Ⅲ.①信仰－民间文化－研究－中国②关羽(160～219)－人物研究 Ⅳ.①B933②K825.2

中国版本图书馆CIP数据核字(2011)第189440号

青龙偃月写春秋——关帝信仰图文演绎

作　　者：马书田

图书策划：窦胜龙

责任编辑：胡立昀　朱　军

书籍设计：张　力

出版发行：海风出版社

（福州市鼓东路187号　　邮编：350001）

出　版　人：焦红辉

印　　刷：福州彩虹制版印刷有限公司

开　　本：787×1092　　1/16

印　　张：21.5印 张

字　　数：231千字　　图：268幅

版　　次：2012年11月第1版

印　　次：2012年11月第1次印刷

书　　号：ISBN 978-7-5512-0009-7/C·26

定　　价：150.00元